高职高专电子信息类系列教材

ICT 概 论

ICT GAILUN

主　编　秦　婷　袁文博　苏　娜

副主编　刘佳玲　王　慧　赵　彦

　　　　张慧娟

西安电子科技大学出版社

内 容 简 介

本书介绍信息与通信技术(Information and Communication Technology，ICT)的基础理论与前沿发展，旨在为读者构建一个清晰且全面的 ICT 知识体系框架，帮助其把握当代信息技术的核心脉络，并理解其在社会、经济、文化等领域的广泛应用与深远影响。本书在介绍 ICT 基础知识的基础上，分别阐释了集成电路、5G 网络、物联网、大数据、云计算以及人工智能等前沿技术。

本书可以供计算机科学、通信工程、电子信息工程等相关专业的学生学习，也可作为通信行业从业者的参考书。

图书在版编目（CIP）数据

ICT 概论 / 秦婷，袁文博，苏娜主编. -- 西安 ：西安电子科技大学出版社, 2025. 4. -- ISBN 978-7-5606-7618-0

Ⅰ. F49

中国国家版本馆 CIP 数据核字第 2025JP1556 号

策　　划　李鹏飞
责任编辑　宁晓蓉　张　存
出版发行　西安电子科技大学出版社（西安市太白南路 2 号）
电　　话　（029）88202421　88201467　　　邮　　编　710071
网　　址　www.xduph.com　　　　　　　　　电子邮箱　xdupfxb001@163.com
经　　销　新华书店
印刷单位　咸阳华盛印务有限责任公司
版　　次　2025 年 4 月第 1 版　　　　　2025 年 4 月第 1 次印刷
开　　本　787 毫米×1092 毫米　1/16　　　印　　张　14.5
字　　数　344 千字
定　　价　39.00 元
ISBN 978-7-5606-7618-0
XDUP 7919001-1

*** 如有印装问题可调换 ***

前　言

在信息爆炸与技术快速演进的 21 世纪，信息技术的飞速发展不仅深刻地改变了我们的生活方式和工作模式，更在全球范围内推动了经济结构的转型升级和社会治理模式的创新。为了顺应这一时代潮流，培养具备专业信息素养、能够驾驭信息与通信技术(Information and Communication Technology，ICT)的复合型人才，特编写了这本《ICT 概论》。

本书旨在为读者构建系统的 ICT 知识体系。书中内容涵盖基础概念、核心技术和应用实践，循序渐进地引导读者探索这一充满活力与机遇的领域。我们期望，通过系统学习本书内容，无论是初学者还是希望深化 ICT 知识的专业人士，都能获得宝贵的启示与实用的技能。

一、本书编写背景与目的

随着数字化、网络化与智能化的深度融合，ICT 已成为驱动经济社会高质量发展的核心引擎。从集成电路、5G、物联网、大数据、云计算到人工智能，每一项技术的突破都预示着新的产业形态和商业模式的诞生。然而，面对如此纷繁复杂的技术体系，如何快速入门、系统掌握并有效应用 ICT 知识，成为摆在广大学习者面前的一大挑战。因此，编写一本既注重理论深度又兼顾实践应用的 ICT 概论教材，尤为重要且迫切。

二、本书内容特色与结构安排

本书在内容编排上力求全面而精练，既覆盖了 ICT 领域的基本概念、发展历程与未来趋势，又深入剖析了关键技术的原理、特点及应用场景。全书共分为七个项目，每个项目均围绕一个核心主题展开，具体包括：

ICT 基础篇(项目一)：介绍 ICT 的基本概念、发展历程、体系架构及对经济社会发展的影响。

核心技术篇(项目二至项目七)：深入解析集成电路、5G、物联网、大数据、云计算、人工智能等前沿技术的原理、关键技术点及最新进展。

本书通过实例分析，展示了 ICT 在智慧城市、智能制造、金融科技、医疗健康等领域的广泛应用与成效，并探讨了 ICT 领域的未来发展趋势，包括技术融合创新、产业生态重构、安全挑战与应对策略等。

此外，本书注重理论与实践相结合，穿插了大量的实例分析、图表说明和思考题，旨在帮助读者更好地理解理论知识，并激发其创新思维和实践能力。

三、致读者

我们诚挚地邀请每一位对 ICT 有兴趣的读者，翻开这本《ICT 概论》，一起踏上探索之旅。无论您是初涉此领域的学生，还是希望拓宽知识边界的职场人士，本书都能为您提供系统的知识参考与实践指导。

最后，衷心感谢所有为本书编写、审校、出版付出辛勤努力的同仁，以及给予我们支持与鼓励的读者朋友们。愿本书成为您学习 ICT 知识的良师益友，助力职业能力的提升。

编　者

2024 年 8 月

目 录

项目一

走进 ICT

学习目标

一、形成基本认知

◎ ICT 的基本概念。初步了解 ICT 的定义、内涵及其在现代社会中的重要性和广泛应用。

◎ ICT 的发展历程。简要了解信息与通信技术的历史变迁，包括关键技术的发展节点和重要里程碑事件。

◎ ICT 的主要应用场景。了解 ICT 涉及的主要领域，如计算机网络、移动通信、数据通信、多媒体技术、信息安全等。

二、掌握基础知识

◎ ICT 的基础知识。掌握信息与通信的基本原理、网络技术基础、数据传输与交换技术、网络协议与标准等。

◎ ICT 的前沿动态。了解当前 ICT 领域的最新发展动态、技术趋势和未来展望，如集成电路、5G 技术、物联网技术、大数据技术、云计算、人工智能等。

三、培养信息技术应用能力

◎ 激发学习兴趣。激发对 ICT 领域的学习兴趣，为后续深入学习奠定良好的情感基础。

◎ 提升信息素养。掌握基本的信息获取、处理、分析和利用能力，提升信息素养。

四、探索未来发展趋势

◎ 了解新兴技术。了解集成电路、5G、物联网、大数据、云计算、人工智能等新兴技术，并能够说明它们的潜在影响。

◎ 探讨 ICT 的未来发展趋势。探讨 ICT 的未来发展趋势，了解其对社会和个人的潜在影响。

任务 1　初识 ICT

一、ICT 的定义与范畴

ICT 是一个宽泛的概念，它涵盖了信息技术(IT)与通信技术(CT)两大领域，其内容包括但不限于计算机硬件、软件、网络、数据存储和传输以及电信技术等。随着技术的发展，ICT 不断扩展到更多交叉领域，如智能电网、远程医疗、智慧城市、智能家居、无人驾驶等，这些领域都需要同时运用信息技术和通信技术来实现高效的信息获取、传递、处理和利用。

二、ICT 的历史背景

在古代，由于科技水平的限制，人们只能依靠一些原始的方式进行信息传递。其中，烽火台和信鸽是两种具有代表性的通信方式。烽火台是古代用于传递军情的重要工具。当敌人入侵时，烽火台上的士兵会点燃烽火，通过烟雾和火光来传递敌人来袭的信息。这种方式虽然简单，但在当时却是一种非常有效的通信手段。信鸽则是另一种古老的通信方式。人们训练鸽子，利用它们的归巢本能来传递信息。具体做法是将信息绑在鸽子腿上，然后放飞鸽子，鸽子便会飞回它的巢穴，从而完成信息的传递。这种方式在古代被广泛应用于军事、政治等领域。然而，这些古代的通信方式都存在着明显的局限性。它们传递信息的速度较慢，且容易受到天气、地形等自然因素的影响。因此，随着科技的发展，这些原始的通信方式逐渐被更先进的通信手段所取代。

19 世纪，人类通信方式发生了革命性的变化。1837 年，美国人莫尔斯发明了电报机，这是一种利用电流在电线中传输信息的装置。电报的发明使得人们能够迅速地将信息传递到远距离的地方，极大地提高了通信的效率。随后，在 1876 年，贝尔取得了世界上第一台可用的电话机的专利权。电话的发明使得人们能够通过声音进行实时通信，进一步拉近了人与人之间的距离。电报和电话的发明不仅改变了人们的通信方式，还对社会产生了深远的影响。它们使得信息传递更加迅速、准确，促进了商业、政治、文化等领域的交流与发展。同时，这些发明也推动了科技的进步，为后来的通信技术发展奠定了基础。

20 世纪中叶，世界上第一台通用电子计算机问世，随后，计算机技术经历了从主机时代、小型机时代、个人计算机时代到网络计算机时代四个发展阶段。每个阶段都带来了计算机性能的提升和应用领域的拓展。在计算机技术不断发展的同时，通信技术也在不断进步。计算机与通信技术的融合，将人类带入了一个全新的 ICT 时代。这一时期，互联网技术进入商业化阶段，极大地推动了现代通信技术的发展。人们通过互联网进行信息的获取、传递和交流，这使得信息传播的速度和范围都得到了前所未有的提升。

在全球化的背景下，ICT 不仅是技术发展的关键驱动力，更被认为是推动 21 世纪社会发展的强大动力之一。欧盟和联合国等国际组织都在全球范围内推广 ICT 发展计划，以弥补国家间的信息鸿沟。中国自 20 世纪 80 年代以来，通过不断引进和发展信息技术，逐步建立起完善的电信网络和计算机应用体系，并在 21 世纪进入了人工智能和大数据技术的新时代。

三、ICT 的社会影响

信息和通信技术(ICT)作为现代社会的基石，对经济、教育、医疗、社会生活等多个领域产生了深远的影响。

(一) 对经济领域的影响

ICT 是推动 21 世纪社会发展的强大动力之一，迅速成为世界经济增长的重要引擎。在工业革命以来的经济发展历程中，ICT 始终扮演着引领时代经济发展的关键技术角色。具体而言，ICT 对经济的影响可以归纳为以下几个方面。

1. 创新驱动

ICT 产业的不断创新为经济增长提供了源源不断的动力。从早期的计算机和互联网技术，到如今的云计算、大数据、人工智能等先进技术，每一次技术革新都极大地推动了生产力的提升和经济的增长。这些技术不仅提高了生产效率，还提供了新的商业模式和服务，为经济发展注入了新的活力。

2. 产业高端化

ICT 产业本身即为产业高端化的产物，其快速发展推动了区域产业结构向高端化转型。近几年来，中国 ICT 产业增加值及占 GDP 比重稳步提升，这不仅体现了 ICT 产业在经济增长中的重要地位，也显示了其对实体经济的强大赋能作用。ICT 技术的应用推动了传统产业的转型升级，加速了现代化产业体系的构建。

3. 抗风险能力

在国际金融危机期间，ICT 产业展现出了强劲的抗衰退和推动经济复苏的能力。与其他产业相比，ICT 产业具有更高的抗风险能力和更快的复苏速度。这主要得益于其技术的不断创新和市场的广泛应用。在金融危机期间，ICT 产业不仅保持了稳定的增长，还为其他产业的复苏提供了有力的技术支持。

(二) 对教育领域的影响

ICT 在教育领域的应用极大地改变了传统的教学模式和学习方式，为教育资源的开放和便捷获取提供了可能。其教育影响主要包括教育资源开放与教学方式创新两个方面。

在教育资源开放方面，通过在线教育平台和数字化学习工具，ICT 使教育资源的开放性和获取便捷性显著提升。如今，越来越多的人能够通过互联网获取优质的教育资源。例如，MOOC(大规模开放在线课程)利用 ICT 技术，为全球数百万学生提供来自世界顶尖大学的课程。这不仅打破了地域和时间的限制，还为更多人提供了接受高等教育的机会。

在教学方式创新方面，ICT 改变了传统的教学模式，使教学过程更加生动、高效。互动式白板、学习管理系统等工具的应用，使教师能够更加直观地展示教学内容，学生也能够更加积极地参与到教学过程中。这种互动式的教学方式不仅提升了学生的学习兴趣和积极性，还培养了他们的创新思维和实践能力。

(三) 对医疗领域的影响

ICT 在医疗领域的应用显著提高了医疗服务的质量和效率,为人们的健康生活提供了有力的保障。ICT 不仅改善了医疗服务,还能对健康数据进行科学分析。

1. 医疗服务改善

远程医疗、电子病历和智能诊断系统等 ICT 技术的应用,极大地提升了医疗服务的质量。远程医疗使得患者能够在家中接受医生的诊断和治疗建议,不仅节省了患者的时间和精力,还提高了医疗服务的可及性。电子病历和智能诊断系统则提高了医生诊断的准确性和治疗的及时性,为患者的健康提供了更好的保障。

2. 健康数据分析

通过收集和分析健康数据,ICT 有助于预测疾病趋势,为制定更有效的公共卫生政策提供支持。利用大数据和人工智能技术,医疗机构可以对海量的健康数据进行深度挖掘和分析,从而发现疾病的流行规律和潜在风险。这为公共卫生政策的制定提供了科学依据,有助于提高整体健康水平。

(四) 对社会生活领域的影响

ICT 已经深刻地改变了人们的沟通方式和社会互动模式,使得人们的社会生活更加丰富多彩。这种变革不仅体现在沟通方式的多样化上,还表现在社会互动模式的根本性转变上。

1. 沟通方式的改变

从传统的电话、短信到现代的社交媒体和即时通信工具,ICT 极大地提升了信息传递的速度和便利性。人们不再受限于时间和地点,可以通过各种社交工具随时随地与他人进行沟通和交流。这种即时性和便捷性不仅拉近了人与人之间的距离,还促进了不同思想和文化之间的交流与融合。

ICT 的发展使得沟通方式更加多样化。除了文字聊天,人们还可以通过语音通话、视频通话、社交媒体动态、即时消息等多种方式进行沟通。这些多样化的沟通方式使得人们能够更加直观地了解对方的情感和状态,从而建立更加深入和真实的社交关系。

此外,ICT 还使得沟通更加个性化和定制化。人们可以根据自己的喜好和需求选择适合的社交工具和沟通方式,从而更加自由地表达自己的思想和情感。这种个性化和定制化的沟通方式不仅提高了沟通的效率,还增强了沟通的趣味性和互动性。

2. 社会互动模式的变革

随着 ICT 的发展,个人逐渐从面对面的互动转向数字空间的互动,社会进入一个全新的数字时代。

在数字时代,人们可以通过社交媒体等平台展示自己的生活和思想,与他人进行互动和交流。这种新型的社交方式使得人们能够更加自由地表达自己的观点和感受,从而建立更加广泛和多元的社交圈子。同时,社交媒体平台等还提供了丰富的社交功能和工具,如点赞、评论、分享等,使得人们能够更加便捷地进行社交互动。

总之，ICT 作为现代社会的基石，对经济、教育、医疗、社会生活等多个领域产生了深远的影响。它不仅推动了经济增长和产业升级，还极大地提高了教育和医疗服务的可及性和质量。同时，ICT 也改变了人们的沟通方式和社会互动模式，使人们的社会生活更加丰富多彩。然而，ICT 的发展也伴随着一些挑战和问题，如数字鸿沟、网络安全和个人隐私保护等。在未来的发展中，我们需要继续关注这些问题，并采取相应的措施进行应对和解决。同时，我们也应积极探索 ICT 在更多领域的应用和创新，为社会的持续发展和进步贡献更多的力量。

任务 2　ICT 的发展历程

ICT 的发展历程是充满创新与技术突破的壮丽篇章，在不同的社会发展阶段，ICT 深刻地改变了人类社会的沟通方式、信息处理模式以及生活方式。从早期电报、电话的发明，到现代互联网、移动互联网、云计算等技术的普及和应用，ICT 的发展历程可以分为三个关键阶段：早期发展阶段、快速发展阶段以及融合创新阶段。

一、早期发展阶段(19 世纪至 20 世纪中期)

在这一阶段，ICT 业务从无到有，经历了从无线电报与电话的发明，到电视和计算机逐步兴起的过程，为后续的通信技术发展奠定了坚实的基础。

(一) 电报与电话的发明

ICT 的发展始于 19 世纪电报和电话的发明，这些发明标志着现代通信技术的诞生。1837 年，莫尔斯发明了电报机，实现了电信号的长距离传输。1876 年，贝尔取得了电话机的专利权，实现了语音的实时传输，进一步推动了通信技术的发展。

(二) 电视与计算机的兴起

进入 20 世纪中期，电视和计算机的相继出现，进一步推动了 ICT 业务的发展。1925 年，英国人约翰·洛吉·贝尔德发明了电视机，并成功展示了电视图像，这一发明开启了人类视觉信息传播的新纪元。电视的出现极大地丰富了人们的娱乐生活，也成为新闻传播和广告宣传的重要渠道。

计算机的出现则标志着信息处理能力的飞跃。1946 年，世界上第一台电子计算机 ENIAC 诞生。尽管其体积庞大、运算速度有限，但它为后续的计算机技术发展奠定了基础。ENIAC 的出现开启了计算机时代，随后的几十年里，计算机技术迅速发展，从电子计算机到集成电路计算机，再到微处理器计算机，计算机的体积不断缩小，性能不断提升，逐渐走进千家万户，成为现代社会不可或缺的工具。

二、快速发展阶段(20 世纪中后期至 21 世纪初)

在这一阶段，ICT 业务经历了从互联网的出现到移动通信技术取得突破性进展的过程，这为人们提供了更加便捷、高效的通信方式。

(一) 互联网的出现

20 世纪中后期，互联网的出现标志着 ICT 业务进入了一个全新的发展阶段。互联网的诞生可以追溯到 1969 年 ARPANET 的建立，ARPANET 的成功运行证明了计算机网络技术的可行性，为后续互联网的发展奠定了基础。

随着 TCP/IP 协议的制定和互联网的逐步开放，互联网逐渐从军事领域走向民用，成为全球范围内信息传输和共享的重要平台。互联网的普及使得人们能够轻松访问全球各地的信息资源，进行在线购物、远程教育、在线娱乐等活动，极大地丰富了人们的生活。

(二) 移动通信技术的发展

与此同时，移动通信技术也在迅速发展。从最初的模拟移动通信系统(如 1G)到数字移动通信系统(如 2G、3G)再到第五代移动通信技术(5G)，移动通信技术不断升级换代，实现了更高速率、更稳定的数据传输和更广泛的应用场景。移动通信技术的普及使得人们可以随时随地接入互联网，不再受限于固定的网络接入点，极大地丰富了人们的通信方式和信息获取渠道。

三、融合创新阶段(21 世纪至今)

进入 21 世纪后，ICT 业务迎来了前所未有的融合与创新，互联网与移动互联网的深度融合、云计算与大数据技术的兴起以及高性能计算与人工智能的突破，共同推动了 ICT 业务的飞速发展。

(一) 互联网与移动互联网的深度融合

随着智能手机和平板电脑等移动终端的普及，移动互联网用户数量急剧增加，移动互联网应用场景不断丰富。互联网与移动互联网的深度融合不仅推动了电子商务、在线支付、社交网络等新兴业态的兴起，也为政府管理、企业运营、教育医疗等各个领域带来了深刻的变革。移动互联网的便捷性使得人们可以随时随地进行信息交流、商务活动、在线学习等，极大地提高了工作效率和生活质量。

(二) 云计算与大数据技术的兴起

云计算和大数据技术的兴起是 ICT 业务发展的又一重要里程碑。云计算通过虚拟化技术将计算资源、存储资源和网络资源封装成一个独立的虚拟环境，并以服务的形式提供给用户。用户可以根据需要随时获取所需资源，而无需关心底层硬件设备的配置和维护。云计算的灵活性、可扩展性和成本效益使其成为企业信息化建设的重要选择。

大数据技术则通过数据采集、存储、处理和分析等手段，从海量数据中提取有价值的信息和规律。大数据技术的应用为企业提供了更加精准的市场洞察、客户分析和业务优化方案，帮助企业实现数据驱动的决策和管理。云计算和大数据技术的结合进一步降低了企业的 IT 成本，提高了资源利用率，为企业创新和发展提供了新的动力。

(三) 高性能计算与人工智能的突破

在高性能计算领域，计算机集群、超级计算机等技术的不断突破为 ICT 业务的发展提供了强大的计算能力支持。高性能计算的应用使得大规模数据处理、复杂模拟和科学计算成为可能，为科学研究、工程设计、天气预报等领域带来了显著的进步。

同时，人工智能技术的快速发展也为 ICT 业务带来了新的机遇和挑战。人工智能技术在语音识别、图像识别、自然语言处理等领域取得了显著进展，为智能城市、智能家居、智能制造等应用场景提供了有力的技术支撑。人工智能的应用不仅提高了生产效率和服务质量，还为人们的生活带来了更多的便利和乐趣。

展望未来，随着技术的不断演进和创新应用的不断涌现，ICT 将继续为我们创造更加美好的明天。同时，我们也需要关注并解决 ICT 发展带来的挑战和问题，以实现科技与社会的可持续发展。

任务 3　ICT 的体系架构

ICT 体系架构是指将各种信息技术和通信技术进行有机整合的综合性的系统框架，它整合了信息技术(IT)和通信技术(CT)的各种组件和层次，以实现信息的有效处理、传输和应用。

一、ICT 体系架构概述

ICT 体系架构通常包括多个层次和组件，这些层次和组件相互协作，共同支持整个系统的运行。体系架构的设计旨在确保系统的可扩展性、灵活性、安全性和可靠性，以满足不断变化的市场需求和技术挑战。

二、ICT 体系架构的主要层次

ICT 体系架构作为现代信息技术的核心框架，由五大层次紧密构成，共同支撑起数字世界的运行。其中，基础设施层作为 ICT 系统的物理与软件基石，奠定了一切的基础；网络层则如同人体的动脉，确保信息的高效传输与交换；数据层是数据存储、处理与分析的核心，驱动着智能决策；应用层直接面向用户，提供丰富多样的业务功能与服务；安全与管理层则是这一体系的守护者，确保系统的稳定运行与数据安全。这五大层次相互依存，共同构建了 ICT 体系架构的坚实基础，推动着信息技术的不断发展与革新。以下是对五大层次的详细阐述。

(一) 基础设施层：ICT 系统的物理与软件基石

作为现代 ICT 系统的稳固基石，基础设施层融合了强大的硬件基础设施与灵活的软件基础设施。硬件构成了系统的物理框架，确保数据处理与通信的畅通无阻；软件基础设施则作为智能核心，驱动着系统的高效运作与持续创新，共同为 ICT 系统的稳定运行与未来发展奠定坚实基础。

1. 硬件基础设施

硬件基础设施作为 ICT 系统的物理载体，其重要性不言而喻。它涵盖了最基本的计算机设备、复杂的网络设备、集成电路和通信设备。这些设备共同构成了 ICT 系统的物理骨架，支撑着整个系统的运行。随着技术的不断进步，硬件基础设施正朝着高性能、低功耗、易维护的方向发展，以适应日益增长的数据处理需求和复杂多变的网络环境。

2. 软件基础设施

软件基础设施是 ICT 系统的灵魂，为上层应用提供了必要的运行环境和支撑服务。操作系统作为最底层的系统软件，负责管理硬件资源，为上层应用提供统一的接口。数据库管理系统则负责数据的存储、检索和管理，是数据处理与分析的基石。中间件作为连接操作系统与应用软件的桥梁，提供了诸如消息传递、事务处理、负载均衡等关键服务，增强了系统的灵活性和可扩展性。此外，随着云计算、虚拟化等技术的兴起，软件基础设施正逐步向更加灵活、动态的方向发展，以满足云计算、大数据、人工智能等新兴应用的需求。

(二) 网络层：信息传输与交换的动脉

网络层是 ICT 系统中负责信息传输与交换的关键层次。它利用局域网(LAN)、广域网(WAN)、互联网等多种网络形式，将分布在不同地理位置的计算机设备连接起来，形成一个庞大的信息传输网络。网络层采用 TCP/IP 协议栈作为通信标准，通过路由协议、交换技术等手段，确保信息在不同设备之间能够准确、高效地传输。

随着网络技术的不断发展，网络层正面临着诸多挑战，如网络拥塞、安全威胁、服务质量(QoS)保障等。为此，研究人员提出了多种解决方案，如 SDN(软件定义网络)和 NFV(网络功能虚拟化)等，旨在提高网络的灵活性、可扩展性和安全性。同时，随着 5G、物联网等技术的普及，网络层将需要支持更多种类的设备和应用场景，以满足未来社会的多样化需求。

(三) 数据层：数据存储、处理与分析的核心

数据层是 ICT 系统的核心部分，负责数据的存储、处理和分析。随着大数据时代的到来，数据已成为企业最重要的资产之一。数据层通过数据库系统、大数据处理平台、数据分析工具等手段，实现了对海量数据的存储、管理和挖掘。数据库系统提供了高效的数据存储和检索能力；大数据处理平台则能够处理 PB 级甚至 EB 级的数据量，支持复杂的查询和分析操作；数据分析工具则帮助用户从海量数据中提取有价值的信息和洞察。

在数据层中，数据安全与隐私保护也是不可忽视的问题。数据泄露事件频发，使得确保数据在存储、传输和处理过程中的安全性成为企业关注的焦点。因此，数据层需要采用先进的数据加密、访问控制、审计等技术手段，构建完善的数据安全体系。

(四) 应用层：面向用户的业务功能与服务

应用层是 ICT 系统直接面向用户的层次，包括各种应用软件和业务系统。这些应用涵

盖了企业运营、客户服务、办公自动化等多个领域，如企业资源规划(ERP)、客户关系管理(CRM)、办公自动化(OA)等。应用层通过提供具体的业务功能和服务，满足了用户的多样化需求。

随着云计算、移动互联网等技术的普及，应用层正经历着深刻的变革。云计算使得应用可以按需部署、弹性扩展，降低了企业的 IT 成本；移动互联网则让应用可以随时随地为用户提供服务，提高了用户体验。此外，随着大数据、人工智能、物联网等技术的兴起，应用层将能够提供更加智能化、个性化的服务，满足用户对未来生活的美好憧憬。

(五) 安全与管理层：保驾护航与系统运维

安全与管理层是 ICT 系统的守护者，负责整个系统的安全管理和运维管理，确保系统的安全性和稳定运行。安全管理层通过部署网络安全设备(如防火墙、入侵检测系统)和制定安全策略(如访问控制、数据加密)等手段，构建了一道道坚固的安全防线，抵御来自外部和内部的安全威胁。运维管理层则通过运维管理工具对系统的运行状态进行实时监控和管理，及时发现并解决问题，确保系统的稳定运行。

随着信息化程度的不断提高，安全与管理层的重要性日益凸显。企业需要建立健全的安全管理体系和运维管理体系，加强安全意识和技能培训，提高应对突发事件的能力。同时，随着自动化、智能化技术的发展，安全与管理层也将逐步实现自动化、智能化管理，降低人力成本，提高管理效率。

综上所述，ICT 体系架构的五个主要层次相互依存、相互促进，共同构成了一个完整、高效的信息系统。在未来的发展中，随着技术的不断进步和应用场景的不断拓展，ICT 体系架构将不断演进和完善，为人类社会带来更加便捷、高效、安全的信息服务。

三、ICT 体系架构的特点

在 ICT 领域，体系架构的设计是实现高效、可靠、灵活信息系统的基石。一个优秀的 ICT 体系架构不仅能够有效支撑当前业务需求，还需具备面向未来的动态调整能力。以下将从层次化结构、模块化设计、标准化与开放性以及动态性与适应性四个方面，深入剖析 ICT 体系架构的特点。

(一) 层次化结构：清晰界定，便于管理与维护

ICT 体系架构的层次化设计，是将复杂的系统按照功能或逻辑划分为若干个相对独立的层次。每个层次负责特定的功能集，如数据处理、网络通信、用户交互等，从而实现了功能的模块化与解耦。这种设计方式不仅降低了系统的复杂性，还提高了系统的可维护性和可扩展性。当某一层次需要升级或替换时，只需关注该层次及其接口，而无需对整个系统进行全面调整。

在层次化结构中，各层次之间通过明确的接口进行交互与协同。这种接口设计需要遵循一定的协议和规范，以确保信息的准确传递和功能的无缝衔接。例如，在网络层与数据层之间，通过 TCP/IP 协议栈等标准协议实现数据的传输与交换；在应用层与数据层之间，则可通过数据库访问接口(如 JDBC、ODBC)来实现数据的存取操作。

此外，层次化结构为系统的管理与维护也带来了极大的便利。管理员可以针对不同的层次制定相应的管理策略和工具，如网络监控工具、数据库管理工具等，从而实现对系统的精细化管理。同时，当系统出现故障时，也可以通过层次化的诊断流程快速定位问题所在，减少故障排查的时间与成本。

(二) 模块化设计：灵活组合，提升系统效能

模块化设计是 ICT 体系架构中的另一个重要特点。它将系统划分为若干个功能模块，每个模块都具备独立的功能和接口。模块之间通过标准化的接口进行连接和通信，从而实现了系统的灵活组合与配置。这种设计方式不仅提高了系统的可重用性，还降低了系统的开发成本和维护难度。

在模块化设计中，需要特别注意模块间的依赖关系与解耦程度。理想的模块化设计应确保模块间的依赖关系尽可能简单明确，避免形成复杂的网状依赖结构。同时，通过接口定义清晰、功能单一的模块接口来降低模块间的耦合度，提高系统的可维护性和可扩展性。

模块化设计使得 ICT 体系架构具备了更高的灵活性和可扩展性。当业务需求发生变化时，可以通过增加、删除或替换模块来快速响应变化。此外，模块化设计还便于进行并行开发和测试工作，提高了开发效率和软件质量。

(三) 标准化与开放性：促进技术融合与互操作

标准化与开放性是 ICT 体系架构不可或缺的特点之一。遵循国际标准和行业规范可以确保不同厂商的设备和服务能够相互兼容和互操作，降低系统集成和运维的复杂性。同时，标准化还有助于促进技术的普及和发展，推动整个行业的进步。

在 ICT 体系架构中，标准化体现在多个方面。例如，在网络层中，TCP/IP 协议栈等国际标准协议确保了不同网络设备之间的互联互通；在数据层中，SQL 等数据库查询语言标准使得不同数据库系统之间可以相互访问和操作；在应用层中，则可能遵循 Web 服务标准(如 SOAP、REST)来实现不同应用之间的数据交换和服务调用。

开放性是标准化的延伸和补充。一个开放的 ICT 体系架构能够吸引更多的厂商参与进来，共同推动技术的发展和创新。然而，开放性也带来了一定的挑战。如何在保证系统安全性的前提下实现最大程度的开放？如何平衡不同厂商之间的利益诉求以推动技术的普及和发展？这些都是需要认真思考和解决的问题。

(四) 动态性与适应性：应对变化，保持竞争力

随着信息技术的快速发展和市场竞争的日益激烈，业务需求和技术环境都在不断发生变化。一个优秀的 ICT 体系架构需要具备足够的动态性和适应性来应对这些变化。这意味着系统需要能够随着业务需求的变化进行功能的调整和优化，同时还需要能够紧跟技术发展的步伐引入新技术和新功能以保持系统的竞争力和生命力。

为了实现动态调整与优化机制，ICT 体系架构需要具备灵活的配置和管理能力。这包括自动化的配置管理工具、智能化的监控与分析系统以及灵活的版本控制机制等。通过这些工具和系统可以实现对系统状态的实时监控和快速响应，同时还可以根据业务需求的变化进行资源的动态分配和调整，以确保系统的稳定运行和高效性能。

　　在设计 ICT 体系架构时需要充分考虑未来技术的发展趋势和业务需求的变化趋势，并尽可能采用前瞻性的设计理念和技术手段来构建系统。例如可以采用微服务架构、云原生技术等新兴技术来提高系统的可扩展性和灵活性，同时还需要注重系统的可升级性和可维护性，以确保系统能够随着技术的发展而不断进步和完善。

　　总之，ICT 体系架构的特点体现在层次化结构、模块化设计、标准化与开放性以及动态性与适应性等多个方面。这些特点共同构成了一个高效、可靠、灵活且面向未来的信息系统基础框架，为企业的数字化转型和创新发展提供了强有力的支撑和保障。

任务 4　ICT 的核心技术

　　ICT 的核心技术是指构成 ICT 体系架构的关键技术要素，包括计算机技术、通信技术、网络技术、集成电路、云计算、大数据、物联网、人工智能等。这些核心技术是 ICT 体系架构得以实现和运行的基础。

一、计算机技术

　　在信息通信技术(ICT)的浩瀚版图中，计算机技术犹如一座巍峨的灯塔，照亮着数字时代的航道。它不仅是 ICT 核心技术的灵魂所在，也是推动社会进步与变革的关键力量。其中，计算机硬件技术是坚实的基石，也是构建数字世界的物理框架，它承载着信息的处理、存储与传输功能。计算机软件技术则赋予硬件以生命，让数据得以灵活运用，创造出无限的价值与可能。

(一) 计算机硬件技术

　　计算机硬件是 ICT 系统的物理基础，其发展直接决定了 ICT 系统的数据处理能力，是信息技术领域不断进步的基石。它不仅关乎计算机本身的性能提升，还深刻影响着网络通信、数据存储、人机交互等多个方面。计算机硬件包括 CPU、内存、存储设备、输入输出设备等，如图 1-1 所示。这些硬件组件共同构成了计算机系统的核心部分，共同支撑着整个 ICT 系统的运行。

图 1-1　计算机硬件

1. 中央处理器(CPU)

CPU 即中央处理器,是计算机的心脏,负责执行程序指令和处理数据。它的内部通常包括算术逻辑单元(ALU)、控制单元(CU)和一组寄存器。其中算术逻辑单元负责进行数学和逻辑运算,控制单元负责解析指令并控制数据流,寄存器提供高速的数据存取功能。

CPU 的性能是衡量计算机处理能力的重要指标,通常通过其核心数量、时钟速度和执行指令的能力来衡量。核心数量决定了 CPU 可以同时处理的任务数量。时钟速度决定了 CPU 每秒钟可以执行的指令数量。随着多核处理器和并行处理技术的普及,现代 CPU 已经能够同时处理多个任务,显著提高了处理能力和效率。

除了核心数量和时钟速度,现代 CPU 还具备许多先进的技术特性,如睿频技术。这项技术允许 CPU 在需要时自动提高工作频率,以应对高负载任务,从而在保持能耗效率的同时提升性能。

随着技术的不断进步,CPU 的架构和制造工艺也在持续优化。更小的纳米工艺、更高效的能源管理以及更先进的指令集,都使得 CPU 在性能、功耗和成本之间找到了更好的平衡点。

2. 存储器

存储器是计算机中用于存储数据和指令的部件,根据其功能和特性可以分为内存(主存)和外存。

内存是计算机中用于临时存储 CPU 当前处理的数据和指令的部件,包括随机存取存储器和只读存储器。随机存取存储器(RAM),如图 1-2 所示。它允许数据在任何位置被随机读写,但断电后数据会丢失。只读存储器的数据一旦写入,便会固定下来,即使切断电源,数据也不会丢失,所以又称为固定存储器。内存是计算机运行时不可或缺的部分,其容量和速度直接影响着计算机的整体性能。

图 1-2　随机存取存储器

外存则用于长期存储和保留计算机程序、数据和文件。常见的外存设备包括硬盘驱动器(HDD)、固态驱动器(SSD)、光盘驱动器(如 CD、DVD)和 USB 存储设备等。与内存不同,外存中的数据在断电后依然保持,这使得外存成为计算机中重要的数据存储和备份设备。

除了内存和外存,CPU 内部的高速缓存也是存储器的重要组成部分。高速缓存(如L1、L2、L3 缓存)用于存储处理器频繁访问的数据和指令,以减少访问主内存的时间,提高处理速度。通过合理利用高速缓存,计算机可以在处理大量数据时保持高效和稳定。

3. 输入/输出设备

输入/输出设备是计算机与外部世界进行交互的桥梁。它们将外部数据或指令输入计算机系统，常见的输入设备包括键盘、鼠标、扫描仪等。这些设备使得用户可以与计算机进行交互，输入文字、指令或图像等数据。输出设备则负责将计算机处理的结果或数据显示或传输到外部。常见的输出设备包括显示器、打印机、音频设备等。通过显示器，用户可以直观地看到计算机处理的结果；通过打印机，用户可以将计算机中的文档或图片打印出来；通过音频设备，用户可以听到计算机发出的声音或音乐。

输入/输出设备的发展不断推动着人机交互方式的进步。从最初的键盘、显示器到现在的触摸屏、语音识别和虚拟现实技术，输入/输出设备的不断创新为计算机用户带来了更加便捷、高效和丰富的交互体验。

4. 总线

总线是计算机硬件系统中用于各个硬件组件之间的数据传输和通信的重要部分。总线的性能和特性对计算机的整体性能有着重要影响，高效的总线设计可以减少数据传输的延迟和冲突，提高计算机的处理速度和稳定性。总线主要包括数据总线、地址总线和控制总线等，是连接 CPU、内存、输入/输出设备和其他硬件组件的通道。

数据总线负责在 CPU 和内存或其他组件之间传输数据。它的宽度(即同时传输的二进制数的位数)决定了每次可以传输的数据量，从而影响计算机的处理速度。地址总线用于指定数据在内存或输入/输出设备中的位置。通过地址总线，CPU 可以准确地访问和存储数据。控制总线则负责传输控制信号，如读写信号、中断信号等。这些控制信号协调着各个硬件组件之间的工作，确保数据和控制信号的正确传输。

5. 扩展卡和接口

扩展卡和接口是计算机系统中用于扩展功能和连接外部设备的重要部分。通过扩展卡和接口，计算机可以连接各种外部设备，并实现更多的功能和应用。

扩展卡是一种可以插入计算机主板的电路板，用于提供额外的处理能力或连接选项。常见的扩展卡包括图形显示卡、网络接口卡等。图形显示卡用于提供高质量的图形处理能力，使得计算机可以流畅地运行图形密集型应用程序和游戏。网络接口卡则用于将计算机连接到网络，实现与其他计算机或服务器的通信和数据传输。

接口则是计算机与外部设备之间的连接点。常见的接口包括 USB 接口、HDMI、音频接口等。这些接口使得计算机可以连接各种外部设备，如打印机、外部存储器、显示器等，并实现数据的传输和共享。

随着技术的不断发展，扩展卡和接口的种类和性能也在不断提升。更高速的接口和更强大的扩展卡为计算机带来了更多的可能性和应用场景。

6. 电源供应

电源供应是计算机系统中不可或缺的组成部分，它负责给计算机系统的各个部件提供电力。稳定的电源供应是计算机系统正常运行的保障。

计算机系统的电源供应可以分为交流电源和直流电源两种。交流电源通常用于台式机等固定设备，而直流电源则常用于便携式设备如笔记本电脑等。无论是哪种类型的电源供应，都需要具备稳定的电压和电流输出能力，以确保计算机系统的稳定运行。

除了稳定性外，电源供应的效率也是重要的考虑因素。高效的电源供应可以减少能源的浪费并降低运行成本。因此，在选择电源供应时，需要考虑其功率、效率以及与其他硬件部件的兼容性等因素。

（二）计算机软件技术

计算机软件技术是信息技术领域的重要组成部分，它涵盖了与信息处理、通信和管理相关的所有软件技术和方法。从操作系统、数据库管理系统等基础软件，到各种应用软件、中间件、开发工具，计算机软件技术在 ICT 系统中发挥着控制硬件设备、处理数据、提供服务和保障系统安全等多方面的关键作用。计算机软件技术包括操作系统、数据库管理系统、编程语言与开发工具、中间件、应用软件等。

1. 操作系统

操作系统是计算机系统的核心软件，它负责管理计算机的硬件资源，为上层应用软件提供一个稳定、高效的运行环境。操作系统的功能包括但不限于进程管理、内存管理、文件系统管理、设备管理和用户界面等。

常见的操作系统包括 Windows、Linux、MacOS 等，它们各自具有不同的特点和应用场景。Windows 操作系统以其易用性和丰富的应用软件而广受普通用户欢迎。Linux 操作系统则以其开源、稳定和安全等特性在服务器和嵌入式系统等领域得到广泛应用。MacOS操作系统则是苹果公司专有的操作系统，只能在苹果电脑上运行，以其独特的界面设计和良好的用户体验而著称。

随着云计算、物联网等技术的兴起，操作系统也在不断发展，以适应新的应用场景和需求。云操作系统是一种专门为云计算环境设计的操作系统，它能够提供弹性可扩展的计算资源和服务。嵌入式操作系统则是针对嵌入式设备设计的操作系统，具有体积小、功耗低、实时性强等特点。

操作系统的研究和发展对于推动计算机软件技术的进步具有重要意义。未来，随着人工智能、大数据等技术的不断发展，操作系统也将不断演进，以适应新的计算模式和应用场景。

2. 数据库管理系统

数据库管理系统(DBMS)是用于存储、检索和管理数据的重要软件。它能够高效地处理大量数据，提供数据安全性、完整性和并发控制等功能。数据库管理系统是 ICT 领域的基础设施之一，广泛应用于企业信息管理、电子商务、数据分析等领域。

数据库管理系统的核心功能包括数据定义、数据操作、数据查询和数据控制等。它能够提供高效的数据索引和查询机制，支持复杂的数据分析和处理任务。同时，数据库管理系统还能够保证数据的安全性和完整性，防止数据泄露和损坏。

随着大数据技术的兴起，分布式数据库、NoSQL 数据库等新型数据库系统也逐渐受到关注。分布式数据库能够将数据分散存储在多个节点上，提高数据的可用性和可扩展性；NoSQL 数据库则是一种非关系型的数据库系统，它能够处理大量非结构化的数据，适用于社交媒体、物联网等应用场景。

数据库技术的研究和发展对于推动数据科学和信息技术的发展具有重要意义。未来，随着数据量的不断增长和数据处理需求的不断提高，数据库管理系统也将不断演进，以适应新的数据处理模式和应用场景。

3. 编程语言与开发工具

编程语言是软件开发的基础。常见的编程语言包括 C、C++、Java、Python 等，它们各自具有不同的语法规则和特性，适用于不同的应用场景，可以满足开发需求。

C 语言是一种结构化编程语言，具有高效的执行速度和良好的可移植性，广泛应用于系统软件、嵌入式开发等领域。C++ 语言是 C 语言的扩展，它增加了面向对象编程的特性，适用于大型软件系统的开发。Java 语言是一种跨平台编程语言，它具有丰富的类库和强大的跨平台能力，广泛应用于企业级应用开发。Python 语言则是一种简单易学的编程语言，它具有丰富的数据结构和强大的第三方库支持，适用于数据科学、机器学习等领域。

除了编程语言之外，开发工具也是软件开发过程中不可或缺的一部分。开发工具包括集成开发环境(IDE)、版本控制系统、调试工具等，它们为软件开发人员提供了便捷的开发环境和工具支持。IDE 是一种集成了代码编辑、编译、调试等多种功能的开发环境，能够提高软件开发效率和质量；版本控制系统用于管理代码的变更历史，保证多人协作开发的顺利进行；调试工具则用于诊断和解决程序中的错误和性能问题。

编程语言和开发工具的研究和发展对于推动软件工程和信息技术的发展具有重要意义。未来，随着软件开发需求的不断增长和软件开发模式的不断创新，编程语言和开发工具也将不断演进，以适应新的软件开发需求和应用场景。

4. 中间件

中间件是位于操作系统和应用软件之间的软件层，它提供了软件重用、数据交换、系统集成等功能。中间件能够简化分布式系统的开发、部署和管理，提高系统的可靠性和可维护性。在 ICT 领域，中间件广泛应用于企业应用集成(EAI)、服务导向架构(SOA)等领域。

中间件的核心功能包括数据交换、消息传递、服务调用等。它能够提供统一的数据格式和消息协议，实现不同系统之间的数据交换和通信；同时，中间件还能够提供服务的注册、发现和调用机制，实现服务的复用和组合。

常见的中间件技术包括消息队列、企业服务总线(ESB)、远程过程调用(RPC)等。消息队列是一种用于异步通信的中间件技术，它能够实现不同系统之间的消息传递和数据处理。ESB 是一种用于企业应用集成的中间件技术，它能够提供统一的服务接口和数据格式，实现不同应用之间的集成和互操作。RPC 则是一种用于远程过程调用的中间件技术，它能够实现不同系统之间的函数或方法调用。

中间件技术的研究和发展对于推动分布式系统和云计算技术的发展具有重要意义。未来，随着云计算、物联网等技术的不断发展，中间件也将不断演进，以适应新的分布式系统架构和应用场景。

5. 应用软件

应用软件是为了满足特定需求而开发的软件，它直接面向用户提供服务。在 ICT 领域，应用软件种类繁多，包括但不限于办公软件(如 Microsoft Office)、图形图像处理软件(如 Adobe Photoshop)、多媒体软件、游戏软件等。

应用软件的开发需要考虑到用户需求、用户体验、功能实现等多个方面。在开发过程中，需要采用合适的编程语言和开发工具，遵循软件工程的原则和方法，保证软件的质量和可维护性。

应用软件的研究和发展对于推动信息化和数字化社会的发展具有重要意义。未来，随着人工智能、大数据等技术的不断发展，应用软件也将不断创新和演进，以适应新的用户需求和应用场景。例如，智能家居、智能医疗、智能交通等领域的应用软件将不断涌现，为人们的生活带来更多便利和智能化体验。同时，应用软件也将更加注重用户体验和交互设计，提供更加友好和便捷的服务方式。

二、通信技术

通信技术是 ICT 的重要组成部分，用于实现信息的远程传输和交换。通信技术不仅关注信息的传递，还关注信息的处理、存储和应用。它融合了电信、计算机和必要的软件，以满足用户和应用的需求。通信技术的发展经历了多个阶段，从最初的电报、电话通信，到后来的无线电、卫星通信，再到现代的互联网、移动通信等，每一次技术的革新都极大地推动了社会的进步和发展。以下将从通信技术的原理、应用领域、网络技术以及新兴技术几个方面展开介绍。

(一) 通信技术的原理

通信技术的原理涵盖了多个方面，包括信息传输、网络通信和无线通信的基本原理。以下将围绕这三个方面进行详细阐述。

1. 信息传输的基本原理

信息传输是通信技术的核心，涉及信息的编码、调制、传输、解调、解码等过程。在这个过程中，信息首先通过编码和调制转换成适合传输的信号形式。编码是将信息转换成数字或模拟信号的过程，调制则是将这些信号调整到适合传输的频率和幅度。随后，信号通过信道进行传输，这个过程中可能会受到各种干扰而发生衰减。因此，在接收端，需要对信号进行解调和解码，以恢复出原始的信息。

信息传输的质量受到多种因素的影响，包括信道的噪声、干扰、衰减等。为了提高传输质量，通信技术采用了多种技术手段，如错误检测与纠正、信号增强、多路径传输等。

2. 网络通信的基本原理

网络通信是通信技术的重要组成部分，它涉及网络的拓扑结构、协议栈、数据传输和控制等方面。在网络通信中，数据被分割成小的数据包，这些数据包包含了要传输的信息以及必要的控制信息。然后，数据包通过网络进行传输，每个数据包都包含地址信息，以确保它能够正确地到达目的地。

网络的拓扑结构决定了网络中节点之间的连接方式，常见的拓扑结构包括星型、环型、总线型等。协议栈是一系列协议的集合，它们规定了网络中节点之间通信的规则和格式。在网络通信中，还需要进行数据传输和控制，以确保数据的可靠传输和网络的稳定运行。

3. 无线通信的基本原理

无线通信是通信技术中发展最快的一个领域，它涉及无线电波的传播、信号的调制与解调、多址接入技术等方面。在无线通信中，信息是通过无线电波进行传输的，这使得通信不再受到线缆的限制，极大地提高了通信的灵活性和便利性。

无线电波的传播受到多种因素的影响，包括距离、障碍物、干扰等。为了克服这些因素对通信质量的影响，无线通信技术采用了多种技术手段，如天线技术、信号处理技术、编码技术等。此外，多址接入技术也是无线通信中的重要技术之一，它允许多个用户同时访问无线网络并进行通信。

(二) 通信技术的应用领域

通信技术的应用领域十分广泛，几乎涵盖了社会的各个角落。在医疗、教育、金融、交通、娱乐等众多领域，通信技术都发挥着举足轻重的作用。

1. 医疗领域的应用

在医疗领域，通信技术被广泛应用于远程医疗、电子病历、医疗影像传输等方面。通过远程医疗应用，医生可以远程为患者提供诊断、治疗等医疗服务，这极大地提高了医疗服务的效率和质量。同时，电子病历的应用也使得医疗信息的存储、传输和共享变得更加便捷和高效。此外，医疗影像传输技术的应用也使得医生可以实时地获取患者的医疗影像信息，为诊断和治疗提供更加准确的依据。

2. 教育领域的应用

在教育领域，通信技术被广泛应用于在线教育、虚拟教室、远程协作学习等方面。通过在线教育应用，学生可以随时随地通过网络进行学习，这打破了地域的限制，让更多的人能够享受到优质的教育资源。同时，虚拟教室的应用也使得学生可以更加直观地了解课程内容，提高学习效果。此外，远程协作学习的应用也使得学生可以与他人进行实时的协作和交流，促进学习的深入和拓展。

3. 金融领域的应用

在金融领域，通信技术被广泛应用于网上银行、移动支付、证券交易等方面。通过网上银行应用，用户可以随时随地进行转账、查询等金融操作，这提高了金融服务的便捷性和效率。同时，移动支付的应用也使得用户可以更加便捷地进行消费和支付。此外，证券线上交易的应用也使得用户可以更加实时地了解市场行情并进行交易操作。

4. 交通领域的应用

在交通领域，通信技术被广泛应用于智能交通系统、车辆导航系统、交通信息服务等方面。通过智能交通系统应用，交通管理部门可以更加实时地了解交通状况并进行调度和管理，这提高了交通的效率和安全性。同时，车辆导航系统的应用也使得驾驶者可以更加便捷地规划行车路线并了解交通信息。此外，交通信息服务的应用也使得公众可以更加实时地了解交通状况和出行信息。

总之，通信技术作为ICT的核心技术之一，在各个领域都发挥着举足轻重的作用。随着技术的不断发展和创新，相信通信技术将会在未来的社会发展中发挥更加重要的作用。同时，我们也需要不断地学习和掌握新的通信技术知识和应用技能，以适应不断变化的社会需求和发展趋势。

三、网络技术

网络技术作为 ICT 的核心组成部分，不仅推动了信息技术的飞速发展，也深刻地改变了社会的运作方式和人们的生活习惯。以下将从网络技术的定义与分类、核心组件以及拓扑结构等几个关键方面进行详细介绍。

(一) 网络技术的定义与分类

网络技术是指通过物理或虚拟的链路，实现计算机、终端或其他设备之间数据传输和资源共享技术。根据覆盖范围和应用场景的不同，网络技术可以分为局域网(LAN)、城域网(MAN)、广域网(WAN)和互联网等不同类型。

1. 局域网(LAN)

局域网(Local Area Network，LAN)是指在一个有限的地理范围内，如家庭、学校、办公室或数据中心等地方内的网络。它通常由一组连接在同一物理位置的设备组成，如计算机、打印机、服务器等，通过以太网、Wi-Fi 等局域网技术相互连接，实现高速数据传输和资源共享。随着技术的不断进步，现代局域网已经不仅仅局限于传统的有线连接方式，还广泛采用了无线局域网(WLAN)技术，通过无线接入点(AP)和无线网卡等设备，实现移动设备的灵活接入和无缝漫游。这种趋势进一步拓展了局域网的应用范围，使得网络访问不再受地理位置和线缆束缚，为用户提供了更加便捷、高效的网络体验。

局域网具有几个显著特点：首先，其地理覆盖范围有限，通常仅在几百米到几千米之间；其次，由于传输距离较短，局域网能够提供高带宽和低延迟的数据传输服务，非常适合实时应用和资源共享；再者，相较于广域网，局域网在配置和管理上更为简便；最后，局域网通常构成一个封闭的网络环境，这在一定程度上有助于防止信息泄露和外部网络病毒的攻击。

局域网的应用场景相当广泛，且各具特色。在家庭环境中，局域网能够连接各种智能设备和计算机，使得家庭成员可以方便地共享资源并进行远程控制，大大提升了家庭生活的便捷性。而在办公室场景下，局域网则提供了内部通信、文件共享、打印服务等一系列功能，这些都有助于提升工作效率，使得办公环境更加高效有序。此外，在学校环境中，局域网也发挥着重要作用，它支持校园内的教学资源共享、学生信息管理以及在线学习等活动，为学校的教学和管理提供了有力的技术支持。

2. 城域网(MAN)

城域网(Metropolitan Area Network，MAN)是介于局域网和广域网之间的一种网络类型，其覆盖范围通常在一个城市或几个城市之间。城域网提供了高速数据传输和无缝连接的服务，可以连接多个局域网和数据中心。

城域网具有一些鲜明的特点。首先，其覆盖范围适中，通常在几十公里到几百公里之间，这使得它成为连接城市内部不同区域的重要网络。其次，城域网提供高速连接和数据传输服务，拥有较高的传输速率和较低的延迟，能够轻松应对大规模的文件共享、视频会议、网络游戏等多种应用需求。然而，由于覆盖范围较大，城域网的建设和维护相对复杂，成本也较高。

城域网的应用场景较为广泛。在城市内部，它常被用于数据中心的互联，实现城市范围内的高速数据传输和资源共享。同时，政府和企业机构也广泛采用城域网来支持大规模的内部通信和资源共享，从而提高工作效率。此外，在远程教育和医疗领域，城域网的高速网络连接也为实现远程教育提供了有力支持。

3. 广域网(WAN)

广域网(Wide Area Network，WAN)是一种覆盖范围更广、跨越多个地理位置的网络。它通过公共或专用的传输线路(如电缆、光纤、电话线路、卫星链路等)连接不同的地区，实现数据和信息的远程传输。

广域网具有一些显著的特点。首先，其覆盖范围极为广泛，可以跨越国家、洲际甚至全球，这使得它成为连接不同地区和国家的重要网络。然而，受限于传输线路的带宽和距离，广域网的传输速率相对较低，与局域网相比这是一个明显差异。此外，由于覆盖范围广，广域网需要复杂的路由和拓扑配置来确保数据的可靠传输，这也是其技术上的一个挑战。

广域网的应用场景同样广泛且重要。在企业领域，广域网常被用于连接企业在不同地区的分支机构，实现远程通信和数据共享，从而帮助企业提高跨地域协作的效率。同时，对于跨国公司和国际组织来说，广域网也是支持其在全球范围内进行通信和数据传输的关键基础设施。此外，在远程教育和远程办公领域，广域网也发挥着重要作用，通过连接不同地点的用户和设备，实现了远程教育和远程办公服务的便捷性和高效性。

4. 互联网

互联网是一种全球性的信息交流系统，它通过计算机、卫星、光纤等通信技术，将全球各地的计算机和网络连接起来，形成一个庞大的虚拟世界。互联网不仅是一个信息检索平台，还是一个在线交流、电子商务和在线娱乐平台。

互联网展现出了一系列鲜明的特点。首先，其覆盖范围广，遍布全世界，连接了数以亿计的计算机和设备，真正实现了信息的全球化流通。其次，互联网具有开放性和共享性，信息在互联网上是开放和共享的，用户可以自由地访问和获取这些信息，极大地促进了知识的传播和交流。再者，互联网的多样性和丰富性也是其显著特点，它提供了多种服务和功能，如信息检索、在线交流、电子商务、在线娱乐等，满足了用户多样化的需求。

在互联网的广泛应用场景中，信息检索是其中最为基础且重要的一环。用户可以通过搜索引擎在互联网上轻松查找所需的信息，无论是学术研究还是日常生活，都能得到极大的便利。同时，互联网也成了人们在线交流的重要平台。通过电子邮件、社交媒体、即时通信等方式，用户可以与全球各地的人进行交流和互动，跨越了地理和时间的限制。电子商务的兴起更是让互联网的应用达到了新的高度，用户可以在互联网上购买各种商品和服务，实现方便快捷的在线购物，极大地提升了消费体验。此外，互联网还提供了丰富的在线娱乐内容，用户可以在互联网上观看电影、听音乐、玩游戏等，享受多样化的娱乐生活。

(二) 网络技术的核心组件

网络技术的基本框架包括网络设备、传输介质、通信协议和网络软件等核心组件。其中，网络设备如交换机、路由器、防火墙等，负责数据的转发、路由和过滤；传输介质如光纤、双绞线、无线电波等，是数据传输的物理通道；通信协议如 TCP/IP、HTTP、DNS 等，规定了数据在网络中传输的格式和规则；网络软件则提供了网络配置、管理和应用开发的工具和环境。

(三) 网络技术的拓扑结构

网络技术的拓扑结构描述了网络设备之间的连接方式和数据传输路径。常见的拓扑结构包括星型、总线型、环型、树型和网状型等。不同的拓扑结构具有不同的优缺点，适用于不同的应用场景和需求，如图 1-3 所示。

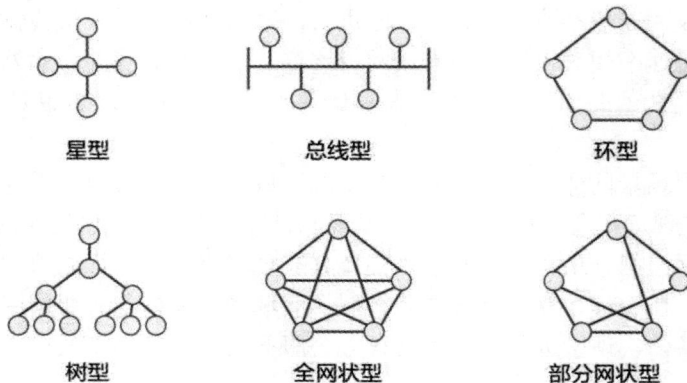

图 1-3　网络技术的拓扑结构

1. 星型拓扑

星型拓扑是最常见的网络拓扑结构之一，它以一个中心节点(如交换机或集线器)为核心，其他节点(如计算机、打印机等)都连接到这个中心节点上。星型拓扑具有结构简单、易于管理和扩展的优点，但中心节点的故障可能会导致整个网络的瘫痪。

2. 总线型拓扑

总线型拓扑中，所有节点都连接到一根共享的通信线路上。这种拓扑结构具有成本低、易于实现的优点，但随着网络规模的扩大，性能可能会受到影响，且某个节点的故障可能会影响到整个网络。

3. 环型拓扑

环型拓扑中，每个节点都直接连接到两个相邻的节点，形成一个闭环。这种拓扑结构具有传输延迟小、传输效率高的优点，但某个节点的故障可能会导致整个网络的瘫痪，且环的维护相对复杂。

4. 树型拓扑

树型拓扑是一种类似树状的网络架构，具有分明的层级关系。在树型拓扑中，存在一个根节点，它是整个网络的核心，负责整个网络的管理与控制。根节点下连接着多个分支节点，每个分支节点又可以进一步连接更多的子节点，形成了一种递归的结构。这种结构使得信息在传输过程中具有明确的路径，便于管理和维护。然而，这种结构对根节点的依赖性较高，一旦根节点出现故障，整个网络可能会受到影响。

5. 网状型拓扑

网状型拓扑中，节点之间的连接是任意的，没有固定的规则。这种拓扑结构具有高度的可靠性和冗余性，但成本较高，且网络配置和管理相对复杂。

四、新兴技术

在 ICT 领域，集成电路、5G 技术、物联网技术、大数据技术、云计算、人工智能是六大核心新兴技术，它们各自拥有独特的核心要点，共同推动着数字化时代的发展。

(一) 集成电路

作为现代电子技术的核心，集成电路(Integrated Circuit，IC)实质上是一种微型电子器件或部件。它通过特定的工艺，将电路中所需的晶体管、电阻、电容和电感等元件及布线互连，集成在一小块或几小块半导体晶片或介质基片上，并封装在一个管壳内，从而形成一个具有特定电路功能的微型结构。最初，集成电路主要应用于军事和航天领域，但随后其应用范围迅速扩大，如今已广泛应用于通信、计算机、消费电子等多个领域。

集成电路的核心特征显著，主要体现在高集成度、小尺寸、低功耗和高可靠性四个方面。它能够将数百个甚至上千个电子器件集成到一个芯片上，通过微缩技术大幅提高集成度，使得电路板上的空间利用率得到显著提升，从而实现电子设备的小型化和轻量化。同时，封装紧凑的集成电路芯片通常只有几平方毫米大小，可以轻松嵌入各种微型设备中。此外，由于集成电路中的器件密度高、信号路径短，使得信号传输的能耗大大降低，且其工作电压通常较低，进一步降低了电路功耗，特别适用于便携式电子设备如智能手机、平板电脑等。更重要的是，集成电路中的电子器件密度高、工作电压低，使得在相同工作条件下，其故障率相对较低，显著提高了电子设备的可靠性和稳定性。

(二) 5G 技术

移动通信，作为连接移动设备与固定体之间无缝沟通的桥梁，其核心在于无线电技术的巧妙应用。在这一领域，5G 技术以其卓越的性能革新了移动通信的边界，成为第五代移动通信技术的典范。5G 不仅代表了速度的革命，更在容量、延迟、可靠性和灵活性等多个维度上实现了质的飞跃。其高速率特性让用户享受到了前所未有的下载与上传速度，无论是高清视频还是大型游戏，都能瞬间完成下载或上传，极大地提升了网络使用的流畅度与体验。

深入探究 5G 技术的核心特征，不难发现其背后蕴含的巨大潜力。大容量设计让 5G 网络能够轻松应对海量设备的接入，确保在高峰时段也能保持网络的畅通无阻。低延迟特性更是为自动驾驶、远程医疗等对实时性要求极高的领域开辟了新可能，让科技真正服务于生活的每一个细节。而高可靠性，则通过一系列先进技术手段，确保了网络在复杂环境下的稳定运行，为用户提供了不间断的服务保障。此外，5G 技术的灵活性通过网络切片技术展现得淋漓尽致，为不同应用场景量身定制网络资源，实现了资源的优化配置与高效利用。这些优势共同构筑了 5G 技术的核心竞争力，预示着其将在未来的信息化社会中扮演更加重要的角色。

(三) 物联网技术

物联网(Internet of Things，IoT)技术作为连接物理世界与数字世界的桥梁，通过集成智能传感器、RFID、GPS、红外感应及激光扫描等多种先进技术，构建了一个实时捕捉并处理人、物特征信息的庞大网络。这一技术不仅延伸并扩展了传统电信网络的边界，更引领我们步入了一个"万物互联"的新时代。在这个时代里，每一件物品都被赋予了通信能力，它们能够相互感知、识别，并在网络的支撑下实现动态管理，极大地丰富了人类生活的智能化水平。

物联网技术的核心特征在于其设备互联的广泛性和数据共享的便捷性。一方面，通过部署各种传感器、RFID 标签及智能终端，物联网实现了物理世界与数字世界的无缝对接，让设备之间能够轻松互联，共同编织出一张覆盖全球的智能网络。另一方面，物联网设备生成的海量数据被高效汇聚至云平台，实现了数据的集中管理和共享，为各行各业的数据分析、业务优化及智能决策提供了坚实的数据基础。此外，物联网技术还深度融合了人工智能与大数据分析等前沿科技，使得对设备的智能化控制成为可能，不仅提升了设备的运行效率与可靠性，更为我们探索更加智能、便捷的生活方式开辟了无限可能。

(四) 大数据技术

大数据是这一时代的标志性技术革新，其核心在于对海量数据的深度探索与利用。它不仅仅是一个数据量的堆砌，而是融合了收集、存储、处理与分析的全方位过程，旨在从纷繁复杂的信息海洋中提炼出有价值的洞察与知识。大数据以其"大量、多样、高速"的鲜明特征，跨越了商业、科学、医疗、政府等多个领域，成为推动社会进步与产业升级的重要力量。其核心优势在于其无与伦比的海量数据处理能力，能够轻松驾驭 PB 级乃至更庞大的数据集，满足企业对数据规模与复杂度的极致追求。

进一步而言，大数据技术以其快速响应与价值挖掘的特质，深刻改变了企业的运营模式和决策方式。通过并行处理与分布式存储等前沿技术的加持，大数据技术实现了对海量数据的即时分析与洞察，让企业能够迅速捕捉市场动态，灵活应对业务变化。同时，大数据技术擅长于在数据的深海中淘金，通过深度挖掘与分析，揭示数据背后隐藏的规律与趋势，挖掘出潜在的价值与机遇，为企业战略决策提供科学依据和有力支撑。这一系列的变革，不仅提升了企业的运营效率与竞争力，更为整个社会的智能化、精准化发展奠定了坚实的基础。

(五) 云计算

云计算是一种按使用量付费的模式，这种模式提供可用的、便捷的、按需的网络访问，进入可配置的计算资源共享池(资源包括网络、服务器、存储、应用软件、服务)。用户可以通过互联网获取这些资源，并按需付费，无需管理或控制底层的计算资源和服务。云计算可以看作分布式存储和计算的一种服务架构。

云计算以其虚拟化技术为核心，不仅将计算、存储及网络资源封装成独立的虚拟环境，专为用户和服务提供高效资源与服务，还通过该技术显著提升了资源利用率，降低了成本，并赋予系统更高的灵活性与可扩展性。同时，云计算实现了按需服务模式，让用户能够即时获取、灵活扩展或利用云资源，无需深究底层设施的复杂性，极大地增强了业务的灵活响应能力。此外，高可用性设计也是云计算的一大亮点，借助数据冗余、负载均衡等策略，确保服务在遭遇故障时能快速恢复，为业务连续性和稳定性提供了坚实保障。

(六) 人工智能

人工智能(Artificial Intelligence，AI)是以计算机科学为基础，由计算机、心理学、哲学等多学科交叉融合的交叉学科、新兴学科。它研究、开发用于模拟、延伸和扩展人的智能的理论、方法、技术及应用系统，生产出一种新的能以人类智能相似的方式作出反应的智能机器。

人工智能以其复杂的算法与模型为核心驱动力，通过对数据的精细处理与分析，赋予机器智能决策与自动化操作的能力，常见如神经网络、深度学习及决策树等算法在其中扮演关键角色。更为显著的是，人工智能展现出强大的自主学习能力，不断通过实践优化算法模型，提升系统效能与精准度。这一特性使得人工智能技术在自然语言处理、图像识别、语音识别及智能推荐等众多领域大放异彩，为企业和用户带来前所未有的智能化、个性化服务体验。

综上所述，集成电路、5G 技术、物联网技术、大数据技术、云计算、人工智能各自具有不同的技术特点和应用场景，如表 1-1 所示。

表 1-1　六种新兴技术的特点和应用场景

技 术	技 术 特 点	应 用 场 景
集成电路	集成电路是一种微型电子器件或部件，具有高集成度、小尺寸、低功耗和高可靠性等特点	集成电路广泛应用于军事、航天、通信、计算机、消费电子等领域
5G 技术	5G 技术是第五代移动通信技术是一种具有高速率、低时延和大连接特点的新一代宽带移动通信技术	5G 技术的应用场景主要包括增强移动宽带、超高可靠低时延通信和海量机器类通信，即远程实时医疗、智慧城市、智能交通、智能零售、智能农业、工业制造等领域
物联网技术	物联网的关键在于通过各种信息传感设备实现物与物、物与人之间的互联互通，形成智能化的网络。物联网具有实时性、动态性、智能性等特点	物联网技术应用于智能家居、智慧城市、工业 4.0、智能物流等多个领域，实现设备的智能化互联和自动化管理
大数据技术	大数据技术的核心在于对海量数据进行分布式存储和计算，以及对数据进行深度挖掘和分析，从而发现数据中的潜在价值	大数据技术在商业分析、市场预测、风险管理、精准营销等领域发挥重要作用，帮助企业从海量数据中提取有价值的信息和知识
云计算	云计算通过整合多台机器的存储资源和运算能力，提供高效的网络服务。其按需自助服务、广泛的网络访问、资源池化、快速弹性、按使用量付费是其基本特征	云计算广泛应用于政府、金融、电力、教育、交通、互联网公司、运营商等各行各业，为这些行业提供高效、灵活、可扩展的计算资源和服务
人工智能	人工智能技术的核心在于模拟人类的智能行为，包括感知、理解、推理、决策等。其依赖于算法和模型，通过不断学习和优化来提高系统的性能和准确性	人工智能技术在机器人、语言识别、图像识别、自然语言处理、专家系统等领域得到广泛应用，为用户提供更加智能化、个性化的服务体验

思考与练习

1. ICT 是以下哪三个英文单词的缩写？(　　)

A. Information，Connection，Technology

B. Information，Communication，Technology

C. Intelligent，Computer，Transmission

D. Interactive，Computing，Transmission

2. ICT 主要关注的是哪两个领域的融合？(　　)

A. 信息技术与生物技术 　　　　 B. 信息技术与通信技术

C. 通信技术与生物技术 　　　　 D. 信息技术与自动化技术

3. ICT 产业主要通过什么手段完成信息化加工和通信？(　　)

A. 纸质文档 　　　　　　　　　 B. 口头传达

C. 电子手段 　　　　　　　　　 D. 手工操作

4. 我国 ICT 技术的发展始于哪个年代？(　　)

A. 二十世纪五十年代 　　　　　 B. 二十世纪七十年代

C. 二十世纪九十年代 　　　　　 D. 二十一世纪初

5. ICT 技术的发展经历了哪几个主要阶段？(多选)(　　)

A. 早期发展阶段 　　　　　　　 B. 快速发展阶段

C. 融合创新阶段 　　　　　　　 D. 衰退期

6. 在哪次金融危机中，ICT 产业展现了抵御衰退和复苏经济的强劲动力？(　　)

A. 2001 年互联网泡沫破裂 　　　 B. 2008 年全球金融危机

C. 1997 年亚洲金融危机 　　　　 D. 1987 年黑色星期一

7. OSI 模型是由哪个国际组织发布的？(　　)

A. 联合国 　　　　　　　　　　 B. 国际电信联盟(ITU)

C. 国际标准化组织(ISO) 　　　　 D. 互联网工程任务组(IETF)

8. TCP/IP 模型与 OSI 模型相比，主要特点是什么？(　　)

A. TCP/IP 模型更加复杂

B. TCP/IP 模型具有更多的层次

C. TCP/IP 模型更简洁，更实用

D. TCP/IP 模型仅用于互联网，不适用于其他网络

9. 在 ICT 体系架构中，云计算通常位于哪一层？(　　)

A. 网络层 　　　　　　　　　　 B. 应用层

C. 传输层 　　　　　　　　　　 D. 数据链路层

10. 以下哪项不是 ICT 的核心技术？(　　)

A. 人工智能(AI) 　　　　　　　 B. 虚拟现实(VR)

C. 区块链技术 　　　　　　　　 D. 生物技术

11. 物联网(IoT)技术主要用于实现什么功能？（　　）

A. 信息的传递和共享

B. 信息的加密和解密

C. 物理世界与数字世界的互联互通

D. 数据的存储和备份

12. 在 ICT 核心技术中，哪种技术通常用于提高网络安全性？（　　）

A. 人工智能(AI)　　　　　　　B. 云计算(Cloud Computing)

C. 网络安全技术(Cybersecurity)　　　D. 物联网(IoT)

项目二

智慧触角——集成电路

学习目标

一、基础知识认知

◎ 集成电路的定义与功能。理解集成电路的基本概念，以及它在现代电子设备中所承担的核心功能。

◎ 集成电路的发展历程及产业链分布。从最早的电子管到现代的超大规模集成电路(VLSI)，认识集成电路的历史发展轨迹及产业链的三个主要环节。

◎ 集成电路的制造工艺。了解集成电路制作过程中前道及后道的主要工艺流程。

二、技术发展洞察

◎ 分析小规模到超大规模集成电路的演变，熟悉不同规模集成电路的特点和技术进步。

◎ 理解摩尔定律对集成电路发展的指导作用。掌握摩尔定律的基本内容及其对集成电路密度与性能提升的预测和影响。

三、产业链深度解析

◎ 探究集成电路的产业链结构。深入了解集成电路的设计、制造、封装测试等关键环节，以及它们之间的相互关系。

◎ 了解产业链各环节的技术要求和市场动态，认识到设计工具的进步、制造工艺的革新以及封装测试的最新方法对产业发展的推动作用。

四、未来趋势展望

◎ 跟踪集成电路技术的前沿趋势。关注 3D IC、纳米电子学等新兴技术的发展，以及它们如何影响未来的集成电路设计和应用。

◎ 评估新兴技术对行业的影响。理解物联网(IoT)、人工智能等新兴技术领域对集成电路性能、集成度和功耗等方面提出的新要求，以及行业为应对这些挑战所采取的策略和措施。

任务 1 集成电路发展概述

集成电路作为现代电子技术的基石，自诞生以来便以惊人的速度不断革新与发展。其发展历程不仅是科技进步的缩影，更是 ICT 知识体系中不可或缺的一环。

集成电路发展概述

首先，我们要追溯其起源与历史，从电子管的诞生讲起，逐步揭开集成电路诞生的序幕。随后，我们将了解集成电路的技术演进，系统梳理集成电路技术从诞生至今的每一次重大突破与变革。最后，我们将视角转向应用扩展的广阔领域，全面展示集成电路技术如何深刻影响并改变了我们的生产生活方式。

一、起源与历史

作为现代电子技术的基石，集成电路的发展历程充满了创新与变革。从早期电子管时代的初步探索，到晶体管的诞生与广泛应用，再到集成电路的首次出现及其后的迅猛发展，每一个阶段都见证了人类智慧的结晶，也体现了技术进步的巨大推动力。

(一) 早期电子管时代：技术的初探与挑战

20 世纪初，电子设备的发展还处于一个相对原始的阶段，主要依赖于电子管(或称真空管)来实现电流的控制与放大。电子管是一种利用电子在真空中的运动来控制电流的设备，它由发射电子的阴极、控制电子流动的栅极以及收集电子的阳极组成。当栅极电压变化时，可以控制阴极发射的电子数量，从而实现电流的放大或开关功能。

电子管的发明极大地推动了早期通信和广播技术的发展，使得无线电信号的放大和传输成为可能，为远距离通信和广播节目的传播奠定了技术基础。电子管收音机(如图 2-1 所示)就是这一技术的典型应用。然而，尽管电子管在当时具有革命性的意义，但它们体积大、耗能高和易碎性等问题却严重限制了其进一步应用。

图 2-1 电子管收音机

具体来说，电子管体积庞大，需要占用较大的空间，这使得电子设备的设计变得复杂且笨重。同时，电子管在工作过程中会产生大量的热量，导致能耗极高。此外，电子管内部的真空结构使其对外部环境的震动和冲击非常敏感，易碎性成为一个难以克服的问题。面对这些挑战，科学家们开始寻求一种更小、更耐用、能耗更低的电子器件来替代电子管。这一需求推动了半导体技术的研究和发展，为晶体管的诞生奠定了基础。

(二) 晶体管的诞生与影响：技术的突破与革新

1947 年，贝尔实验室的威廉·肖克利、约翰·巴丁和沃尔特·布拉顿共同发明了晶体管(如图 2-2 所示)。这是一种由半导体材料制成的固体器件，可以替代电子管控制电流。晶体管的发明是电子技术领域的一次重大突破，它标志着电子器件从真空管时代向半导体时代的转变。

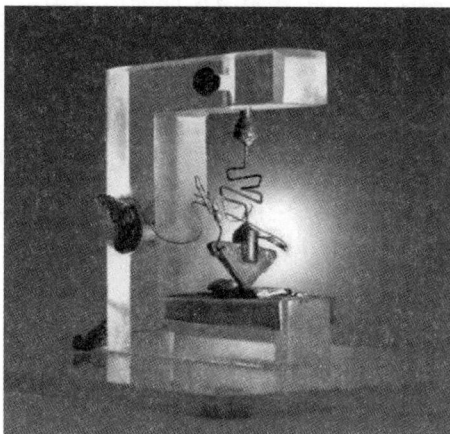

图 2-2　晶体管

与电子管相比，晶体管具有显著的优势，它体积更小、更耐用、能耗更低，且成本更为低廉。这些优点使得晶体管迅速成为电子设备中的核心组件，取代了电子管在电流控制和放大方面的地位。

晶体管的出现对电子设备的发展产生了深远的影响。它使得电子设备能够实现前所未有的小型化和集成度，为后续集成电路的发明奠定了基础。同时，晶体管的广泛应用也推动了电子技术的快速发展，为通信、计算机、广播等领域的进步提供了强大的技术支持。

然而，尽管晶体管具有诸多优点，但在面对日益复杂的电子系统时，单个晶体管的应用仍然显得力不从心。为了进一步提高电路的集成度和性能，科学家们开始探索将多个晶体管和其他电子元件集成在一起的新技术，这就是集成电路的雏形。

(三) 集成电路的首次出现及发明：技术的飞跃与新时代的开启

集成电路的发明和应用是电子技术发展史上的里程碑事件。它不仅推动了电子技术的进步和应用领域的扩大，也深刻地影响了人类社会的进程和发展。

1958 年是一个具有划时代意义的年份。在这一年，杰克·基尔比独立发明了第一块集成电路。他设计了一个名为"相位转换振荡器"的电路，将几个电子元件集成在一个锗半导体材料上，如图 2-3 所示。这一创举标志着集成电路时代的正式开启。几乎同时，罗伯特·诺伊斯也独立发明了集成电路。他把注意力放在了硅晶片上，其最初设想是：把多种元件放在单一硅片上，并通过平面工艺将它们连接起来，这样可以大幅降低电路的尺寸、功耗及成本。这一思路与基尔比的发明异曲同工，但诺伊斯的方案将所有组件制作在单晶晶圆中，从而使大规模生产集成电路成为可能。这一技术突破极大地推动了电子技术的进步，使得数以千计的晶体管和其他电子组件可以同时被制造在一小块半导体硅片上。

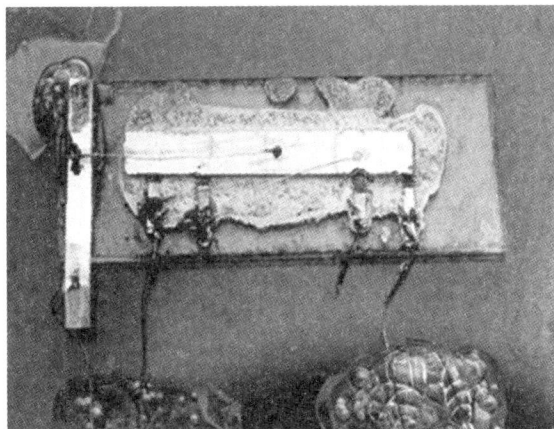

图 2-3　集成电路

集成电路的发明具有革命性的意义。它极大地提高了电路的性能和可靠性，同时降低了成本和体积。这一创举不仅开启了现代电子时代，也为今天复杂电子系统的实现提供了可能。从此，电子设备的设计变得更加灵活和高效，为通信、计算机、消费电子等领域的飞速发展奠定了坚实的基础。集成电路的发明者杰克·基尔比和罗伯特·诺伊斯也因此成为电子技术领域的传奇人物，他们的创新精神和卓越贡献将永远铭刻在电子技术的发展史上。他们的发明不仅改变了电子技术的面貌，也深刻地影响了人类社会的进程。

随着集成电路技术的不断进步和完善，它将继续为人类社会的发展和进步贡献自己的力量。在未来，集成电路将继续发挥着举足轻重的作用，推动着人类社会的不断前行和发展。同时，我们也需要不断关注集成电路技术的最新进展和应用趋势，以便更好地把握未来发展的机遇和挑战。

二、技术演进

集成电路的技术演进是电子工程领域的一项重要历程，它极大地推动了信息技术的发展和电子设备的小型化、高性能化。以下是对集成电路技术演进主要阶段的概述。

(一) 小规模集成电路(SSI)到超大规模集成电路(VLSI)：技术进步的缩影

集成电路(IC)的发展历史是电子工程技术进步和创新的生动缩影。早在 20 世纪 60 年代初，随着半导体技术的初步发展，小规模集成电路(Small-Scale Integration，SSI)应运而生。这一时期的集成电路每个只能集成大约 10 个晶体管，标志着电子元件从分立走向集成的关键一步。SSI 的出现极大地简化了电子系统的设计，提高了系统的可靠性和性能，并为后续集成电路的发展奠定了基础。

随着材料科学、制造工艺和设计技术的不断进步，中规模集成电路(Medium-Scale Integration，MSI)和大规模集成电路(Large-Scale Integration，LSI)相继出现。MSI 的集成度相较于 SSI 有了显著提升，可以集成数百个组件，进一步推动了电子系统的小型化和功能增强。而 LSI 则将集成度推向了新的高度，可以集成数千个晶体管，使得更为复杂的电子功能得以实现。

到了 20 世纪 80 年代，超大规模集成电路(Very Large-Scale Integration，VLSI)的出现引领了集成度的又一飞跃。VLSI 技术使得在一个芯片上可以集成几十万到几百万个晶体管，极大地增强了电路的功能和性能。这一时期的集成电路已经能够实现复杂的逻辑运算、数据处理和存储功能，为计算机、通信和消费电子等领域的快速发展提供了强大的技术支持。

从小规模集成电路到超大规模集成电路的发展历程，不仅是集成度不断提升的过程，更是技术创新和产业升级的生动体现。每一次集成度的飞跃都伴随着材料、工艺和设计技术的突破，推动了电子技术的快速发展和应用领域的不断拓展。

(二) 摩尔定律与集成电路的发展：持续创新的驱动力

摩尔定律由英特尔公司的创始人之一戈登·摩尔在 1965 年提出。他预测，集成电路上的晶体管数量大约每经过 18~24 个月便会增加一倍。这一预测在过去几十年里一直准确地指导着半导体行业的发展，并成为衡量半导体技术进步的重要标准。

摩尔定律的提出不仅推动了工业界持续缩小晶体管尺寸，提高集成度，还促进了处理器速度的提升和成本的降低。随着晶体管数量的不断增加，集成电路的性能得到了显著提升，同时制造成本也逐渐降低，使得集成电路在各个领域得到了广泛应用。

近年来，随着物理极限的逼近和制造工艺的复杂性增加，摩尔定律面临着越来越大的挑战，但它依然是推动集成电路技术创新的重要驱动力。为了延续摩尔定律的趋势，科研人员不断探索新的材料和工艺技术，如三维集成电路、纳米电子学等，以实现更小、更快、更高效的集成电路。

摩尔定律的影响不仅仅局限于半导体行业本身，它还对整个电子产业乃至信息社会的发展产生了深远影响。在摩尔定律的推动下，计算机、通信、消费电子等领域的技术不断创新，产品性能不断提升，成本不断降低，极大地推动了信息化社会的进程。

(三) 现代集成电路技术趋势：塑造电子产品的未来

随着技术的不断进步和创新，现代集成电路展现出多种发展趋势。这些趋势不仅推动了集成电路设计的革新，也正在塑造着电子产品的未来。

三维集成电路(3D IC)是近年来发展迅速的一种新型集成电路技术。通过垂直堆叠多层电路，3D IC 可以进一步增加集成度和性能，同时减少信号传输延迟和功耗。这种技术为高性能计算、高速通信和便携式电子设备等领域提供了新的解决方案。

纳米电子学是另一项备受关注的技术趋势，它利用纳米尺度的材料和结构来实现更小、更快的电路。随着纳米技术的不断发展，纳米电子学有望在集成电路领域实现更高的集成度、更低的功耗和更强的性能。这将为未来的电子产品带来更高的性能和更低的能耗，推动电子技术的进一步发展。

此外，随着物联网(IoT)和人工智能的快速发展，对于低功耗、高性能集成电路的需求日益增长。物联网设备需要长时间运行且能耗较低，因此对集成电路的功耗控制要求极高，而人工智能应用则需要高性能的处理器来支持复杂的算法和计算任务。这些需求推动了集成电路技术在低功耗设计、高性能计算等方面的不断创新和发展。

除了上述技术趋势，现代集成电路还面临着其他挑战和机遇。例如，随着量子计算、光子计算等新型计算技术的兴起，集成电路可能需要与这些新技术进行融合和创新。同时，随着环保意识的提高和可持续发展需求的增加，绿色、环保的集成电路技术也将成为未来的重要发展方向。

总之，现代集成电路技术正不断展现出新的发展趋势和创新方向。这些趋势不仅推动了集成电路设计的革新和技术的进步，也正在塑造着电子产品的未来。随着科技的不断发展和创新需求的增加，我们可以期待未来集成电路技术将带来更多令人瞩目的突破和应用成果。同时，我们也需要关注这些技术趋势所带来的挑战和机遇，以便更好地把握未来发展的方向，推动电子技术的持续创新与发展。

三、应用扩展

随着集成电路技术的不断发展和进步，其应用领域和范围也在不断拓宽和深化。自诞生以来，集成电路的应用不断拓宽边界，从早期作为计算机与通信设备的基石，到广泛融入消费电子产品，再到如今成为现代智能设备中的核心驱动，它正以前所未有的速度改变着我们的世界。

(一) 在早期计算机与通信设备中的应用

集成电路发明后不久，这种新兴技术便以其独特的优势迅速被应用于早期的计算机和通信设备中。集成电路的使用极大地缩小了设备的体积，提高了可靠性和性能，同时降低了制造成本。这一技术的引入，为计算机和通信设备的革新奠定了坚实的基础。

20 世纪 60 年代，计算机系统开始采用集成电路作为其核心处理组件。这一变革标志着计算机从占据整个房间的大型机器转变为可放置在桌面上的个人电脑。集成电路集成度高、体积小、可靠性强的特点，使得计算机系统的性能得到了显著提升，同时成本也得到了有效控制。这一转变不仅推动了计算机技术的普及，也为后续的个人电脑革命奠定了坚实的基础。

在通信领域，集成电路的应用同样带来了革命性的变化。传统的电话交换机和传输设备由于体积庞大、效率低下，已经无法满足日益增长的通信需求。而集成电路的应用，使得这些设备变得更加高效和紧凑。通过集成大量的电子元件和电路，集成电路极大地提升了通信网络的性能和可靠性，推动了通信技术的快速发展。

(二) 在消费电子产品中的广泛应用

随着集成电路技术的成熟和生产成本的降低，其在消费电子产品中的应用变得日益广泛。从 20 世纪 70 年代开始，集成电路被广泛应用于收音机、录音机、电视机等家用电子产品中。这些设备因为集成电路的应用而变得更加便携、功能更强大，同时也推动了消费电子市场的快速发展。

集成电路在收音机中的应用，使其体积更小、音质更好、功能更丰富。通过集成多个电子元件和电路，集成电路实现了收音机的高性能和多功能化。同样，在录音机和电视机中，集成电路的应用也极大地提升了设备的性能：录音机实现了更高质量的录音和放音效果，电视机则实现了更清晰的图像和更丰富的功能。

进入 20 世纪 80 年代，随着便携式音乐播放器和视频游戏控制台的兴起，集成电路再次展现了其强大的应用潜力。这些便携式设备体积小巧、功能丰富，深受消费者喜爱，而集成电路正是实现这些设备小型化和多功能化的关键。通过集成大量的电子元件和电路，集成电路使得这些便携式设备能够实现高质量的音乐播放、游戏控制等多种功能。

(三) 现代智能设备中的核心角色

进入 21 世纪，集成电路在现代智能设备中扮演着核心角色。无论是智能手机、平板电脑、智能手表还是智能家居设备，集成电路都是实现这些设备高性能、多功能和小型化的关键。尤其是在智能手机中，集成电路不仅负责处理计算和数据存储任务，还整合了传感器、无线通信、图像处理和音频处理等多种功能。

智能手机作为现代智能设备的代表，其内部集成了大量的集成电路，包括处理器、存储器、传感器和无线通信模块等，以共同实现智能手机的多种功能。其中，处理器是智能手机的核心部件，负责执行各种计算任务和处理数据；存储器用于存储数据和应用程序；传感器则实现了智能手机的多种感知功能，如触摸感应、光线感应等；无线通信模块则使得智能手机能够实现与网络的连接和通信。

除了智能手机之外，集成电路在其他现代智能设备中的应用也非常广泛。在平板电脑中，集成电路实现了高性能计算和数据存储功能，同时还支持触摸屏、摄像头等外设。在智能手表中，集成电路实现了时间显示、健康监测和通信等多种功能。在智能家居设备中，集成电路则负责控制设备的开关、调节设备的参数等。

此外，随着物联网(IoT)技术的发展，集成电路在连接和智能化各种日常设备中的作用越来越重要。物联网技术通过将各种日常设备连接到网络中，实现了设备的智能化和远程控制。而集成电路通过集成传感器、无线通信模块等元件，使得设备能够与网络连接并实现智能化控制和远程管理。

总之，集成电路自其诞生以来，便凭借其独特的优势迅速渗透到各个电子应用领域，并推动了这些领域的快速发展。从早期的计算机与通信设备，到如今的消费电子产品和现代智能设备，集成电路始终发挥着核心作用。随着科技的不断进步和应用需求的不断增加，集成电路将在未来继续发挥更加重要的作用，推动电子技术的不断创新和发展。

任务 2　集成电路产业链介绍

集成电路产业链是指从集成电路的设计、制造、封装测试到最终应用的一系列环节所构成的完整产业链。这一产业链不仅涵盖了技术密集型的各个环节，还涉及多个相关产业和领域，具有高度的复杂性和协同性。以下将从五个方面探索集成电路产业链的奥秘。

集成电路产业链介绍

一、产业链概览

集成电路的制作是从硅、硒、锗等半导体材料开始的，经过拉磨、切片、CMP 等工艺形成晶圆，晶圆再经过设计、代工制造、封装测试等环节，最终形成芯片并应用到各个领域。这些环节环环相扣，缺一不可，共同构成了集成电路的完整产业链。集成电路的制作流程示意图如图 2-4 所示。

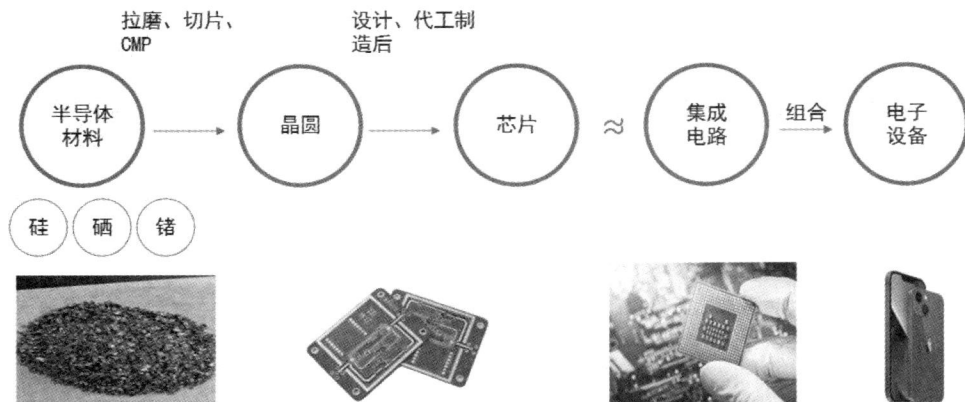

图 2-4　集成电路的制作流程示意图

集成电路的产业链是一个非常庞大的体系。其上游主要包括 EDA 软件、IP 授权、设备与材料等；中游为芯片设计、晶圆制造、封装和测试；下游应用主要包括计算机、消费电子、网络通信、汽车电子等行业，如图 2-5 所示。其中，我国在芯片封测技术方面处于世界领先水平。

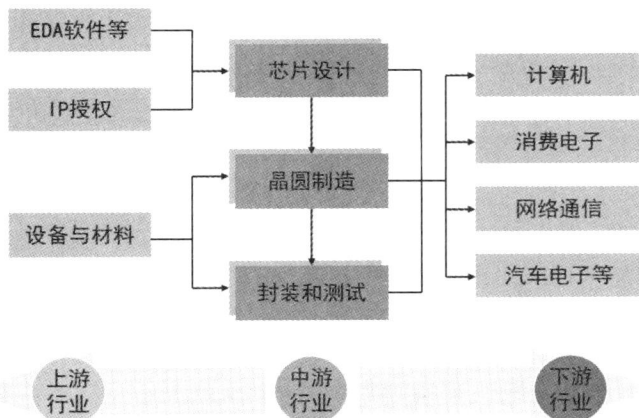

图 2-5　集成电路产业链的上、中、下游示意图

（一）上游：原材料与设计工具

集成电路产业链的上游主要包括原材料供应和设计工具的开发，这是整个产业链的基础。

1. 原材料供应

原材料，尤其是高纯度的半导体硅，是制造集成电路的基础。硅材料的质量和供应稳定性直接影响到电路的性能和生产的可靠性。除了硅材料，其他辅助材料如光刻胶、靶材、封装材料等，也起着至关重要的作用。这些材料的研发和生产技术不断进步，为集成电路的发展提供了有力支撑。

为了确保原材料的稳定供应和质量可控，许多集成电路制造商会与原材料供应商建立长期稳定的合作关系，共同研发新材料，提高材料性能，降低成本。同时，一些大型集成电路制造商也会通过垂直整合，自己生产部分关键原材料，以确保供应链的稳定性和安全性。

2. 设计工具开发

设计工具是芯片设计不可或缺的部分，包括用于电路设计和仿真的软件，如 EDA(电子设计自动化)工具。这些工具使得设计师能够高效准确地完成复杂芯片的设计工作。设计工具的开发需要深厚的计算机科学和半导体物理基础，是集成电路产业链中技术门槛较高的环节之一。

随着集成电路设计复杂度的不断提高，设计工具也在不断发展和完善。新的设计工具能够支持更复杂的设计规则，提高设计效率并降低设计成本。同时，设计工具的易用性和集成度也在不断提高，使得更多的设计师能够使用这些工具进行芯片设计。

(二) 中游：芯片设计、芯片制造、封装测试

中游阶段是集成电路产业链中最为复杂和技术密集的环节，涵盖了芯片的设计、制造和封装测试。

1. 芯片设计

芯片设计是整个过程的起点，决定着电路的功能和性能。设计师需要根据市场需求和技术发展趋势，确定芯片的功能、性能参数和制造工艺要求。芯片设计需要深厚的半导体物理、电路设计和计算机科学基础，是集成电路产业链中技术含量最高的环节之一。

随着集成电路设计复杂度的提高，设计团队通常需要汇集系统架构师、电路设计师、布局布线工程师等多个专业角色。他们使用先进的设计工具，遵循严格的设计流程，以确保芯片的设计满足功能、性能和制造要求。

2. 芯片制造

制造则涉及将设计转化为实物的过程，通过光刻、蚀刻、掺杂等复杂的工艺流程，在硅片上构建微小的晶体管和其他电子元件。芯片制造是集成电路产业链中投资最大、技术最复杂的环节之一。它需要在极小的尺度上精确控制材料的性质和工艺参数，以确保制造出的芯片具有预期的功能和性能。随着制造工艺的不断进步，芯片的集成度不断提高，制造难度也随之增加。因此，芯片制造商需要不断投入研发资金，更新制造设备和技术，以保持竞争力。

3. 封装测试

封装测试是将制造出的芯片进行封装，以保护电路并提供电气连接的途径，同时通过一系列测试确保每个芯片符合性能标准。封装测试是集成电路产业链中连接制造和应用的重要环节。

封装测试需要确保芯片在恶劣环境下仍能保持稳定的性能，因此需要严格的测试标准和测试方法。同时，随着集成电路应用领域的不断拓展，封装形式也在不断创新，以满足不同应用的需求。

(三) 下游：应用开发与市场销售

下游阶段主要涉及集成电路的应用开发和市场销售。在这一阶段，集成电路被集成到

各种电子产品和系统中，如计算机、通信设备、消费电子产品等。

1. 应用开发

应用开发是集成电路产业链中连接技术和市场的关键环节。应用开发者需要深入了解集成电路的性能特点和应用场景，设计出高效、可靠的应用方案。同时，他们还需要与集成电路制造商紧密合作，共同解决技术应用中的问题，推动技术的不断进步和应用领域的拓展。

2. 市场销售

市场销售环节负责将集成电路产品推向市场，建立品牌和销售渠道，并提供客户服务和技术支持。市场销售是集成电路产业链中实现价值的关键环节。

集成电路制造商需要通过多种渠道将产品推向市场，包括直接销售给电子设备制造商，或通过分销商销售给中小企业等。同时，他们还需要建立品牌形象，提高市场知名度，吸引更多的客户。在客户服务和技术支持方面，集成电路制造商需要提供及时、专业的服务，解决客户在使用产品过程中遇到的问题，提高客户满意度。

二、设计与开发

集成电路作为现代电子技术的核心，其设计与开发过程是一个高度复杂且技术密集的系统工程。这一过程不仅涵盖了从概念到物理实现的全方位技术活动，还涉及多个学科领域的交叉融合。以下将深入探讨集成电路产业链中的设计与开发环节，特别是 EDA 工具在设计中的作用以及芯片设计的流程与关键要素。

(一) EDA 工具在设计中的作用

电子设计自动化(Electronic Design Automation，EDA)工具是集成电路设计中不可或缺的技术和工具，它们通过自动化的方式极大地提高了设计效率和准确性。随着半导体技术的飞速发展，集成电路设计的复杂度呈指数级增长，传统的手工设计方法已无法满足现代设计的需求。EDA 工具的出现，为设计师提供了强大的辅助手段，使他们能够应对日益复杂的设计挑战。

EDA 工具涵盖了从最初的电路设计概念到最终物理实现的整个设计周期。这些工具支持设计师进行电路仿真、逻辑综合、布局布线以及验证等一系列关键任务。例如，电路仿真工具可以模拟电路在不同条件下的行为，帮助设计师预测电路在实际应用中的表现，从而在设计阶段就发现并修正潜在的问题。逻辑综合工具则能将高级的设计描述(如硬件描述语言 HDL)转换成具体的电路图，实现设计思想的物理化。

EDA 工具还提供了丰富的库和模型，使设计师能够方便地调用各种标准单元和 IP 模块，加速设计进程。IP 模块通常又称 IP 核(IP Core)，是一段具有特定电路功能的硬件描述语言程序，是指在集成电路设计中那些已验证的、可重复利用的、具有某种确定功能的、具有自主知识产权的设计模块。IP 核可以移植到不同的集成电路工艺中，从而减少设计工作量，缩短设计周期，提高芯片设计的成功率。IP 核的出现简化了芯片设计的复杂度，设计公司使用 EDA 工具进行 IC 设计时，如果需要用到某些功能，可以直接调用相应的 IP 核，而不用重新设计。同时，这些 EDA 工具还具备强大的优化功能，可以在满足设计约束的前提下，自动调整电路结构，以优化性能、功耗和面积等指标。

没有 EDA 工具的辅助，设计师将难以处理当今复杂集成电路设计的庞大数据量和繁复的设计要求。EDA 工具不仅提高了设计效率，还显著提升了设计的准确性和可靠性，是现代集成电路设计不可或缺的基础设施。

(二) 芯片设计的流程与关键要素

随着电子技术的飞速发展，集成电路作为微型电子器件的基础，为芯片的研发与生产提供了坚实平台。通过不断的技术创新与突破，我国芯片逐步实现了从跟随到领先的转变，为国家信息安全和现代工业发展提供了重要支撑。芯片设计是一个复杂且精细的过程，涉及多个关键步骤和要素。

设计流程通常开始于规格定义，这一阶段需要明确芯片需要达到的性能指标和功能要求。规格定义是芯片设计的基石，它决定了后续所有设计工作的方向和重点。

接下来是架构设计阶段，这一阶段的目标是确定芯片的总体结构，包括数据路径和控制逻辑。架构设计是芯片设计的核心，它决定了芯片的功能划分、模块之间的连接方式以及整体性能的优化策略。

随后进入逻辑设计阶段，这一阶段详细定义电路的逻辑功能，包括各个模块的具体实现和它们之间的接口。逻辑设计是芯片设计的关键环节，要求设计师具备深厚的电路理论知识和丰富的实践经验。

物理设计阶段包括布局(确定各个组件的位置)和布线(连接各组件)。这一阶段是将逻辑设计转化为实际物理电路的过程，要求设计师考虑诸多实际因素，如工艺限制、功耗和散热等。

最后是验证阶段，确保设计符合所有功能和性能要求。验证是芯片设计的收尾环节，也是保证设计质量的关键步骤。通过严格的验证过程，可以发现并修正设计中的错误和缺陷，确保最终产品的可靠性和稳定性。

除了上述设计流程外，芯片设计中还涉及多个关键要素，这些要素对于保证芯片设计的可靠性和性能至关重要。其中，时序分析是确保电路在所需的时钟频率下稳定运行的关键环节。它要求设计师对电路中的信号传输延迟进行精确计算，以确保电路在预定的时钟周期内完成所有操作。功耗分析是评估和优化电路能耗的重要手段。随着集成电路规模的不断扩大和功耗的日益增加，功耗分析在芯片设计中的重要性日益凸显。通过功耗分析，设计师可以了解电路的能耗分布和瓶颈，并采取有针对性的优化措施，从而降低整体功耗。测试性设计是为了在生产过程中能够有效地检测和修复缺陷而进行的特殊设计。它要求设计师在芯片中嵌入一定的测试结构和测试逻辑，以便在生产测试阶段能够方便地检测出制造缺陷和潜在的设计问题。

总之，集成电路产业链中的设计与开发环节是一个高度复杂且技术密集型的系统工程。EDA 工具在这一过程中发挥着至关重要的作用，它们通过自动化的方式提高了设计效率和准确性。同时，芯片设计的流程与关键要素也是保证设计质量和可靠性的重要保障。通过不断探索和创新，我们可以进一步提升集成电路设计的水平，推动半导体产业的持续发展。

三、制造与封装

集成电路的制造与封装环节在整个产业链中占据核心地位。这一过程不仅技术密集，而且要求极高的精确度和质量控制。以下将深入探讨集成电路产业链中的制造与封装环节，特别是晶圆制造的关键步骤、封装技术的种类与选择，以及测试的重要性与方法。

(一) 晶圆制造的关键步骤

晶圆制造是集成电路生产中的核心过程，涉及多个关键步骤。硅晶圆是制造半导体的基础，类似于建筑的地基。硅晶圆由高纯度的单晶硅制成，提供集成电路制造所需的平整、光滑表面。制造过程开始于从高纯度硅原料中提取单晶硅，这通常通过直拉法和悬浮区熔法获得单晶硅棒。然后，这个单晶硅棒被切割成薄片，这些薄片就是硅晶圆。晶圆的直径通常为 150 mm、200 mm 或 300 mm，分别对应的是 6 英寸、8 英寸、12 英寸的晶圆，直径越大，可以从单个晶圆上切割出的芯片数量越多。这个步骤是整个半导体制造过程的基础，为后续的复杂结构提供了稳定的平台。

晶圆制备好后，还要经过复杂的工艺在硅片上刻蚀完成集成电路，其中四种基本工艺尤为关键，包括光刻、薄膜沉积、刻蚀和离子注入。

首先是光刻，光刻工艺是集成电路制造中的核心技术之一，它主要用于在硅片上定义出精确的图形。该工艺通过使用光敏材料(光刻胶)和特定的光照模式，将掩膜版上的图形转移到硅片上。

薄膜沉积工艺用于在硅片上沉积各种材料层，如绝缘层、导电层和半导体层等。这些材料层构成了集成电路中的各种元件和互连结构。

刻蚀工艺是去除硅片上特定区域材料的过程，用于形成集成电路中的元件结构和互连线路。刻蚀工艺主要分为干法刻蚀和湿法刻蚀两种。

离子注入工艺是将特定类型的离子以高速射入硅片中，从而改变硅片的导电性能或形成特定的杂质分布。离子注入工艺在集成电路制造中具有广泛应用，如制作晶体管源漏区、调整阈值电压等。

总之，晶圆制造是一个高度复杂且技术密集型的生产过程，涉及上千个步骤。每一步都需要高精度的设备、先进的工艺和严格的质量控制措施，以确保最终产品的性能和可靠性。

(二) 封装技术的种类与选择

IC 封装是集成电路封装的简称。封装是集成电路产业链中另一个至关重要的环节，它不仅保护集成电路免受物理和环境损害，还为芯片提供电气连接和散热途径。随着电子技术的不断发展，封装技术也在不断进步和创新。

塑料或陶瓷是集成电路封装常用的材料，因为它们具有良好的绝缘性、耐热性和机械强度。这些特性是至关重要的，因为 IC 封装不仅保护芯片，还提供了连接到印刷电路板(PCB)的电触点。

封装技术随着集成电路的发展而不断演进，从早期的 DIP(双列直插式封装)、SOP(小外形封装)等传统封装形式，发展到现在的 PGA(插针网格阵列封装)、BGA(球栅阵列封装)、CSP(芯片尺寸封装)等先进封装形式。

1. DIP(双列直插式)封装

DIP 封装是最早期的封装形式之一，采用双列直插形式，引脚数一般不超过 100 个。芯片有两排引脚，需要插入到具有 DIP 结构的芯片插座上，如图 2-6 所示。DIP 封装主要用于逻辑电路、存储器等中小规模集成电路产品。DIP 封装便于焊接和维修，但针脚间距较大，限制了封装的集成度。

图 2-6 　DIP(双列直插式)封装

2. SOP(小外形)封装

SOP 封装始于 20 世纪 70 年代末期，是一种表面贴装型封装。引脚从封装两侧引出呈海鸥翼状(L 字形)，体积小、重量轻，如图 2-7 所示。SOP 封装除了用于存储器 LSI 外，还广泛应用于输入、输出端子数不超过 10～40 的领域。为了适应生产需要，逐渐派生出 SOJ、SSOP、TSSOP、SOIC 等小外形封装。

图 2-7 　SOP(小外形)封装

3. PGA(插针网格阵列)封装

PGA 封装常见于微处理器的封装，将集成电路包装在瓷片内，瓷片底部是排列成方形的插针。这些插针可以插入或焊接到电路板上对应的插座中，如图 2-8 所示。PGA 封装非常适合于需要频繁插拔的应用场合。对于同样管脚的芯片，PGA 封装通常比双列直插封装占用面积更小，且插拔操作更方便、可靠性高、可适应更高的频率。

图 2-8 　PGA(插针网格阵列)封装

4. BGA(球栅阵列)封装

BGA 封装是从 PGA 封装改良而来，将引脚以格状排列的方式覆满封装底部，用锡球取代传统引脚。这些锡球可以手动或自动化配置，并通过助焊剂定位。

BGA 封装能提供更多的接脚，整个装置底部表面可作为接脚使用，具有更短的平均导线长度和更高的高速效能。BGA 封装适用于高性能处理器、高速通信芯片等高端集成电路产品。

5. CSP(芯片级)封装

CSP 是一种极小尺寸的封装形式，其大小尺寸接近芯片本身。采用裸芯直接焊接到印刷电路板上的方法。

CSP 封装具有体积小、重量轻和低功耗等优势，常用于手机、智能卡等小型电子设备中，适合于要求高集成度和紧凑尺寸的应用。

6. 其他封装类型

除了上述几种常见的封装类型外，还有许多其他类型的封装，如 QFP(塑料四边引线封装)、LQFP(低轮廓四边引线封装)、TQFP(薄型四边引线扁平封装)、MCM(多芯片模块封装)等。这些封装类型各有特点和应用领域，共同构成了丰富多样的集成电路封装体系。

选择哪种封装技术取决于多种因素，如芯片的应用需求、成本预算、热管理需求以及电路板的空间限制。例如，对于高性能的处理器和大型集成电路，BGA 封装技术可能更为合适，因为它可以提供更好的散热性能和更多的 I/O 引脚。而对于一些简单的应用和小型集成电路，DIP 或 QFP 封装技术可能更为经济实用。集成电路封装是半导体器件制造的最后一个阶段，之后集成电路被送去测试，以确定它是否符合行业标准。

(三) 测试的重要性与方法

测试是集成电路制造过程中不可或缺的一环。它确保了每个芯片在离开生产线前都达到了预定的性能和可靠性标准。通过测试，可以发现并修复制造过程中的缺陷和错误，从而提高产品的质量和可靠性。

测试可以分为参数测试、功能测试和结构测试。参数测试是测量芯片的关键性能指标，如电流、电压和切换速度等。这些指标可以反映芯片的基本电气性能和稳定性。功能测试则是验证电路是否按照设计规格执行其功能。这一测试通常包括一系列的输入/输出测试，以确保电路的逻辑和功能都是正确的。结构测试也称为缺陷筛查，它是通过检查物理缺陷来完成的，如使用 X 射线或显微镜技术来检查芯片的内部结构。

除了上述测试方法外，还有一些其他的测试手段也被广泛应用于集成电路的制造过程中。例如，可靠性测试是用来评估芯片在长期使用下的稳定性和耐久性。环境测试则是用来模拟芯片在不同环境条件下的工作情况，以确保其能在各种恶劣环境下正常工作。

总之，测试在集成电路制造过程中扮演着至关重要的角色。它不仅确保了每个芯片的质量和可靠性，还为制造商提供了反馈和改进的机会。通过不断的测试和优化，我们可以进一步提高集成电路的性能和质量，推动电子技术的持续发展。

四、市场与分布区域

集成电路的市场与产业分布区域广泛而深远。接下来首先深入探讨集成电路产业链的主要市场领域，在每一个细分领域，集成电路都彰显着不可或缺的价值与潜力。随后，将探讨集成电路在我国的产业分布区域，这不仅能够揭示集成电路市场的繁荣景象，同时也预示着集成电路未来无限的应用前景。

(一) 集成电路产业链主要市场领域分析

集成电路(IC)作为现代电子技术的核心，其市场遍布多个领域，并对各领域的技术进步和产业发展起着关键的推动作用。以下是对集成电路产业链几个主要市场领域的深入分析。

1. 计算机与网络设备领域

在计算机与网络设备领域，集成电路是构成处理器、存储芯片及网络通信芯片等核心部件的基础。随着数据中心和云计算基础设施的快速发展，对高性能、高可靠性集成电路的需求日益增长。处理器作为计算机的大脑，其性能直接决定了计算机的处理速度和能力。存储芯片负责数据的存储和读取，对数据的处理效率有着至关重要的影响。网络通信芯片则是实现计算机之间数据传输和通信的关键。这些集成电路的不断创新和进步，为数据中心和云计算基础设施的发展提供了强有力的支撑。

2. 消费电子领域

在消费电子领域，集成电路的应用同样广泛。智能手机、平板电脑以及其他便携式设备中，都大量使用了集成电路。这些集成电路不仅实现了设备的基本功能，还推动了产品的持续创新。例如，智能手机中的处理器、内存、传感器等集成电路的不断升级，使得智能手机的性能越来越强，功能越来越丰富。同时，集成电路的进步也推动了消费电子产品的轻薄化、智能化发展。

3. 汽车电子领域

汽车电子是集成电路的另一个重要应用领域。随着自动驾驶和电动化的发展，集成电路在汽车中的应用日益增多。先进驾驶辅助系统(ADAS)、车载信息娱乐系统等都需要高性能的集成电路来支撑。这些集成电路不仅提高了汽车的驾驶安全性和舒适性，还为汽车的智能化、网联化发展提供了可能。未来，随着汽车电子技术的不断进步和新能源汽车的快速发展，集成电路在汽车电子领域的应用将更加广泛。

4. 工业控制领域

在工业控制领域，集成电路也发挥着重要作用。工业控制需要对各种设备进行精确的控制和管理，而集成电路正是实现这一目标的关键。通过集成电路，可以实现设备的自动化控制、数据采集、信号处理等功能，提高生产效率和安全性。同时，集成电路还可以帮助工业控制系统实现远程监控和诊断，提高维护效率和降低运营成本。

5. 通信设备领域

通信设备领域是集成电路的另一个重要市场。随着全球数据通信的快速增长，特别是5G 技术的推动，通信设备对集成电路的需求也在不断增加。5G 技术的高速、大容量、低延迟等特点对集成电路的性能提出了更高的要求。同时，随着物联网、云计算等技术的不断发展，通信设备的应用场景也在不断拓展，这将进一步推动集成电路在通信设备领域的应用和发展。

从发展趋势来看，集成电路在不同领域的应用将更加广泛和深入。随着新兴技术的不断涌现和应用场景的不断拓展，集成电路的市场需求将持续增长。例如，在人工智能、物联网、大数据等新兴领域，集成电路将发挥更加重要的作用。同时，随着全球化和信息化的加速发展，集成电路产业也将面临更多的机遇和挑战。

(二) 我国集成电路产业分布区域

我国集成电路产业的分布区域主要集中在长三角、珠三角、京津冀、中西部地区以及江浙沪。

长三角地区是国内最主要的集成电路开发和生产基地，是国内集成电路综合技术水平最高、产业链最为完整的地区之一。特别是无锡，作为中国集成电路产业发展的重要地区，已经培育出一批世界级的集成电路领军企业，如华虹、SK 海力士等。无锡市政府通过发布新政策，全面支持产业壮大和企业创新。

珠三角地区以广州和深圳为核心。这两个城市不仅在设计、制造、封测等环节占据重要地位，而且还积极发展特色工艺制造，补齐产业短板，形成了较为完整的集成电路产业链。同时，珠三角地区也是国内重要的电子整机生产基地和主要的集成电路器件市场，集成电路市场需求一直占据全国市场的较大比重，电子整机制造产业十分发达。

京津冀地区通过京津冀集成电路产业集群建设推进会，三地携手打造集成电路产业集群，形成了互相支撑、协同创新的发展格局。

中西部地区以重庆、湖北、安徽等为核心，这些地区是产业发展较为活跃的地区，重庆市欲打造中国集成电路产业"新一极"，建设集设计、制造、测试、封装于一体的全产业链。

这些地区的共同特点是都有着明确的产业发展规划和政策支持，形成了各具特色的集成电路产业发展格局，共同推动了中国集成电路产业的快速发展。

五、我国集成电路的发展趋势与科技突破

近年来，我国集成电路产业在国家政策的大力扶持和市场需求的双重驱动下，实现了快速发展，市场规模持续扩大，技术水平不断提升。接下来将围绕我国集成电路的发展趋势与科技突破进行详细探讨。

(一) 发展趋势

我国集成电路的发展趋势可以从政策引导与市场驱动、技术创新与产业升级以及产业链协同发展三个方面阐述。

1. 政策引导与市场驱动

我国集成电路产业的发展得益于国家政策的持续引导。近年来，多部委联合发布了多项支持政策，涵盖技术创新、人才培养、产业集群、外资利用等多个方面，为集成电路产业构建了全面的生态体系。同时，物联网、智能驾驶、新能源汽车、智能终端制造等新兴领域的快速崛起，为集成电路产业提供了广阔的市场空间。

2. 技术创新与产业升级

随着摩尔定律逼近极限，集成电路产业进入"后摩尔时代"。在这一背景下，如何通

过设计创新、新型材料和器件的引入，持续提升芯片算力，成为产业发展的关键。我国集成电路产业正积极应对这一挑战，通过自主研发，在延续摩尔和扩展摩尔两大方向上取得了显著进展。例如，Chiplet(芯粒)技术的出现，为芯片设计提供了新的思路，通过模块化设计，降低先进工艺的成本，提升芯片性能。

3. 产业链协同发展

集成电路产业链包括设计、制造、封装测试等多个环节，各环节之间的协同性要求越来越高。我国集成电路产业已初步形成了设计、制造和封测三业并举、较为协调的发展格局。未来，随着产业链上下游企业的紧密合作，将进一步推动整个产业的稳步前进。

(二) 科技突破

我国集成电路在科技突破方面取得了显著进展，主要体现在先进封装技术的突破、EDA工具的创新以及新型芯片技术的研发上。以下是对这些方面的详细阐述。

1. 先进封装技术的突破

Chiplet 技术的快速发展，标志着我国在先进封装领域取得了重要突破。通过模块化设计，将不同功能的芯粒组装在一起，实现芯片功能的提升。这不仅降低了先进工艺的成本，还提升了芯片的灵活性和可扩展性。随着技术的不断成熟，Chiplet 将在汽车、消费电子等多个领域得到广泛应用。

2. EDA 工具的创新

电子设计自动化(EDA)工具是集成电路设计的重要支撑。随着集成电路制程进入纳米尺寸，量子效应的出现对 EDA 工具提出了新的挑战。我国 EDA 企业正积极应对这一挑战，不断提升工具对纳米级电路的描述能力。同时，结合人工智能算法，实现芯片设计的自动化和智能化，大幅缩短设计周期，提升设计效率。

3. 新型芯片技术的研发

在新型芯片技术方面，我国也取得了显著进展。例如，量子芯片和类脑智能芯片的研发，为集成电路产业带来了新的发展机遇。量子芯片利用量子信息的操控能力，实现具有量子信息处理功能的芯片；类脑智能芯片则通过模拟生物神经网络的结构和功能，实现类脑感知与认知，为人工智能的发展提供了新的路径。

总之，我国集成电路产业在国家政策的持续引导和市场需求的双重驱动下，正呈现出快速发展的态势。通过技术创新和产业升级，我国集成电路产业在先进封装、EDA 工具、新型芯片技术等多个领域取得了重要突破。未来，随着产业链协同发展的不断深化和关键技术的持续突破，我国集成电路产业将在全球市场上占据更为重要的地位，为实现科技自立自强和产业高质量发展奠定坚实基础。

任务 3　集成电路制造前道工艺

芯片的制造过程分为前道工艺和后道工艺，如图 2-9 所示。前道工艺主要指在晶圆制造厂的加工过程，这一阶段在空白的硅片上完成电路的加工，但出厂产品仍然是完整的圆形硅片。后道工艺则指封装和测试过程，将圆形的硅片切割成单独的芯片颗粒，完成外壳的封装，并进行终端测试，最终出厂的是芯片成品。

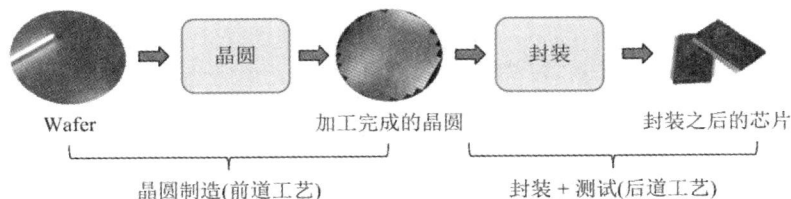

图 2-9　集成电路的制造过程

集成电路的前道工艺又包括晶圆制造与晶圆加工两个部分。晶圆制造是后续工艺实施的"地基"，即产出晶圆片(Wafer)。由于大部分半导体的基体材料是硅，因此这一步也称为硅片制造或晶圆制备。晶圆加工则包含多个关键步骤，如光刻、刻蚀、薄膜生长、离子注入、清洗、CMP(化学机械抛光)等。这些工艺技术难度高，相对复杂，是集成电路制造中最为关键的环节之一，也是半导体全制程中所需技术最复杂且资金投入最多的制程。下面分别从晶圆制备与晶圆加工两个方面对前道工艺进行介绍。

一、晶圆制备

前道工艺的第一步就是晶圆制备。晶圆是一种很薄而且非常光滑的半导体材料圆片，由于其形状为圆形，故称为晶圆。我们可以把它比作集成电路的"画布"。一切后续的半导体工艺都在这块"画布"上展开。晶圆是制作集成电路芯片的载体，我们从硅提炼及提纯、单晶硅生长、晶圆衬底制备三个方面来了解晶圆的制造过程。

集成电路制造前道工艺——晶圆的制备

(一) 硅提炼及提纯

制作晶圆的主要原材料是硅，地球上储量第二丰富的元素就是硅，沙子、石头里都含有硅。半导体作为精密器件，对于硅的纯度要求极高。因此，制造晶圆时，一般选用硅含量相对较高的硅矿石(如石英砂岩)。这些矿石的主要成分是二氧化硅，而制作晶圆需要单晶硅，因此需要把二氧化硅转化为单晶硅。

由于二氧化硅中硅与氧的结合键很强，晶体结构稳定，因此想要通过化学反应从硅矿石提炼出硅，需要将其放入温度超过 2000℃ 的电弧熔炉中将硅石熔化，用碳或石墨使硅还原，制成纯度大约为 98%～99% 的冶金级单质硅。这样得到的冶炼级工业硅，虽然仍含有少量的铁和铝等杂质，但已经是化工、冶金和建筑等行业的重要材料。

对于半导体行业而言，99% 的纯度还远远不够，还需要对工业硅继续提纯。

最常用的方法是通过与氯化氢(HCl)反应生成三氯氢硅($SiHCl_3$)。在高温下粗硅与氯化氢气体反应，硅转化为三氯氢硅，而大多数杂质则形成不挥发的氯化物或其他化合物，从而实现初步分离。三氯氢硅是一种沸点较低(约 31.8℃)的液体，便于通过蒸馏等方法进一步提纯。将含有杂质的三氯氢硅液体送入蒸馏塔中进行蒸馏，由于不同物质的沸点不同，在蒸馏过程中，三氯氢硅与其他杂质(如硼、磷等的氯化物)逐步分离，得到高纯度的三氯氢硅。通过多级蒸馏，可以使三氯氢硅的纯度达到 99.9999%以上。

接下来则需要把高纯度的三氯氢硅再还原。在 1100℃的高温环境中，通入氢气，三氯氢硅与氢气反应生成硅和氯化氢，生成的硅沉积在硅籽晶上，逐渐生长成高纯的多晶硅棒，其纯度可达 99.9999999%以上。此时生产出来的硅还是多晶硅，晶体框架结构不均匀。这个阶段生产的多晶硅可以用于光伏行业，比如制作太阳能组件和电池板。

(二) 单晶硅生长

芯片需要结构更加均匀的单晶硅，接下来需要将多晶硅转化为单晶硅。目前，大部分半导体硅片采用直拉法(Cz 法)生产。直拉法具有设备简单、工艺成熟、易自动控制等特点，因此半导体工业中超过 80%的单晶硅都是采用这种方法制备的。直拉法的核心原理是单晶硅的生长，具体过程是：将多晶硅加热熔化，待温度适合后，经过籽晶熔硅、引晶、缩颈、放肩、转肩、等径生长和收尾等步骤，完成一个单晶硅锭的拉制。单晶硅主要生长过程如图 2-10 所示。

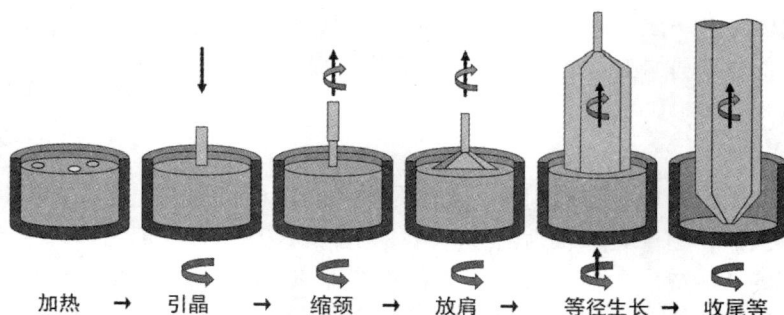

加热 → 引晶 → 缩颈 → 放肩 → 等径生长 → 收尾等

图 2-10 单晶硅主要生长过程

下面对单晶硅生长的几个主要过程分别进行介绍。

(1) 加热。加热即熔硅，将石英坩埚加热到 1500℃左右，使多晶硅熔融，以便重新结晶。为形成具有一定导电性及电阻率的半导体，需要在熔硅中掺入一定的杂质，一般情况下，生成 N 型半导体时掺杂五价磷，生成 P 型半导体时掺杂三价硼。

(2) 引晶。在引晶过程中，需调整籽晶转速并将其降至距离液面 3～5 mm 处，为了使熔融硅与籽晶间的温度达到平衡，需要对籽晶预热 2～3 分钟。预热完成后，将籽晶慢慢浸入硅熔体中，与熔硅表面充分熔接。

注意：在引晶过程中需要控制温度。温度过高会使籽晶熔断，温度过低易产生多晶。为避免发生位错，通常会选择比合适温度略高一点的温度进行引晶，接触良好后再适当降温。

(3) 缩颈。缩颈也称为缩颈生长。籽晶与硅熔体接触时的热应力会使籽晶产生位错，必须利用缩颈生长使这些位错消失。缩颈生长的作用是通过将旋转的籽晶快速向上提升使这些位错消失，由于位错线与生长轴成一定角度，只要缩颈够长，位错便能长出单晶硅锭的表面，从而生长成零位错的单晶硅锭。

(4) 放肩。缩颈生长完成之后，通过降低熔硅的温度和放慢提拉速度，使单晶硅锭的直径渐渐增大到所需的大小。为防止单晶硅锭出现锋利的棱角，需要一定的缓冲，平稳过渡到等径生长阶段。该过程可称为转肩。

(5) 等径生长。完成缩颈和放肩之后，借着拉速与温度的不断调整，开始保持放肩的直径生长单晶硅。这段直径固定的部分称为等径部分，单晶硅片取自于等径部分。

(6) 收尾。在长完等径部分之后，适当升高温度，提高拉速，将单晶硅锭的直径慢慢缩小，形成一个锥形的尾部。这是为了避免单晶硅锭离开熔融体时，急剧降温而产生的缺陷向上延伸。

生长完的单晶硅被升至上炉室，冷却一段时间后取出，即完成一次生长周期。除了直拉法之外，还有其他制作单晶硅的办法，比如悬浮区熔法等。

不同直径的单晶硅锭经过后期加工，可以制成不同直径的硅片。不同规格的硅片直径大小的比较示意图(1 英寸≈25.4 mm)如图 2-11 所示。理论上，晶圆直径越大越好，因为单个晶圆面积越大，生产出的芯片数量就越多，分摊下来的成本就越低。然而，直径越大，工艺难度和设备费用也会直线上升。目前，市场上主流的晶圆尺寸以 8 英寸(20.32 cm)、12 英寸(30.48 cm)为主。

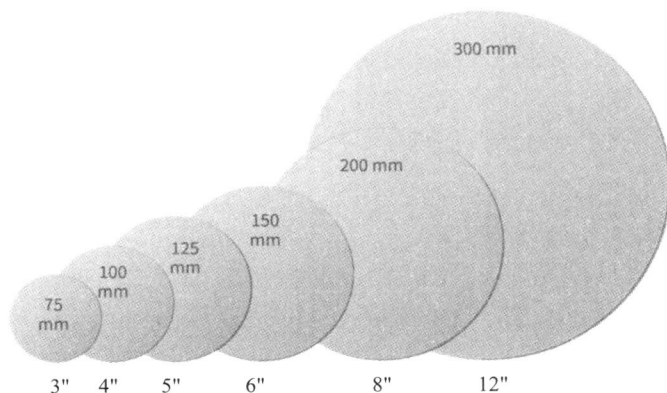

图 2-11　硅片直径大小的比较示意图

(三) 晶圆衬底制备

至此，"沙子"已经转化为可以制作芯片的材料了，接下来就进入芯片的前端生产，即晶圆衬底的制备，也叫硅衬底制备。单晶硅锭还需要经过一系列加工，才能形成符合半导体制造要求的硅衬底。硅衬底制备的基本流程为切割分段、径向研磨、定位面研磨、切片、研磨等一系列操作，这些步骤的技术难度也逐渐增加。

(1) 切割分段。对单晶硅锭的籽晶部分、肩部、尾部等进行检查，将不符合直径要求的部分切除，以降低生产成本，切除的部分可以回收再利用。

(2) 径向研磨。单晶硅锭切割完成后，其直径可能不符合直径要求，一般会稍大些，所以需要滚磨外圆使其直径满足要求。

(3) 定位面研磨。对于 200 mm 以下的硅片，在滚磨外圆后会进行基准面研磨，即沿着轴滚磨出一个参考面(主定位面)。参考面对晶向起可见的参考作用，主要用于硅片上芯片图形的定位和机械加工的定位。对于大直径的硅片，在晶体上滚磨出一个缺口(即定位槽)来指示晶向。对于 300 mm 的硅片，一般采用激光刻号的形式。

(4) 切片。外形整理完成后，就开始切片，这是硅片加工的第一个关键步骤。这一工序基本上决定了硅片的 4 个重要参数，即晶向、厚度、平行度和翘度。

(5) 研磨。研磨是在切片后，对硅片表面的第一次加工。其目的是使硅片表面规则，消除表面的刀痕，消除损伤层，提高平整度，增加硅片表面的平坦度。研磨时，将硅片放在上下两层研磨盘之间，加入研磨浆，通过研磨盘的转动带动硅片转动，在研磨浆的作用下达到均匀研磨的目的。

(6) 倒角。倒角是为了去除硅片表面锋利的棱角。硅片表面若存在棱角，会给后续加工带来危害。倒角的目的有：防止热应力导致的缺陷在边缘产生，并阻止其向内部移动；防止硅片受到撞击而导致边缘破裂；增加硅片边缘的平坦度，为后续工序做准备。

(7) 抛光。硅衬底制备的最后一道工序是化学机械抛光(CMP)，以进一步去除硅片表面的微量损伤层，获得光洁平整的表面，这也是半导体晶片表面加工的关键技术之一。同时，CMP 也是芯片制造过程中一个极其复杂的流程，所采用的设备及消耗品非常多，包括 CMP 设备、研浆、抛光垫、后 CMP 清洗设备、抛光终点检测及工艺控制设备、研浆分布系统、废物处理设备和测量设备等。

至此，就得到了一片原始的晶圆。最后，厂商需要对制作好的晶圆进行检测，确保尺寸、形状、光洁度、氧含量、金属残余量等符合指标，达标后，即可放在充满氮气的密封盒里送往晶圆厂进行芯片的制作了。

集成电路制造前道
工艺——晶圆加工

二、晶圆加工

晶圆衬底制备好以后，需要在晶圆上制作逻辑电路，这一过程叫作晶圆加工。纵观整个制造业，芯片的制造流程可以说是极为复杂，这一过程也被形象地称为"点石成金术"。它主要分为氧化、光刻、刻蚀等几个大步骤，这些步骤又可细分为上百道工序。

(一) 氧化

在半导体晶圆加工过程中，会使用各种反应性很强的化学物质，如果化学物质接触到不应接触的部分，就会影响半导体制造的顺利进行。而且半导体内部还有一些物质，一旦相互接触就会导致短路。氧化工艺就是在硅晶圆上生成一层二氧化硅(SiO_2)保护膜，其目的就是通过隔离膜防止短路的发生。在半导体工艺中，氧化工艺非常重要，它为后续的制造步骤提供了基础和保障。氧化层不仅可以隔离和保护硅晶圆，还可以作为掩膜层来定义电路图案。由于以上特性，SiO_2 在芯片制备的多个步骤中被反复使用。通过氧化工艺，脆弱的硅基晶圆就像穿上了一层"铠甲"，如图 2-12 所示。

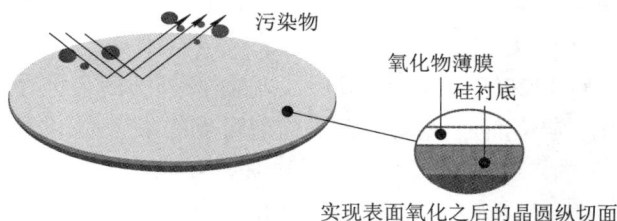

污染物
氧化物薄膜
硅衬底
实现表面氧化之后的晶圆纵切面

图 2-12　氧化物在晶圆表面的保护作用

氧化工艺的实现方法有多种，其中最常用的是热氧化法，即在高温下利用纯氧或水蒸气与硅反应生成 SiO_2 层。热氧化法又分为干法和湿法：干法只使用纯氧，形成较薄、质量较好的氧化层，但生长速度较慢；湿法使用纯氧和水蒸气，形成较厚、密度较低的氧化层，但生长速度较快。不同类型和厚度的 SiO_2 可以满足不同的功能要求。干法氧化与湿法氧化的区别如图 2-13 所示。

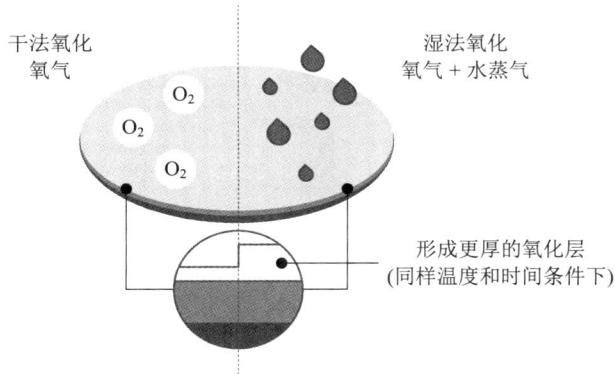

图 2-13　干法氧化与湿法氧化示意图

(二) 光刻

光刻(光学曝光)是指利用特定波长的光进行辐照，将掩模板上的图形转移到光刻胶上的过程，如图 2-14 所示。光学曝光是一个复杂的物理化学过程，具有大面积、重复性好、易操作以及成本低等特点，是半导体器件与大规模集成电路制造的核心步骤。由于半导体技术的主要目标是尽可能缩小电路尺寸，所以对光刻的精度要求也越来越高。高精度的光刻机是光刻步骤的基础，这就是为什么"光刻"成为备受关注的工艺步骤。随着技术的进步，光刻技术从接触式、接近式发展到投影式，分辨率不断提高。目前先进的制程已经采用极远紫外线(EUV)光刻技术，以实现更小线宽的制造。

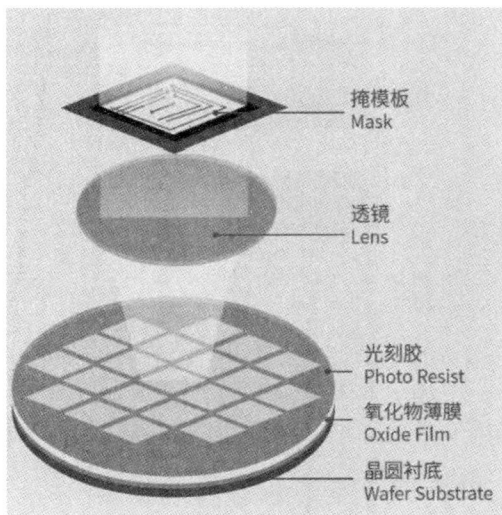

图 2-14　光刻示意图

光刻步骤首先是涂光刻胶，其目的是使晶圆对光敏感。执行这一步骤时，会在晶圆表面均匀涂抹一层对光敏感的物质，即光刻胶。晶圆表面的光刻胶层越薄、涂覆越均匀，印刷的图形就越精细。这个步骤可以采用"旋转涂覆"的方法，如图 2-15 所示。

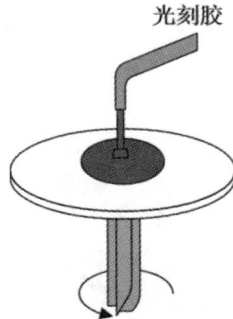

图 2-15　旋转涂覆示意图

根据对光的反应性，光刻胶可分为两种：正胶和负胶。正胶在受光后会分解并消失，从而留下未受光区域的图形；负胶在受光后会聚合，使受光部分的图形显现出来。正胶与负胶示意图如图 2-16 所示。

图 2-16　正胶与负胶示意图

第二步是曝光，当光源发出的光线经过掩模板照射到晶圆片上时，掩模板上的图形就被转移到了晶圆片上。根据掩模板上图形的不同，光刻胶会溶解形成对应图形，如图 2-17 所示。

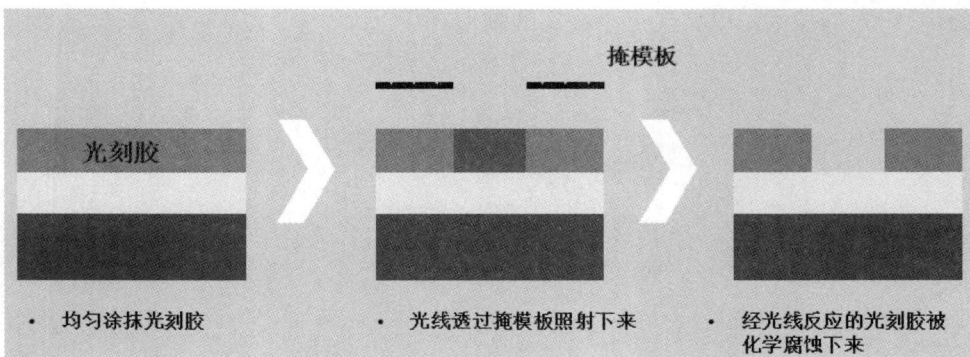

图 2-17　曝光示意图

第三步是显影与坚膜。用化学显影液溶解掉光刻胶中可溶解的区域，使可见的图形出现在晶圆片上。显影后再进行高温烘焙，使剩余的光刻胶变硬并提高黏附力。

(三) 刻蚀

在晶圆上完成电路图的光刻后，就要用刻蚀工艺来去除多余的氧化膜，且只保留半导体电路图。要做到这一点，需要利用液体、气体或等离子体去除选定的多余部分，如图 2-18 所示。

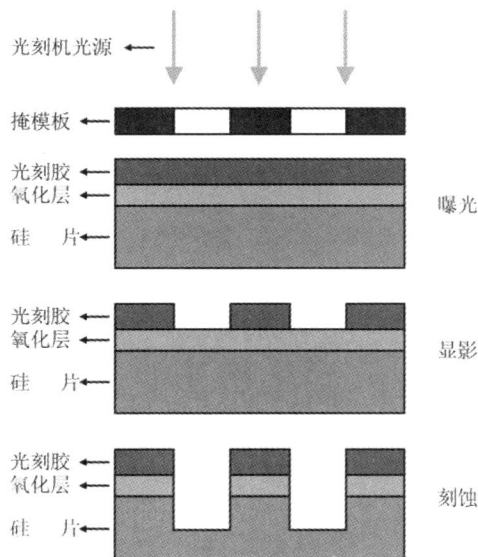

图 2-18 刻蚀过程示意图

半导体刻蚀方法分为两类，分别是湿法刻蚀和干法刻蚀,如图 2-19 所示。湿法刻蚀是将晶圆片浸入含有特定化学试剂的液体溶液中，利用化学反应来溶解未被光刻胶保护的半导体结构。由于液体化学品不能精确控制方向，所以可能会导致刻蚀不均匀，出现刻蚀不足或过度；另外，由于液体化学品会残留在晶圆上，所以需要额外的清洗步骤来去除污染物。

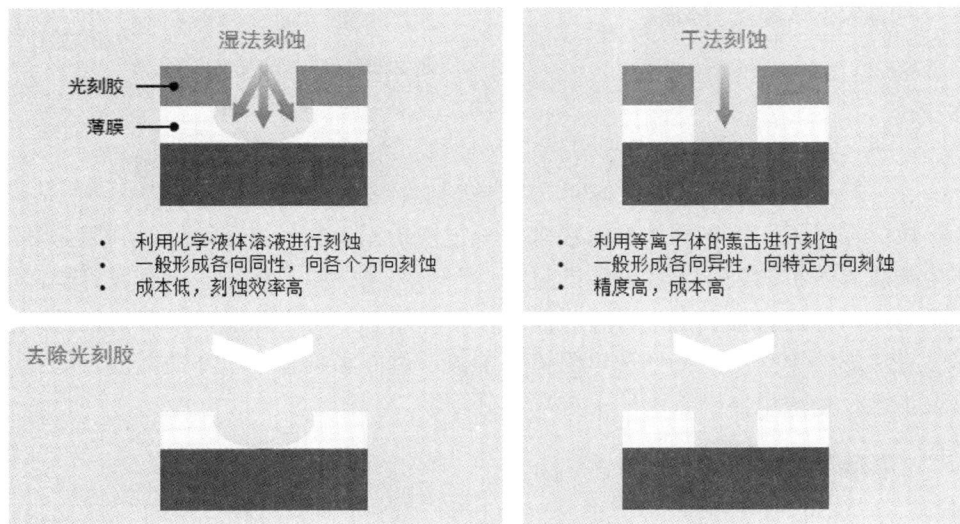

图 2-19 湿法刻蚀与干法刻蚀

干法刻蚀是用等离子体或者离子束等对晶圆片进行轰击，从而去除未被保护的半导体结构的方法。相比于湿法刻蚀，干法刻蚀精度高、选择性和方向性好，并且不会产生残留物，适用于制造高集成度的芯片。干法刻蚀也有缺点，例如成本高、设备复杂、处理时间长。

在半导体工艺步骤中，会根据不同的目标和需求，灵活选择最适合的工艺。甚至在同一个器件制作的不同步骤中，会混合使用湿法刻蚀和干法刻蚀。应根据工艺需求和材料特性选择合适的刻蚀方法：对于高精度图形，通常采用干法蚀刻；对于大面积均匀蚀刻，湿法蚀刻更为经济高效。

通过光刻及刻蚀步骤，就可以将希望得到图形在晶圆片上真正实现。需要说明的是，光刻及刻蚀步骤一次只能实现一层半导体结构，由于半导体器件是多层器件，需要多次迭代才能将半导体器件完整蚀刻出来。并且随着工艺复杂度的不同，需要的层数也不同。例如，在 $0.18\,\mu m$ 的 CMOS 工艺中，需要的光罩层数约为 20 层；而对于 7 nm 左右的 CMOS 工艺来说，则需要 55～60 层。

（四）掺杂

掺杂可以改变半导体的电导率、载流子类型和浓度、能带结构等电学性质，从而实现不同的功能和性能。半导体的导电性能可控，就是通过掺杂来实现的。半导体工艺中实现掺杂的主要方法有两种，即热扩散和离子注入，如图 2-20 所示。

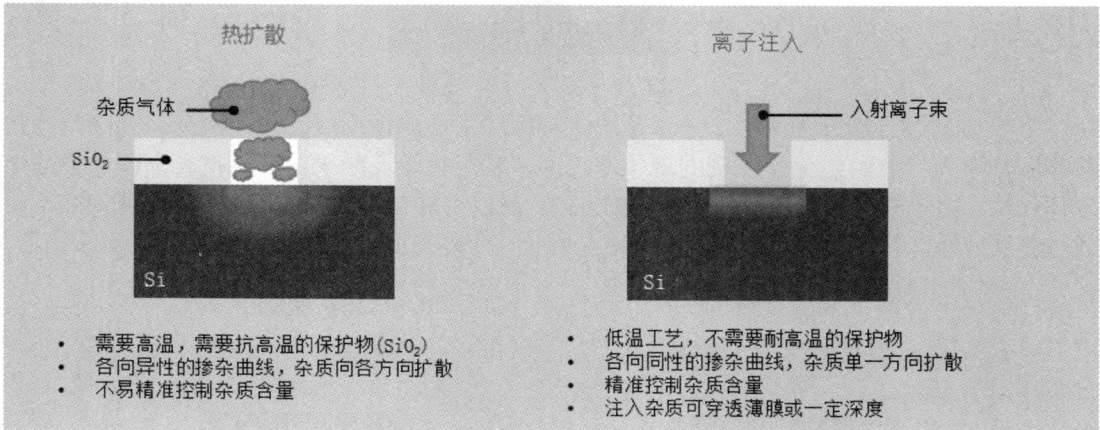

图 2-20　实现掺杂的两种方法

热扩散：在高温下将半导体暴露在含有一定掺杂元素的气态环境中，利用化学反应和热运动使杂质原子扩散到半导体表层的过程。离子注入：将杂质原子电离成离子，用高能量的电场加速，然后直接轰击半导体表面，使杂质原子"挤"入晶体内部的过程。掺杂浓度和深度直接影响 PN 结的特性和电阻值等参数，进而影响整个电路的性能。因此，精确控制掺杂工艺是集成电路制造中的关键环节之一。

（五）薄膜沉积

随着半导体集成电路行业的不断创新，电子器件不断向微型化和集成化方向发展。在此趋势下，若想让这些间隔极小的微纳结构相互协同且互不干扰地工作，它们之间的界线必须清晰明确。薄膜沉积就是通过各种方法在材料表面形成一层透明、均匀、连续的薄膜，其最基本的原理是利用物理、化学或生物学的作用力，使一种或多种元素或化合物沉积在材料表面形成薄膜，确保这些微纳结构之间的界线清晰明确。薄膜沉积在材料表面可以起到保护作用，保证器件的稳定性和可靠性。

(六) 晶圆测试

晶圆制造完成之后，晶圆测试是一个非常重要的环节，这一步堪称晶圆生产过程的"成绩单"。晶圆测试是对晶片上的每个晶粒进行针测，检测头装有用金线制成的细如毛发的探针，这些探针与晶粒上的接点接触，用于测试其电气特性。不合格的晶粒会被标上记号，在后面的晶圆切割工艺中，标有记号的不合格晶粒会被淘汰，不再进入下一个制程，以免增加不必要的制造成本。

集成电路制造的前道工艺是半导体芯片制造过程中最为重要的环节之一，其中晶圆工艺也是半导体全制程中技术最复杂且资金投入最多的部分。前道工艺的每一个步骤都需要精确控制，以确保最终产品的性能，为后续工艺和产品的应用打下坚实的基础。

任务 4　集成电路制造后道工艺

集成电路制造
后道工艺

芯片的封装、测试及成品入库被称为后道工艺，主要是指封测工艺，是集成电路制造流程中的重要环节。与前道工艺相比，后道工艺相对简单，技术难度较低，对工艺环境、设备和材料的要求远低于晶圆制造。

封装工艺旨在将经过前道工艺加工完成的芯片进行保护，并为其触点提供与外界电路连接的功能，如添加引脚以便与 PCB 等外部电路实现连接。这一环节不仅确保了芯片的电气性能得以充分发挥，还通过封装材料为芯片提供一个坚固的"保护壳"，有效防止物理和化学因素可能对其造成的损害。此外，封装还有助于增强芯片的散热性能，提高系统的稳定性和可靠性。封装工艺流程是将制造完成的芯片转变为可用于电子设备的集成电路产品的关键步骤。传统后道工序大致可以分为晶圆减薄、晶圆切割、晶圆贴装、引线键合、塑封、打码、电镀与浸锡、切筋成型、测试与检验等步骤。

一、晶圆减薄

晶圆减薄是指从圆片背面采用机械或化学机械方式进行研磨，将圆片减薄到适合封装的程度。通过减薄或研磨的方式对晶片衬底进行减薄，可以改善芯片散热效果，减薄到一定厚度后也有利于后期的封装工艺。

二、晶圆切割

晶圆切割是指沿着晶圆上的划片槽进行切割，直到分离出芯片的工艺，也被称为划片工艺。晶圆切割是芯片封装工艺的必要工序。图 2-21 中给出了使用刀片切割法将晶圆分割为芯片的示例。在这种晶圆切割方法中，使用轮状锯片来切割和分离晶圆。这种锯片采用高硬度的金刚石刀头沿着晶圆划片线切割，由于锯片旋转时会产生容差，因此划片线宽度必须超过砂轮的厚度。

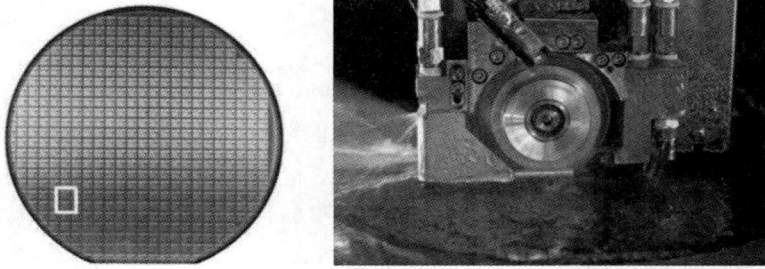

图 2-21   晶圆切割示意图

三、晶圆贴装

晶圆贴装是将切割好的芯片粘贴到封装基板或引线框架上。贴装过程使用芯片黏结材料，通过点胶、涂胶或印刷等方式将芯片固定在预定位置。贴片过程中需要控制黏结材料的用量和分布，以确保芯片的平整度和黏附力，如图 2-22 所示。

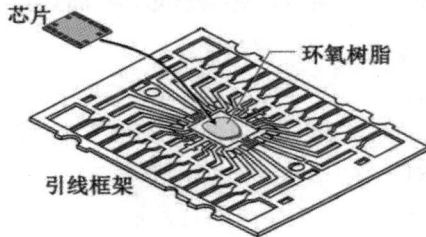

图 2-22   晶圆贴装示意图

四、引线键合

引线键合是封装过程中一道关键的工艺，键合的质量好坏直接关系到整个封装器件的性能和可靠性，半导体器件的失效约有 1/4～1/3 是由芯片互连问题引起的，故芯片互连对器件长期使用的可靠性影响很大。此外，引线键合技术也直接影响到封装的总厚度。引线键合是为了将晶圆上的键合压点用极细的金属线连接到引线框架上的内引脚上，从而实现晶圆电路与引脚的电气连接。引线键合工艺使用了键合机，通过热压或超声焊接等方式将键合线焊接到焊盘上。键合过程中需要控制焊接温度和时间，以确保焊接质量和可靠性。引线键合示意图如图 2-23 所示。

图 2-23   引线键合示意图

五、塑封

塑封是封装过程中的关键环节，它确保了芯片的机械保护和电气绝缘。在塑封过程中，通过注塑机将熔融的塑封料精确地注入模具中，完全包裹住芯片和引线框架，形成一个保护壳。这样，不仅保护了脆弱的芯片免受外界的物理和化学损害，还提供了电气绝缘，防止了短路和电气干扰。为了确保塑封的质量，必须严格控制注塑机的温度、压力和速度，以确保塑封料的均匀分布和封装的一致性。塑封示意图如图 2-24 所示。

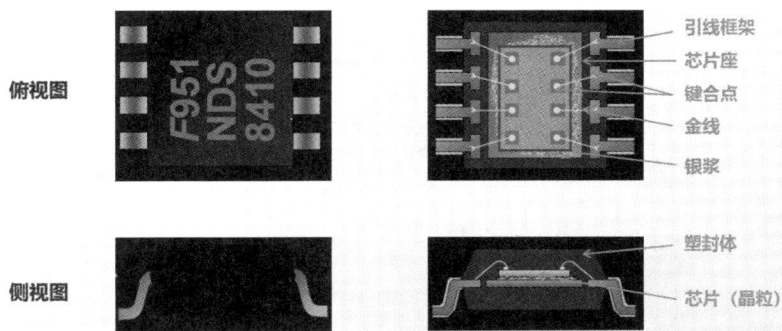

图 2-24 塑封示意图

塑料封装时，若塑封料溢料只在模块外的引线架上形成薄薄的一层，面积也很小，通常称为树脂溢出。若渗出部分较多、较厚，则称为毛刺或是飞边毛刺。这些多余的塑封料不仅会给后续工艺的设备造成一定的损耗，还可能影响后续工艺的正常进行，甚至损坏机器，因此在电镀、切筋成型工序之前，需要进行去飞边毛刺的工序。但随着模具设计和封装技术的改进，很少产生溢出的飞边毛刺，便可以免除去飞边操作。这也体现了技术的不断进步和创新。去飞边前后对比图如图 2-25 所示。

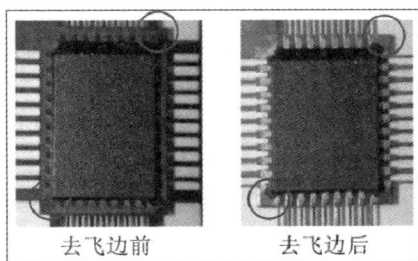

图 2-25 去飞边前后对比图

六、打码

由于芯片种类繁多，仅通过外观难以区分，这不仅容易导致混料，而且不便于物流跟踪，因此，信息标记成为区分和追溯芯片的重要手段。打码是信息标记的常用方式，就是在芯片封装模块的表面印制字迹清楚且不易擦除的字母和标识，包括产品批号、型号、制造商信息、器件代码等。打码既不影响电路运行，又可提供永久标记，清晰好辨认。打码过程中需要控制打印质量和位置精度，以确保标识信息的清晰可读。

七、电镀与浸锡

电镀与浸锡作为电子制造领域中的关键表面处理技术，对于提升电子产品的性能、可靠性和耐用性起着至关重要的作用。其中，电镀是利用技术材料和化学方法，在引线框架表面镀上一层金属层，用于保护外露的芯片引脚，增加其可焊性，塑料封装一般覆上锡层，金属封装大多覆镍层。浸锡是将框架条直接浸入调配好的锡液中，在外露的框架表面形成锡层。电镀与浸锡示意图如图 2-26 所示。

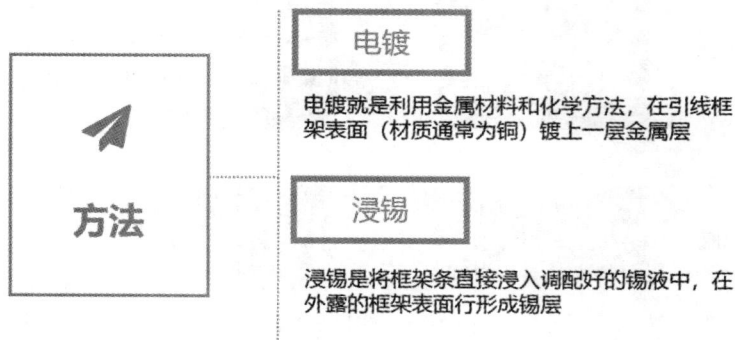

电镀

电镀就是利用金属材料和化学方法，在引线框架表面（材质通常为铜）镀上一层金属层

浸锡

浸锡是将框架条直接浸入调配好的锡液中，在外露的框架表面行形成锡层

方法

图 2-26　电镀与浸锡示意图

八、切筋成型

切筋成型实际包括两道工序，但通常同时完成。这两道工序有时会在一部机器上完成，有时也会分开完成。切筋的目的是将整条引线框架上已经封装好的元件独立分开。成型的目的则是将已经完成切筋的元件的外引脚压成预先设计好的形状，以便于后期在电路板上的安装。切筋成型使用切筋机或模具，通过切割和修整等步骤将封装体分离，并形成最终的引脚或焊球形状。切筋成型过程中需要控制切割速度和深度，以确保引脚或焊球的完整性和尺寸精度。切筋成型示意图如图 2-27 所示。

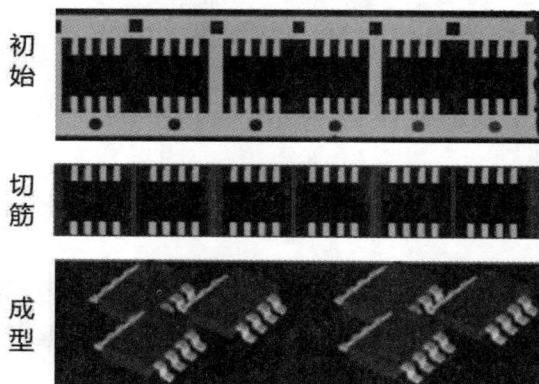

初始

切筋

成型

图 2-27　切筋成型示意图

九、测试与检验

(一) 集成电路测试工艺流程

集成电路测试是集成电路生产过程中的重要环节，其主要目的就是确保产品良品率和成本控制。集成电路测试工艺流程如图 2-28 所示。

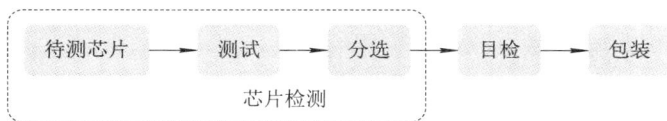

图 2-28　集成电路测试工艺流程

1. 芯片检测

芯片测试是将封装后的芯片置于各种环境下测试其电气特性，如消耗功率、运行速度、耐压度等。芯片检测主要涉及芯片测试和芯片分选两个环节。

测试时首先要根据芯片的封装类型，如 DIP、SOP、QFN 等，选择合适的分选机。在此基础上，根据芯片的测试需求，设计外围电路，以连接分选机与芯片引脚；然后给予特定的测试条件，捕捉芯片引脚的反应。最后根据测试结果，判断每个测试项是否合格。在芯片经过测试后，分选机可以将芯片按合格品与不合格品进行分选。

2. 芯片目检

芯片目检主要是对芯片的印章、引脚及塑封体等进行检查。对外观不良的芯片，能修复的进行修复，不能修复的则需剔除。芯片外观的不良现象包括：印章方面有文字内容错误、字体错误、内容缺损、印章不清晰等；引脚方面有引脚数量缺失、引脚扭曲变形、引脚开裂、引脚露铜、引脚连筋等；塑封体方面有塑封体开裂、塑封体沾污等。

3. 芯片包装

芯片目检后要进行包装，包装主要有真空包装和编带包装。真空包装主要用于 DIP 封装形式的芯片。真空包装是在真空包装机上，对装有芯片的防静电铝箔袋进行抽真空，并用内盒进行包装的工艺。编带包装主要用于 SOP 封装形式的芯片。编带包装是在编带机上，把芯片放入空载带内进行热封、卷盘。

(二) 芯片检测设备

集成电路分选设备主要用于测试环节，分选设备的出现极大地推动了测试行业的发展。分选机能够智能协同测试机，对芯片实现高效自动检测和精确定位，从而完成参数测试，此外，分选机还能对芯片进行分选、剔除次品并分离归类良品。为了提高测试分选的效率，不同封装形式的芯片采用不同的分选设备。分选机有转塔式、重力式、平移式3 种类型。

1. 转塔式分选机

一般 LAG 和 TO 等封装形式的芯片采用转塔式分选机，以直驱电机为中心，芯片通过主转盘的转动，依次被各个工位测试，各工位模块协同运行完成整个测试分选过程。

2. 重力式分选机

一般 DIP 和 SOP 封装形式的芯片采用重力式分选机，它是利用芯片自身的重力实现芯片转移的设备，器件自上而下沿着分选机轨道运动，在运动过程中完成测试。

3. 平移式分选机

平移式分选机主要针对 QFP 和 QFN 封装形式的芯片，以真空方式吸取芯片，依靠传动臂水平方向的移动完成产品在测试工位间的传递，进而完成测试流程。

总之，整个集成电路制造过程涉及多个环节和高度专业的设备，从前道工艺的复杂电路加工，到后道工艺的封装测试，每一步都至关重要，共同确保芯片的性能和可靠性。前道工艺的技术难度和复杂性决定了芯片的整体性能和成本，而后道工艺则确保了芯片能够以成品的形式满足市场需求。每一道工序都需要极高的精确度和专业技能，每一个环节都体现着精益求精、追求卓越的工匠精神。希望同学们在学习和未来的工作中，积极践行这些精神，为科技的进步和社会的发展做出自己的贡献！

思 考 与 练 习

一、单项选择题

1. 集成电路(IC)的发明者中，哪位是基于硅(Si)材料发明了集成电路？（　　）

A. 杰克·基尔比　　　　　　　　B. 罗伯特·诺伊斯

C. 威廉·肖克利　　　　　　　　D. 安德鲁·葛洛夫

2. 集成电路制造过程中，哪个阶段是在空白的硅片上完成电路的加工，但出厂产品仍然是完整的圆形硅片？（　　）

A. 后道工艺　　　　　　　　　　B. 前道工艺

C. 封装工艺　　　　　　　　　　D. 终端测试

3. 在集成电路制造流程中，以下哪个环节主要负责将制造完成的芯片进行保护，并提供与外界电路连接的功能？（　　）

A. 晶圆制造　　　　　　　　　　B. 封装工艺

C. 终端测试　　　　　　　　　　D. 清洗与 CMP

4. 在集成电路工艺中，哪个过程涉及将电路图案转移到硅片上？（　　）

A. 扩散过程　　　　　　　　　　B. 薄膜沉积

C. 光刻过程　　　　　　　　　　D. 离子注入

5. 芯片制造中的掺杂工艺是为了改变半导体的（　　）

A. 导电性　　　　　　　　　　　B. 电容性

C. 电感性　　　　　　　　　　　D. 磁性

6. 最常用的半导体材料是（　　）。

A. 锗　　　　　　　　　　　　　B. 氮化硅

C. 硅　　　　　　　　　　　　　D. 石墨烯

7. 下列有关 Moore 定律的叙述<u>正确</u>的是(　　)。

A. 单块集成电路的集成度平均每 8～14 个月翻一番

B. 单块集成电路的集成度平均每 18～24 个月翻一番

C. 单块集成电路的集成度平均每 28～34 个月翻一番

D. 单块集成电路的集成度平均每 38～44 个月翻一番

二、判断题

1. 晶圆越大，晶圆的制造成本越高。　　　　　　　　　　　　　　　　　(　　)

2. 集成电路是将许多电子元件(如电阻、电容、晶体管等)集成在一个微小的芯片上，以实现特定的电子功能。　　　　　　　　　　　　　　　　　　　　　　　(　　)

3. 在集成电路制造中，氧化工艺是为了在硅片表面形成一层绝缘的二氧化硅薄膜。

(　　)

4. 集成电路的制造过程中，光刻工艺的精度越高，芯片的集成度就越低。　(　　)

5. 集成电路的引脚数量越多，其功能一定越强大。　　　　　　　　　　　(　　)

项目三

智慧神经——5G 技术

学习目标

一、理解 5G 基础知识

◎ 能够清晰阐述 5G 技术的定义、发展历程及其在移动通信领域的重要性。

◎ 理解 5G 技术相较于前几代移动通信技术的关键区别和优势。

◎ 深入了解并掌握 5G 网络架构的基本组成，包括核心网、接入网等关键部分。

◎ 深入理解 5G 基站的工作原理。

◎ 熟悉 5G 基站建设与网络优化。

二、掌握 5G 关键技术

◎ 分析并解释 5G 基站内部信号处理流程，包括信号接收、处理、转发等关键环节。

三、评估 5G 技术挑战与未来趋势

◎ 分析当前 5G 技术面临的挑战，如网络安全、设备兼容性、能源效率等问题。

◎ 预测并讨论 5G 技术的未来发展趋势，包括可能的技术创新、市场应用拓展等。

四、培养批判性思维和问题解决能力

◎ 鼓励学生运用所学知识，对 5G 技术的实际应用进行批判性思考，提出改进建议或创新想法。

◎ 通过小组讨论、项目实践等方式，培养学生解决问题的能力，使其能够应对 5G 技术领域的复杂挑战。

五、增强技术伦理意识

◎ 在学习过程中，强调技术伦理的重要性，引导学生关注 5G 技术对社会、环境等方面的潜在影响。

◎ 培养学生的责任感和道德意识，确保他们在未来从事相关工作时能够遵守行业规范和法律法规。

任务 1 移动通信发展史

移动通信发展史

移动通信作为利用无线电技术实现移动设备之间或移动体与固定体之间通信的重要手段，自其诞生以来便不断推动着人类社会的信息化进程。随着科技的飞速进步，人类社会对通信的需求日益增长。移动通信自诞生以来，历经了从 1G 到 5G 的飞跃式变革与发展，每一次通信方式的革新都极大地推动了社会的发展。接下来将详细介绍 1G 到 5G 的发展历程。

一、早期移动通信(1G)：模拟时代的黎明

在通信技术的浩瀚星空中，早期移动通信(1G)犹如初升的太阳，标志着模拟时代的黎明。它不仅是通信技术史上的一座里程碑，更预示着信息传递方式的深刻变革。接下来，让我们一同回溯至那段辉煌岁月，探寻 1G 技术诞生的历史背景，揭开其神秘面纱；洞悉 1G 技术的核心特点，感受模拟信号传输的独特魅力；聚焦代表性的技术与系统，领略其时代风采；客观审视 1G 技术的局限性与深远影响，从中汲取经验，启迪未来。

(一) 1G 技术的诞生背景

20 世纪 70 年代末至 80 年代初，随着全球经济的高速发展和人们生活节奏的加快，对于即时、便捷的通信方式的需求日益迫切。传统的固定电话虽然稳定可靠，但其固定性和有线连接的局限性难以满足人们日益增长的移动性需求。与此同时，半导体技术、集成电路技术和电子通信技术的飞速发展，为移动通信技术的诞生奠定了坚实的技术基础。这些技术的突破使得通信设备的小型化、便携化成为可能，为移动通信技术的商业化应用铺平了道路。

正是在这样的社会背景下，移动通信的概念应运而生。它旨在打破传统固定电话的束缚，实现人们在移动状态下的实时通信。移动通信的提出，不仅是对通信技术的一次重大革新，更是对人类生活方式的一次深刻变革。它标志着人类通信历史进入了一个全新的时代——移动通信时代。

(二) 1G 技术的核心特点

第一代移动通信技术(1G)的核心特点之一是采用模拟信号进行传输。模拟信号是连续变化的物理量，它直接反映了声音、图像等信息的波形特征。在 1G 时代，移动电话通过模拟调制技术将语音信号转换为模拟电磁波进行传输，接收端再通过解调技术还原为语音信号。这种传输方式虽然简单直观，但由于模拟信号容易受到外界干扰，导致通话质量不稳定，存在噪声和失真等问题。

1G 技术的另一个核心特点是实现了基本的语音通话功能。这是移动通信技术最初也是最基本的应用需求。通过模拟信号传输机制，1G 移动电话能够实现人与人之间的实时语音通话，极大地满足了人们在移动状态下的通信需求。尽管当时的通话质量不尽如人意，但这一功能的实现已经标志着移动通信技术取得了突破性的进展。

然而，1G 技术也面临着频率利用率低和系统容量有限的问题。由于采用模拟信号传输机制，1G 系统需要占用大量的频谱资源才能实现基本的语音通话功能。同时，由于技术的限制，当时的移动通信系统容量相对较小，无法满足大规模用户同时通信的需求。这些问题在一定程度上限制了 1G 技术的发展和应用范围。

(三) 1G 技术的代表性技术与系统

1. AMPS

高级移动电话系统(Advanced Mobile Phone System，AMPS)是 1G 时代最具代表性的移动通信系统之一。该系统由美国贝尔实验室于 20 世纪 70 年代末研发成功，并于 20 世纪 80 年代初在美国市场推出。AMPS 采用模拟信号传输机制，实现了基本的语音通话功能。它采用了蜂窝网络结构来提高系统容量和覆盖范围，通过频率复用技术来提高频率利用率。AMPS 的推出标志着移动通信技术从理论走向实践的重要一步，对后续移动通信技术的发展产生了深远的影响。

2. NMT

除了 AMPS 外，北欧移动电话(Nordic Mobile Telephony，NMT)也是 1G 时代的重要代表之一。NMT 系统由北欧国家联合研发并推出，采用了与 AMPS 类似的技术架构和传输机制。NMT 系统同样实现了基本的语音通话功能，并采用了蜂窝网络结构来提高系统容量和覆盖范围。尽管 NMT 系统主要在北欧地区应用，但它对全球移动通信技术的发展也具有一定的推动作用。

(四) 1G 技术的局限性与影响

一方面，1G 存在信号干扰与通话质量问题。如前所述，1G 技术采用模拟信号传输机制，容易受到外界干扰的影响。这导致通话质量不稳定，存在噪声和失真等问题。尤其是在信号覆盖不佳或环境复杂的情况下，通话质量更是难以保证。这种局限性在一定程度上影响了 1G 技术的用户体验和市场接受度。

另一方面，1G 还存在保密性差与隐私安全隐患。由于采用模拟信号传输机制，通话内容容易被窃听或截获，所以 1G 技术的保密性相对较差，这给用户的隐私安全带来了潜在的威胁。虽然当时的技术水平还无法完全解决这一问题，但它却引发了人们对移动通信技术安全性的关注和思考。

尽管 1G 技术存在诸多局限性，但其作为移动通信技术的起点和基石，为后续技术的发展提供了宝贵的经验和启示。首先，1G 技术的成功应用证明了移动通信技术的可行性和市场需求；其次，1G 技术的局限性也促使人们不断探索和创新，推动移动通信技术向更高层次发展；最后，1G 技术的发展历程也为后续技术的标准化和产业化提供了有益的借鉴和参考。

二、数字革命(2G)：通信质量的飞跃

在信息技术日新月异的浪潮中，数字革命以不可阻挡之势席卷全球，而 2G 技术正是这一变革中的重要篇章。随着社会对移动通信需求的急剧增长，2G 技术的市场需求应运而生，它不仅是对 1G 模拟通信的一次全面升级，更是通信史上的一次重大飞跃。2G 技术的

核心特点在于其数字化传输方式的引入，这一转变极大地提升了通信质量与稳定性，让语音通话更加清晰，数据传输更加可靠。同时，代表性技术与标准如 GSM、CDMA 等的出现，为全球移动通信产业树立了新的标杆，推动了行业标准的统一与技术的快速普及。更为重要的是，2G 技术的进步性不仅体现在技术层面，更深刻地影响了人们的生活方式与社会发展，为后续的移动通信技术革新奠定了坚实的基础。接下来，让我们一同深入探索 2G 时代的辉煌与成就。

（一）2G 技术的市场需求

20 世纪 80 年代末至 90 年代初，随着全球经济一体化进程的加速和科技的飞速发展，人们对于移动通信的需求日益增长。在此之前，第一代移动通信技术(1G)主要以模拟信号为基础，实现了移动通信的初步普及，但存在着通话质量不稳定、易受干扰、安全性差等问题。同时，随着电子技术的不断进步和集成电路成本的降低，数字通信技术的成熟为移动通信的升级换代提供了可能。在此背景下，第二代移动通信技术(2G)应运而生，标志着移动通信技术从模拟时代迈向了数字时代。

随着社会经济的快速发展和人们生活节奏的加快，人们对于即时通信的需求日益增强。传统的固定电话无法满足移动中的通信需求，而 1G 技术的局限性又难以满足高质量的语音通话要求。因此，市场对一种能够提供稳定、清晰语音通话服务的移动通信技术有着迫切的需求。

虽然 2G 技术的主要目标在于提升语音通信质量，但随着技术的进步和用户需求的多样化，数据业务也开始在移动通信中崭露头角。短信服务(SMS)的兴起标志着移动通信开始向数据领域拓展，用户开始期望通过手机进行简单的数据传输和信息服务。

随着全球化的深入发展，跨国旅行和商务活动日益频繁。用户对能够在全球范围内无缝漫游的移动通信服务有着强烈的需求。2G 技术通过引入统一的国际标准和频段划分，为全球漫游提供了可能。

（二）2G 技术的核心特点

2G 技术的核心特点在于其实现了数字通信技术，显著提升了频谱效率，通过语音编码与压缩技术优化了通话质量，并具备了初步的数据传输能力，这些为移动通信领域的发展奠定了基础。

1. 采用数字通信技术

2G 技术最大的特点在于采用了数字通信技术，取代了 1G 时代的模拟信号。数字通信具有抗干扰能力强、传输效率高、易于加密等优点，极大地提升了移动通信的通话质量和安全性。同时，数字信号的处理也为后续的数据业务扩展奠定了基础。

2. 频谱效率提升

通过采用先进的调制技术和编码方案，2G 技术显著提高了频谱利用效率。这意味着在相同的频谱资源下，2G 网络能够承载更多的用户和数据量，从而满足了日益增长的市场需求。

3. 采用语音编码与压缩算法

为了进一步提高通话质量并降低传输带宽需求，2G 技术引入了高效的语音编码与压缩算法。这些算法能够在保证通话质量的前提下,将语音信号压缩至较小的数据量进行传输,从而提高了通信效率并降低了成本。

4. 具备初步的数据传输能力

虽然 2G 技术的主要目标在于提升语音通信质量,但它也初步具备了数据传输能力。通过短信服务(SMS)和电路交换数据(CSD)等方式,用户可以进行简单的文字信息传输和低速数据通信。这一功能的实现为后续的移动互联网发展奠定了基础。

(三) 代表性技术与标准

1. GSM

全球移动通信系统(GSM)是 2G 技术中最具代表性的标准之一,由欧洲电信标准化协会(ETSI)提出并发展成熟。GSM 采用了时分多址(TDMA)技术,通过为每个用户分配不同的时隙来实现多址接入。GSM 网络具有覆盖范围广、通话质量高、安全性强等优点,在全球范围内得到了广泛应用。

2. CDMA

码分多址(CDMA)是另一种重要的 2G 技术标准,由美国高通公司主导开发。CDMA 技术通过为每个用户分配唯一的伪随机码来实现多址接入,具有抗干扰能力强、频谱利用率高等优点。CDMA 技术在北美地区得到了广泛应用,并与 GSM 技术形成了互补和竞争的关系。

3. 其他标准

除了 GSM 和 CDMA 之外,还有一些其他的 2G 技术标准在特定地区得到了应用。例如,日本的 PDC(个人数字蜂窝)和美国的 DAMPS(数字高级移动电话系统)等。这些标准虽然在全球范围内的影响力相对较小,但在各自的地区内仍然发挥着重要作用。

(四) 2G 技术的进步性

2G 技术的普及和应用不仅改变了人们的通信方式和生活习惯,还对社会经济产生了深远影响。

首先,2G 技术的诞生和普及极大地推动了移动通信的发展。通过提供稳定、清晰的语音通话服务和初步的数据传输能力,2G 技术满足了人们对移动通信的基本需求,使得移动通信逐渐从奢侈品变为日常生活中的必需品。

其次,2G 技术促进了数据业务的发展。虽然 2G 技术的主要目标在于提升语音通信质量,但其初步的数据传输能力为数据业务的兴起奠定了基础。短信服务的兴起标志着移动通信开始向数据领域拓展,为后续的数据业务增长提供了动力。同时,2G 技术也为移动互联网的初步发展提供了可能。

再次,2G 技术带动了相关产业链的快速发展。2G 技术的普及带动了整个移动通信产业链的发展。从设备制造商到服务提供商再到终端用户,整个产业链上的各个环节都受益于 2G 技术的普及和应用。同时,随着移动通信市场的不断扩大和竞争的加剧,也促进了技术创新和产业升级。

尽管2G技术在推动移动通信发展方面取得了显著成就，但随着时间的推移和技术的发展，它也面临着一些挑战。随着用户对数据传输速率和业务类型的需求不断提高，2G网络在部分场景下已经难以满足需求；同时，随着3G、4G等新一代移动通信技术的不断成熟和商用化进程的加速推进，2G技术也面临着被逐步淘汰的风险。

三、迈向高速数据通信(3G)：移动互联网的崛起

21世纪初，随着信息技术的飞速发展，人类社会对移动通信的需求不再仅仅局限于语音通话，而是逐渐向数据传输、多媒体应用等多元化方向扩展。第二代移动通信技术(2G)虽然实现了数字语音传输和简单的文本信息服务(如SMS短信)，但在数据传输速率上显得力不从心，无法满足日益增长的数据密集型应用需求，如网页浏览、电子邮件附件下载、图片和视频传输等。这种技术瓶颈促使了第三代移动通信技术(3G)的研发与问世。全球范围内，各国政府、电信运营商、设备制造商以及科研机构纷纷投入巨资，旨在开发出一套能够支持更高数据速率、更广泛业务种类、更高移动性和全球漫游能力的移动通信系统。3G技术的诞生，标志着移动通信技术从语音时代迈向了数据时代，为移动互联网的兴起奠定了坚实的基础。

(一) 3G技术的市场需求

一是用户需求的多样化。随着社会经济水平的提升，人们对信息获取和娱乐方式的需求日益多样化。用户渴望通过手机等移动设备随时随地访问互联网，享受高速下载、在线视频、音乐播放、社交互动等服务。

二是商业模式的创新。移动互联网的兴起为各行各业带来了前所未有的商业机遇。电子商务、移动支付、在线教育、远程医疗等新兴业态蓬勃发展，这些应用都高度依赖于高速、稳定的数据通信网络。

三是技术进步的推动。半导体技术、数字信号处理、软件无线电等关键技术的不断进步，为3G技术的实现提供了可能。同时，国际标准化组织的积极推动，加速了3G技术标准的制定和全球统一。

(二) 3G技术的核心特点

1. 高速数据传输

3G技术最显著的特点在于其大幅提升了数据传输速率。相比2G时代的几十到几百千比特每秒(kb/s)，3G网络能够支持数百kb/s到数兆比特每秒(Mb/s)的数据传输速率，极大改善了用户体验，使得在线视频观看、大文件下载等应用成为可能。

2. 多媒体业务能力

3G技术不仅提升了数据传输速度，还增强了网络的多媒体业务能力。它能够支持语音、数据、图像、视频等多种业务类型，实现了真正意义上的"多媒体通信"。用户可以通过手机进行视频通话、观看流媒体内容、参与网络游戏等，享受更加丰富多彩的移动通信服务。

3. 全球漫游能力

3G 技术采用了统一的国际标准和频段划分,使得不同国家和地区之间的网络可以实现无缝连接和全球漫游。这对于跨国旅行、商务出差等用户来说,极大地提高了通信的便利性和灵活性。

4. 提高移动性和服务质量

3G 网络通过引入先进的无线接入技术和网络架构,提高了系统的移动性和服务质量。即使在高速行驶的列车或汽车中,用户也能保持稳定的网络连接和清晰的通话质量。同时,3G 网络还具备智能的流量管理和拥塞控制机制,确保了网络资源的合理分配和高效利用。

(三) 3G 技术的代表性技术与标准

3G 技术的代表性技术与标准主要包括 WCDMA、CDMA2000 和 TD-SCDMA,以下是这三种技术的详细介绍。

1. WCDMA

WCDMA(宽带码分多址)是 3G 技术中最具代表性的标准之一,由欧洲电信标准化协会(ETSI)提出并发展成熟。WCDMA 采用了直接序列扩频技术,具有较高的频谱利用率和抗干扰能力。它支持高速数据传输和多种业务类型,是欧洲、亚洲等地区广泛采用的 3G 标准。

2. CDMA2000

CDMA2000 是由美国高通公司主导开发的 3G 标准,它是在第二代 CDMA 技术基础上演进而来的。CDMA2000 通过引入多载波技术和高效的编码调制方案,提高了数据传输速率和频谱效率。该标准在美国、日本等地区得到了广泛应用。

3. TD-SCDMA

TD-SCDMA(时分同步码分多址)是中国自主研发的 3G 标准,具有自主知识产权。TD-SCDMA 采用了时分双工(TDD)模式,能够在同一频段内实现上下行链路的灵活切换和动态分配。这一特点使得 TD-SCDMA 在频谱资源有限的情况下能够提供更高效的数据传输服务。同时,TD-SCDMA 还支持智能天线和联合检测等先进技术,进一步提升了网络性能。

(四) 3G 技术的进步与影响

首先,3G 技术促进了移动互联网的兴起。3G 技术的普及和应用,极大地推动了移动互联网的兴起和发展。高速的数据传输速率和丰富的多媒体业务能力,使得用户可以通过手机等移动设备随时随地接入互联网,享受各种在线服务。这不仅改变了人们的生活方式和工作模式,还催生了众多新兴业态和商业模式。

其次,3G 技术推动了产业的升级和转型。3G 技术的发展和应用,对电信产业、IT 产业、传媒产业等多个领域产生了深远的影响。电信运营商通过升级网络基础设施、拓展业务范围、创新服务模式等方式,实现了从传统语音服务提供商向综合信息服务提供商的转变。同时,3G 技术还促进了相关产业链的延伸和拓展,带动了芯片制造、终端制造、软件开发等多个行业的快速发展。

另外，3G 技术加速了社会的信息化进程。3G 技术的普及和应用，加速了社会信息化进程。高速的数据传输速率和便捷的移动通信服务，使得信息资源的获取和共享变得更加容易和高效。这不仅促进了教育、医疗、文化等公共事业的信息化发展，还推动了政府管理、社会治理等领域的智能化转型。

(五) 3G 技术面临的挑战与未来展望

尽管 3G 技术在推动移动互联网发展方面取得了显著成就，但随着时间的推移和技术的发展，它也面临着一些挑战。例如，随着用户对数据传输速率和业务类型的需求不断提高，3G 网络在部分场景下已经难以满足需求；同时，随着 4G、5G 等新一代移动通信技术的不断成熟和商用化进程的加速推进，3G 技术也面临着被逐步淘汰的风险。

四、高速移动互联网(4G)：无缝连接的未来

进入 21 世纪以来，随着移动互联网的快速发展和智能终端的普及，用户对移动通信服务的需求发生了根本性变化。传统的 3G 技术虽然在一定程度上满足了用户对移动互联网的基本需求，但在数据传输速率、网络延迟以及用户体验等方面仍存在明显不足。随着高清视频、在线游戏、移动办公等应用的兴起，市场对于更高速度、更低延迟的移动通信技术提出了迫切需求。正是在这样的背景下，第四代移动通信技术(4G)应运而生，标志着移动通信技术进入了一个全新的发展阶段。以下将对 4G 技术的技术特点、实际应用、代表性技术与系统、社会影响与未来展望进行介绍。

(一) 4G 技术的技术特点

1. 高速率数据传输

4G 技术最显著的特点就是其极高的数据传输速率。通过采用先进的调制编码技术(如 OFDM)和多天线技术(MIMO)，4G 网络能够提供高达数百兆比特每秒(Mb/s)甚至超过 1 Gb/s 的下行传输速率，远超过 3G 网络的传输速度。这使得用户可以流畅地观看高清视频、进行大文件下载和上传等高速数据服务。

2. 低延迟

除了高速率外，4G 技术还显著降低了数据传输的延迟。低延迟特性对于实时性要求较高的应用尤为重要，如在线游戏、视频通话等。通过优化网络结构和传输协议，4G 网络能够确保数据包的快速传输和处理，减少用户感知到的延迟时间。

3. 广覆盖与强穿透性

4G 网络在设计时考虑了广泛的覆盖范围，通过合理的基站布局和先进的信号处理技术，实现了对城乡地区的全面覆盖。同时，4G 技术还具备较强的穿透性，能够在复杂环境(如高楼大厦、地下室等)中保持稳定的信号连接。

4. 高频谱效率

4G 技术通过采用更高效的频谱利用方式，提高了频谱资源的利用率。这意味着在相同

的频谱资源下，4G 网络能够承载更多的用户和数据传输需求，提高了网络的容量和承载能力。

5. 多业务支持

4G 技术不仅支持传统的语音通信服务，还能够高效地承载各种数据业务，包括高速互联网接入、视频通话、流媒体播放、移动办公等。这种多业务支持能力使得 4G 网络能够满足用户多样化的通信需求。

6. 高移动性

4G 技术优化了移动性管理策略，使得用户在高速移动状态下(如乘坐高铁、飞机等)也能保持稳定的网络连接和数据传输。这为用户提供了更加无缝和便捷的移动通信体验。

7. 安全性与可靠性

4G 技术在安全性方面也有所提升，采用了更加先进的加密和认证机制来保护用户数据的安全性和隐私性。同时，4G 网络还具备较高的可靠性，能够在各种恶劣环境下保持稳定的运行和通信质量。

(二) 4G 技术的实际应用

4G 技术的实际应用广泛且深入，其极大地推动了信息化社会的发展。以下是 4G 技术在高清视频流与在线游戏、物联网与智慧城市等新兴领域的具体应用。

1. 高清视频流与在线游戏

4G 技术的高速率和低延迟特性，为高清视频流和在线游戏等高速数据服务提供了强有力的支持。用户可以通过 4G 网络随时随地观看高清甚至超高清视频，享受流畅无卡顿的观影体验。同时，在线游戏玩家也能够在 4G 网络下享受低延迟、高稳定性的游戏环境，极大地提升了游戏的趣味性和竞技性。

2. 物联网与智慧城市等新兴领域的支持

除了传统的移动通信服务外，4G 技术还为物联网、智慧城市等新兴领域的发展提供了有力支撑。物联网通过将各种信息传感设备与互联网结合起来而形成的一个巨大网络，实现物物相连，为人与物、物与物之间的信息交换和通信提供了可能。而 4G 技术的高速数据传输能力和广泛覆盖范围，为物联网设备之间的实时通信和数据传输提供了可靠保障。在智慧城市建设中，4G 技术被广泛应用于智能交通、环境监测、公共安全等领域，通过实时收集和处理各类数据，为城市管理和服务提供了智能化、精细化的解决方案。

(三) 4G 技术的代表性技术与系统

随着 4G 技术的不断成熟和应用领域的不断拓展，LTE 技术也在持续演进和发展。LTE-Advanced 作为 LTE 技术的升级版，进一步提升了数据传输速率、降低了网络延迟，并增强了网络的覆盖范围和容量。LTE-Advanced 通过引入载波聚合、上行增强、多点协作传输等先进技术，实现了对高速移动场景和密集用户区域的更好支持。此外，为了应对未来移动通信的更高需求，国际电信联盟(ITU)还启动了第五代移动通信技术(5G)的研究和标准化工作，旨在构建更加高速、低延迟、大容量的移动通信网络。

（四）4G技术的社会影响与未来展望

4G技术的广泛应用极大地推动了移动互联网的成熟与普及。通过提供高速、稳定、便捷的移动通信服务，4G技术使得移动互联网成为人们日常生活中不可或缺的一部分。用户可以随时随地访问互联网、获取信息、进行社交互动和享受各种在线服务。移动互联网的普及不仅改变了人们的生活方式和工作模式，还促进了信息社会的快速发展和数字化转型。

4G技术的成功应用和发展为后续移动通信技术的发展提供了宝贵经验和启示。首先，技术创新是推动移动通信技术发展的核心动力；其次，市场需求是引导移动通信技术发展的重要因素；最后，国际合作和标准化是推动移动通信技术全球普及和互联互通的关键。随着5G技术的不断成熟和商用化进程的加速推进，我们有理由相信未来的移动通信网络将更加高速、低延迟、大容量、智能化和个性化。同时，我们也期待未来的移动通信技术能够继续为社会经济发展和人类文明进步做出更大的贡献。

五、全新智能移动通信网(5G)：社会生产方式的变革

移动通信已经深刻地改变了人们的生活，但人们对更高性能移动通信的追求从未停止。为了应对未来爆炸性的移动数据流量增长、海量的设备连接、不断涌现的各类新业务和应用场景，第五代移动通信(5G)系统应运而生，5G是对传统4G网络的升级和改进，与4G相比，5G拥有更高的速度、更低的延迟和更大的容量。2017年12月21日，在国际电信标准组织3GPP RAN第78次全体会议上，5G NR首发版本正式冻结并发布。5G将渗透到未来社会的各个领域，以用户为中心构建全方位的信息生态系统。5G将使信息突破时空限制，提供极佳的交互体验，为用户带来身临其境的信息盛宴；5G将拉近万物的距离，通过无缝融合的方式，便捷地实现人与万物的智能互联。5G将为用户提供光纤般的接入速率、"零"时延的使用体验、千亿设备的连接能力、超高流量密度、超高连接数密度和超高移动性等多场景的一致服务，提供业务及用户感知的智能优化，同时将为网络带来超百倍的能效提升和超百倍的比特成本降低，最终实现"信息随心至，万物触手及"的总体愿景。接下来将对5G技术的技术特点、应用场景、代表性技术与系统、商业模式进行介绍。

（一）5G技术的技术特点

5G技术不仅推动了移动通信领域的快速发展，也为物联网、智慧城市等新兴领域提供了强大的技术支撑。以下是5G技术的主要特点。

1. 低功耗、高能效

5G的一大特性是低功耗。随着移动通信领域从仅能支持语音业务开始逐步向支持数据业务转变，甚至发展到移动宽带业务，用户设备也开始向智能化方向发展。然而智能终端最大的瓶颈就是终端设备电池的续航能力。受限于电池技术的瓶颈，目前大部分智能终端仍需要每天充电。对于智能终端用户来说，充电和更换电池是比较容易实现的。

5G不仅能支持用户智能终端设备，还将广泛应用于物联网领域。对于物联网终端来说，它们主要用来采集数据及向网络层发送数据，承担着数据采集、初步处理、加密、传

输等多种功能。然而多数物联网终端不具备直接供电条件，只能采用电池供电，并且多数物联网终端对体积还有严格的要求。由于材料技术的限制，电池能量密度难以实现突破性的提升，导致设备电池容量受限于设备体积。

在企业级应用中，很多物联网终端既不方便充电，也不方便经常更换电池，因此延长电池寿命已成为物联网终端设备设计的关键要求之一。5G 技术降低了物联网设备的功耗，部分物联网终端的电池供电寿命设计达到了 5～10 年，甚至更长，这样极大地改善了物联网用户的感知和体验，促进了物联网产业的更好发展。

同时，在网络能效方面，5G 网络相比 4G 网络提升了 100 倍。这是由于信道带宽增加，天线收发通道增多，让 5G BBU 和 AAU 设备的总功耗比 4G BBU 和 RRU 有所增加，但是正是因为 5G 网络使用了超大带宽(低频段达到 100M，高频段达到 400M，同时支持最高 16 个载波聚合模式)、超高的编码效率(LDPC 码和 Polar 码编码效率接近香农公式极限)，以及更高的调制模式(目前最高采用 256QAM)，5G 网络获得了远超以往的超高速率，其每比特功耗、频谱效率和网络能效都远远优于 4G 网络。

2. 高速率

5G 网络的峰值速率已达到 10 Gb/s 以上，目前最新技术标准下，5G 网络的峰值速率将达到 20 Gb/s，下载一个超高清视频基本上只需要几秒钟的时间。在用户体验速率方面，5G 网络的用户感知速率可以从 100 Mb/s 到 1 Gb/s 以上，而 4G 网络在这方面只能达到十几到几十兆比特每秒的速率，更不要说 3G 网络的几兆比特每秒，以及 2G 网络的几十千比特每秒了。5G 网络通过大幅提升用户体验速率，实现高清视频的流畅体验。相比 4G 网络，5G 网络的速率提升了 10 倍以上，为 4K 以上的视频播放、VR(虚拟现实)技术和 AR(增强现实)技术的实现提供了便利的条件。尤其是在推广 VR 和 AR 应用时，5G 的高速率特性可以减少视频延迟，降低用户的眩晕感。同时，借助超高清画面、超高刷新率，5G 网络能极大地提升用户的沉浸式体验。

3. 万物互联

5G 网络每平方公里可支持的终端数量达到了 100 万个。未来接入网络的终端，将不仅是今天广泛使用的手机，还会有更加种类繁多的产品。可以说，人们生活中几乎每一个产品都可以通过 5G 接入网络：日常生活中所使用的眼镜、衣服、腰带、鞋子等物品经过智能化设计后接入网络，成为智能产品；家中的门窗、门锁、空气净化器、新风机、加湿器、空调、冰箱、洗衣机等设备，通过 5G 接入网络，组成智慧家庭；社会生活中，大量以前不可能联网的公共设施，如停车位、井盖、电线杆、垃圾桶等，也能实现联网管理。随着制造业水平的提升，智能化已成为一种趋势。5G 不仅能让设备与人连接，还能让设备和设备之间互相连接，真正意义上实现物联网"万物互联"的目标，从而改变人类社会的生活与生产方式。

4. 低时延

4G 网络的出现使移动网络的时延迈进了 100 ms 的关口。目前使用的 4G 网络中，端到端的理想时延是 10 ms 左右，典型时延是 50～100 ms，从而使对实时性要求比较高的应用如在线游戏、视频通话、数据电话成为可能。而 5G 提出了毫秒级的端到端时延目标，会为更多对时延要求极高的应用提供发展的土壤。

5G 技术通过对帧结构的优化设计，将每个子帧在时域上进行缩短，从而在物理层上进行时延的优化。相信在后期 5G 信令的设计上，也会采用以降低时延为目标的信令结构优化。因此，目前 5G 网络的空口时延从 4G 的 10 ms 降低到了 1 ms，端到端时延从 4G 的 50 ms 降低到了 10 ms，这意味着 5G 将端到端时延缩短为 4G 的五分之一。

无人驾驶飞机、无人驾驶汽车以及工业自动化系统，都以高速运行，需要网络在高速移动中保证及时的信息传递和快速反应，这就对时延提出了极高要求。网络时延越低，系统的响应速度就越快，整体安全性也就越高。

(二) 5G 技术的三大应用场景

5G 技术的三大应用场景分别是 eMBB(增强移动宽带)、mMTC(海量机器类通信)和 uRLLC(超高可靠超低时延)，它们各自具有独有的特点和应用领域。

1. eMBB(增强移动宽带)场景

eMBB 主要用于 3D/超高清视频等大流量移动宽带业务，该场景下的典型应用如图 3-1 所示。

8K云VR直播
超高清8K VR直播，超过100Mbps上行直播图像传输速率

VR云游戏
VR游戏在边缘计算单元实时媒体处理，GPU图像渲染等，用户无需配置VR游戏主机，仅需VR显示单元

智慧旅游/会展
会展或旅游景点部署人脸识别摄像头，通过5G回传，实现人脸识别、认证及轨迹跟踪。

AR远程协作
头戴式AR设备，通过5G实现高清视频双向通讯，实现AR协作辅助

高清远程示教
可应用于远程教育、远程信访、远程党建等具体业务 《一块屏幕改变命运》

图 3-1　eMBB 典型应用

其中，Augmented Reality(增强现实，简称 AR)技术是计算机在现实影像上叠加相应的图像技术，利用虚拟世界套入现实世界并与之进行互动，达到"增强"现实的目的。

Virtual Reality(虚拟现实，简称 VR)技术是在计算机上生成一个三维空间，并利用这个空间提供给使用者关于视觉、听觉、触觉等感官的虚拟，让使用者仿佛身临其境一般。

2. mMTC(海量机器类通信)场景

mMTC 主要用于大规模物联网业务，该场景下的典型应用如图 3-2 所示。物联网(Internet of Thing，IoT)应用是 5G 技术所瞄准的发展主轴之一，而网络延迟的性能表现，将成为 5G 技术能否在物联网应用市场上攻城略地的重要衡量指标。智能水表、电表的数据传输量小，对网络延迟的要求也不高，使用 NB-IoT 相当合适；对于某些攸关人身安全的物联网应用，例如与医院联网的穿戴式血压计，则网络等待时间就显得非常重要，采用 mMTC 会是比较理想的选择。这些分散在各垂直领域的物联网应用，正是 5G 生态圈形成的重要基础。

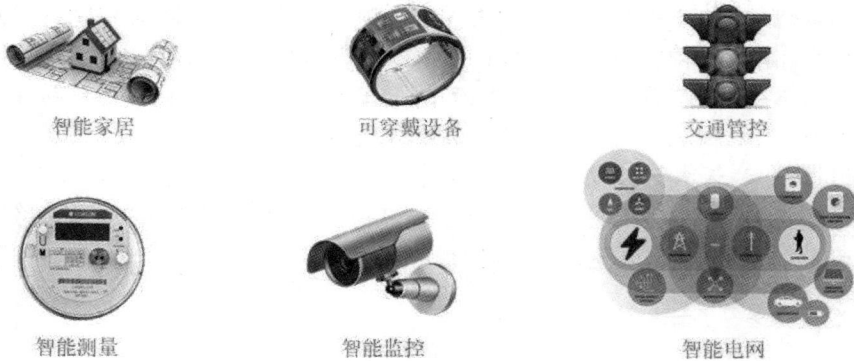

图 3-2　mMTC 典型应用

在 4G 技术定义初期，并没有将物联网的需求纳入考虑，因此业界后来又发展出 NB-IoT，以填补这一缺口。5G 则与 4G 不同，在标准定义初期，就将物联网应用的需求纳入考虑，并制定了对应的 mMTC 技术标准。不过，目前还很难断言 mMTC 是否会完全取代 NB-IoT，因为 mMTC 与 NB-IoT 虽然在应用领域有所重叠，但 mMTC 会具备一些 NB-IoT 所没有的特性，例如极低的网络延迟就是 mMTC 的特性之一。

3. uRLLC(超高可靠超低时延)场景

uRLLC 主要用于无人驾驶、工业自动化等需要低时延、高可靠连接的业务，该场景下的典型应用如图 3-3 所示。uRLLC 主要满足人—物连接对时延要求低至 1 ms、可靠性高至 99.999%的场景下的业务需求，主要应用包括车联网的自动驾驶、工业自动化、移动医疗等。随着需求的变化及配套技术的发展，uRLLC(超高可靠超低时延)通信场景也将稳步推进。未来，uRLLC 场景主要将应用于以下几个方面：

(1) 远程控制：时延要求低，可靠性要求高。

(2) 工厂自动化：时延要求高，可靠性要求高。

(3) 智能管道抄表等管理：时延要求适中，可靠性要求高。

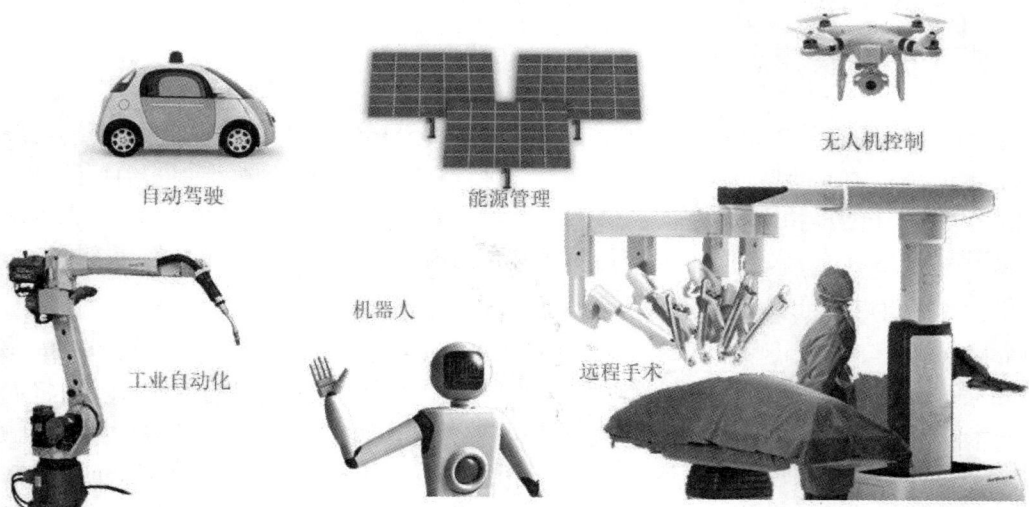

图 3-3　uRLLC 典型应用

(4) 过程自动化：时延要求低，可靠性要求高。

(5) 车辆自动指引/智能交通系统(ITS)/触觉 Internet：时延要求高，可靠性要求适中。

(三) 5G 技术的商用化进程

2015 年 10 月 26 日至 30 日，在无线电通信全会上，国际电信联盟无线电通信部门(ITU-R)正式确定了 5G 的法定名称为 "IMT-2020"。2019 年 6 月 6 日，中国工业和信息化部正式向中国电信、中国移动、中国联通、中国广电发放 5G 商用牌照，中国正式进入 5G 商用元年。也是在同一年，全球开始部署 5G，标志着人类正式迈入 5G 时代。

(四) 5G 技术的商业模式

在 4G 时代，网络进入流量经营阶段，数据业务的增长为运营商带来了利润增长，但是随着不限流量套餐的推出，原有的用户价值体系被打破，运营商无法再通过流量的高低来评估用户价值的高低，而网络也仅仅只是扮演管道的角色。因此，运营商必须寻找新的发展契机来打破当前的僵局，而商业模式的创新变得尤为关键。5G 商业模式的创新不仅要为企业带来持久的竞争优势，还要提供新的收入增长点，如图 3-4 所示。

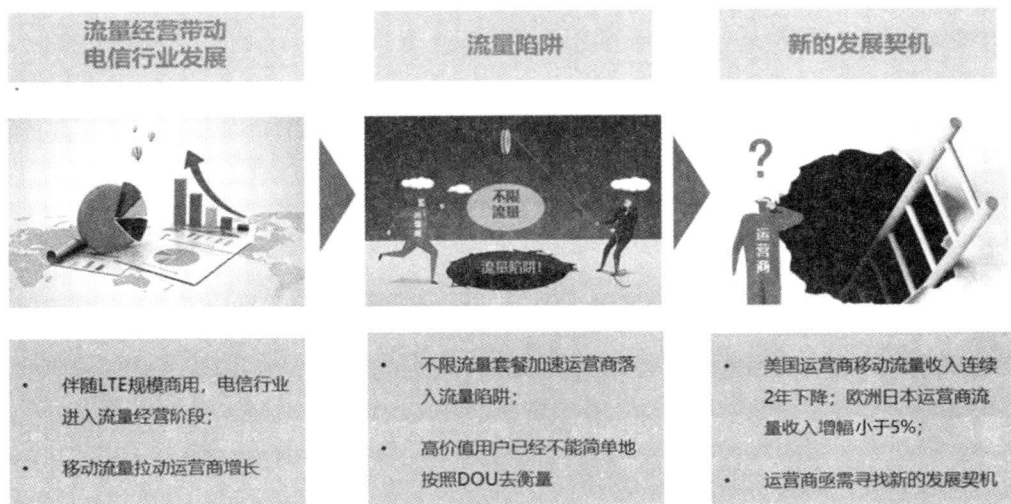

图 3-4　流量经营发展机遇与挑战

如何在 5G 网络中构建新的商业模式呢？由于 5G 定义了三大应用场景，在不同场景下会产生差异化的业务需求，这种差异化的业务需求要求网络能够分别提供满足不同需求的功能。从这些差异化的需求出发，通过围绕关键要素可以诞生出 5G 创新的商业模式，商业模式创新的关键要素包括以下几个方面。

首先要以用户需求为中心。细分用户需求，不仅要为用户提供高速率、高带宽、低时延的体验，更要为用户提供丰富的 5G 内容和应用，在此基础上，还能够给用户提供边缘计算和云计算等网络服务。

其次是网络服务能力要开放。网络平台提供开放的 API 接口，方便第三方快速在平台部署新业务新应用，以更好地满足用户需求。

最后就是网络切片化运营。网络切片不仅仅是 5G 网络的技术优势，也是商业模式创新的要素之一，面对垂直行业可以将网络根据需要进行切片的划分，形成定制的网络切片产品，以快速灵活地满足垂直行业的需求。

任务 2　5G 网络架构

5G 网络架构

移动通信网络架构是支撑移动通信服务运行的基础性设施，随着技术的发展，从 2G、3G、4G 到 5G，其架构也在不断演进。本任务简要介绍移动通信网络架构的组成部分，以及 5G 网络架构相较于前几代移动通信技术的进步性。

一、移动通信网络架构

2G、3G、4G、5G 移动通信网络的基本架构都由无线接入网、承载网和核心网三部分组成，如图 3-5 所示。

图 3-5　移动通信网络架构

无线接入网负责管理无线部分，高效利用频谱资源，并满足用户的服务质量要求。大家耳熟能详的基站就是无线接入网的关键设备，手机用户通过基站接入移动通信网络。

承载网负责接入网与核心网之间的数据传输。

核心网是移动通信网络最核心的部分，是接入网和互联网之间的桥梁，主要负责数据的处理和路由，为数据和语音服务提供 Internet 连接，并确保连接的服务质量。此外，核心网还管理用户的移动性，以确保服务不中断，并实现计费等功能。

二、5G 系统网络架构的技术革新

5G 系统网络架构是一种支持数据连接和服务的高效能网络结构，其设计旨在提高网络的可扩展性、灵活性和演进性。以下将从 5G 核心网和无线接入网的演进、5G 网络部署方式、5G 基站内部结构等方面展开介绍。

(一) 5G 核心网和无线接入网的演进

5G 网络架构如图 3-6 所示。在 4G 到 5G 演进过程中，核心网侧从 EPC(Evolved Packet Core,演进的核心网)向 5GC(5G Core)演进,而无线侧网络组成类似,由 5G 基站 gNB(gNodeB) 和 4G 基站 ng-eNB(eNodeB)组成。

图 3-6 中,AMF(Access and Mobility Management Function)是接入和移动管理功能,UPF (User Plane Function)则是用户面管理功能。

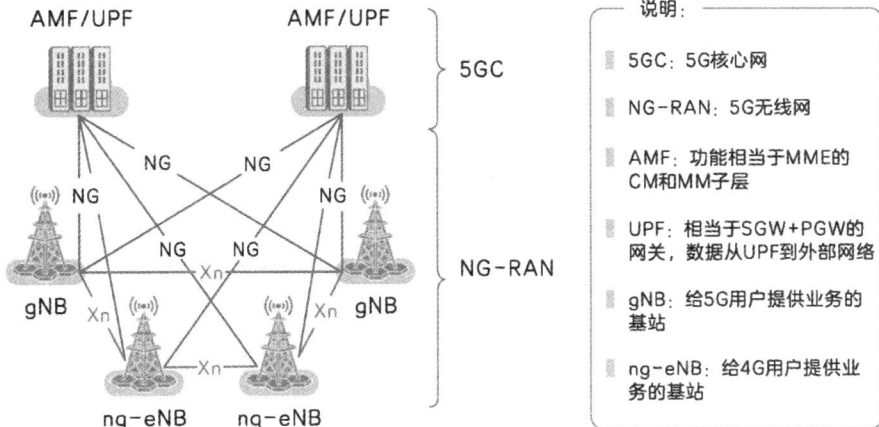

图 3-6　5G 网络架构

(二) 5G 网络部署方式

5G 网络的部署方式分为两种，即独立部署(Standalone，SA)和非独立部署(Non-standalone，NSA)。

SA 方式是指以 5G NR 作为控制面锚点接入 5GC，如图 3-7 所示，其中 5GC 称为 5G 核心网，NR 称为 5G 新空口。

NSA 方式是指 5G NR 的部署以 LTE eNB 作为控制面锚点接入 EPC，或以 eLTE eNB 作为控制面锚点接入 5GC，如图 3-8 所示。其中，Option 3 与 Option 7 的区别在于，Option 3 的核心网采用 EPC，使用 LTE eNB；而 Option 7 的核心网采用 5GC，使用 eLTE eNB。

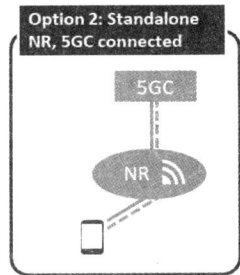

图 3-7　5G SA 网络部署方式

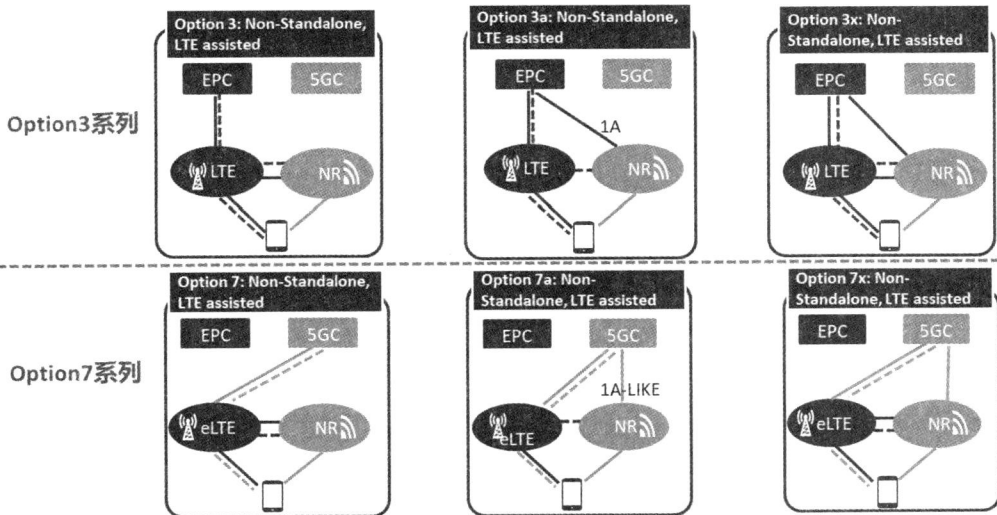

图 3-8　5G NSA 网络部署方式

SA 组网和 NSA 组网各有优劣，如表 3-1 所示。目前国内运营商在 5G 网络建设初期主要采用 NSA 组网方案，而在之后将主要采用 SA 组网策略。

表 3-1　SA 组网与 NSA 组网的比较

部署方式	SA 组网	NSA 组网
优势	独立组网一步到位，对 4G 网络无影响； 支持 5G 各种新业务及网络切片	按需建设 5G，建网速度快，投资回报快； 标准冻结较早，产业相对成熟，业务连续性好
劣势	需要成片连续覆盖，建设工程周期较长； 需要独立建设 5GC 核心网； 初期投资大	难以引入 5G 新业务； 与 4G 强绑定关系，升级过程较为复杂； 投资总成本较高

(三) 5G 基站内部结构

根据不同场景和业务需求，5G 基站功能被重构为 CU 和 DU 两个功能实体。CU 与 DU 功能的切分基于处理内容的实时性，既可以合一部署，也可以分开部署。

CU(Centralized Unit，集中单元)：主要负责非实时的无线高层协议栈功能，同时也支持部分核心网功能下沉和边缘应用业务的部署。

DU(Distributed Unit，分布式单元)：主要处理物理层功能以及部分对实时性要求较高的层 2 功能。为节省 AAU 与 DU 之间的传输资源，部分物理层功能也可上移至 RRU/AAU 实现。CU 和 DU 之间通过 F1 接口进行通信。

AAU(Active Antenna Unit，有源天线单元)：AAU 是 5G 基站的射频和天线部分，原 BBU (Building Baseband Unit，室内基带单元)的基带功能部分上移至 AAU，以降低 DU-AAU 之间的传输带宽。

4G 到 5G 的基站变化如图 3-9 所示。

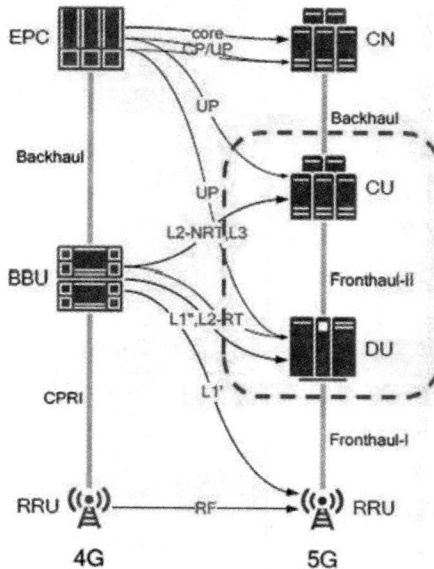

图 3-9　4G 到 5G 基站变化

图 3-9 对 LTE 网元及功能与 5G 系统进行了对比。可以看到，采用 CU 和 DU 架构后，CU 和 DU 可以由独立的硬件来实现。从功能上看，一部分核心网功能可以下移到 CU 甚至 DU

中，用于实现移动边缘计算。此外，原先在 BBU 中实现的所有 L1/2/3 功能，现在可以分离并分别放在 CU、DU 甚至 AAU 中来实现，以便灵活地应对传输和业务需求的变化。

CU/DU 高层切分：3GPP R15 阶段 CU/DU 高层分割采用 Option 2，也就是将 PDCP/RRC 作为集中单元并将 RLC/MAC/PHY 作为分布单元。

DU/AAU 低层切分：BBU/AAU 之间的接口目前有行业组织在研究，暂时尚未完成标准化，目前还是以各个基站厂家内部标准为主。

CU-DU 功能灵活切分的好处在于：硬件实现灵活，可以节省成本；CU 和 DU 分离的架构下可以实现性能和负荷管理的协调、实时性能优化并使用 NFV/SDN 功能；功能分割可配置能够满足不同应用场景的需求，如传输时延的多变性。

DU-AAU 功能切分的好处在于：进入 5G 时代，由于信道带宽的增加，BBU 与 AAU 之间的流量需求已经达到了几十 Gb/s 甚至数 Tb/s，此时传统的 CPRI 接口已经无法满足数据传输需求。通过对 CPRI 接口重新切分，将 BBU 的部分物理层功能下沉到 AAU，形成新的 CPRI 接口，可以大大降低新 CPRI 接口流量。

任务 3　5G 基站建设

5G 基站建设

5G 基站是 5G 网络的核心设备，所以基站建设是构建 5G 网络的关键环节。它涉及多个方面，包括基站的工作原理、部署方式、硬件架构、规划、选址与勘察、安装以及调试过程。其中，5G 基站建设始于深入理解其工作原理，随后则要灵活选择部署方式并构建稳固的硬件架构。此外，还要在规划阶段精准布局，确保覆盖需求；在选址与勘察阶段细致入微，优化站址选择。在安装过程中要做到严谨有序，调试环节要精心细致，最终确保 5G 基站高效稳定运行，为用户带来无缝、高速的 5G 网络体验。以下是对这些方面的详细阐述。

一、5G 基站的工作原理

5G 基站能够提供无线覆盖，实现有线通信网络与无线终端之间的无线信号传输。5G 基站在系统中的位置如图 3-10 所示。

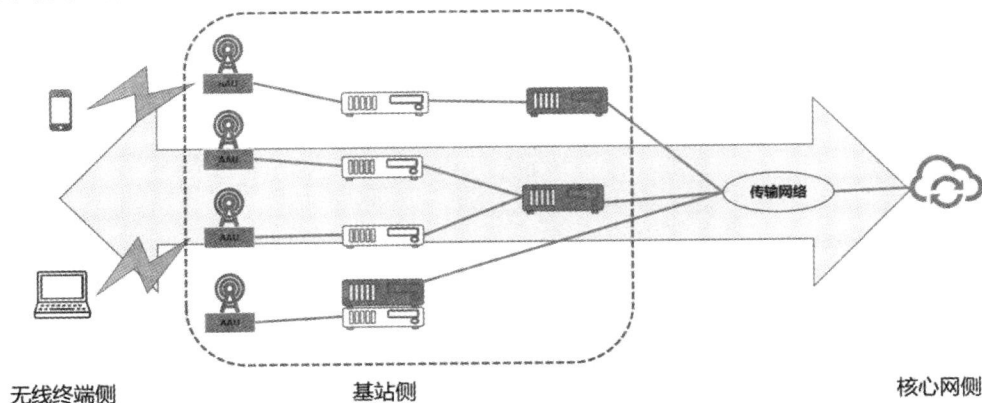

图 3-10　5G 基站在系统中的位置

5G 基站通过传输网络连接到核心网，完成控制信令和业务信息的传送工作。在基站侧，控制信令和业务信息经过基带和射频处理后，送到天线上进行发射。终端通过无线信道接收天线所发射的无线电波，然后解调出属于自己的信号，从而完成从核心网到无线终端的信息接收。无线通信网是一个双向通信的过程。终端也会通过自身的天线发射无线电波，基站接收后将解调出对应的控制信令和业务信息，并通过传输网络发送给核心网。

二、5G 基站的部署方式

RAN 切分后带来了多种 5G 部署方式，如图 3-11 所示。

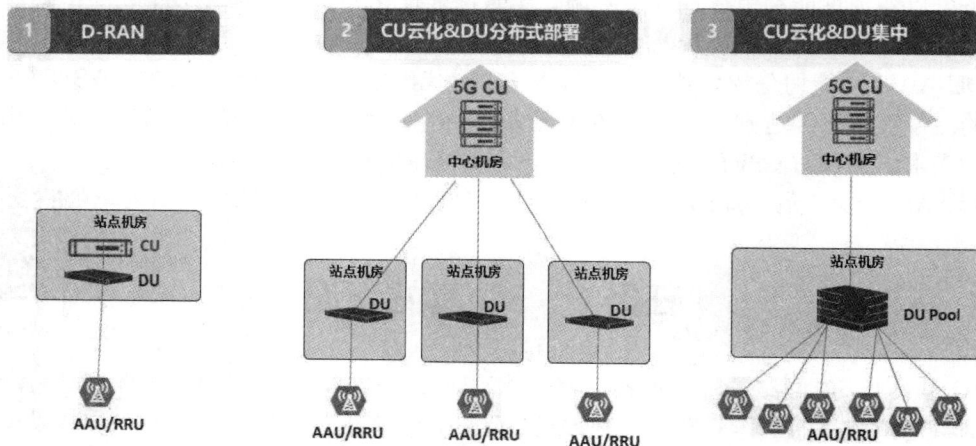

图 3-11　5G 基站部署方式

D-RAN：分布式 RAN，类似于传统的 4G 部署方式，采用 BBU 分布式部署。

C-RAN：云化 RAN，又分为 CU 云化&DU 分布式部署和 CU 云化&DU 集中式部署。CU 云化&DU 分布式即 CU 集中部署，DU 类似传统 4G 分布式部署；CU 云化&DU 集中式即 CU 和 DU 各自采用集中式部署。

分布式部署需要更多机房资源，但每个单元的传输带宽需求小，部署更加灵活。集中式部署节省机房资源，但需要更大的传输带宽。未来可根据不同场景的需要灵活组网，如图 3-12 所示。

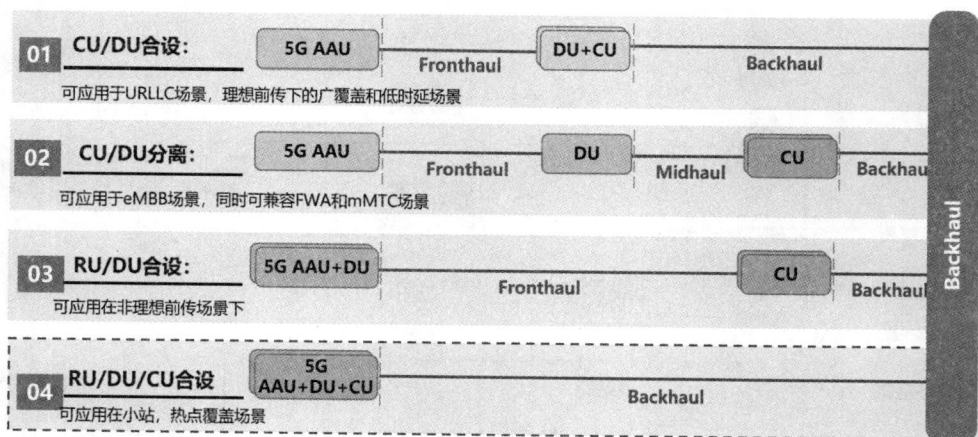

图 3-12　CU 和 DU 灵活组网场景

三、5G 基站的硬件架构

4G 无线基站主要由 BBU、RRU 和天线三大部分组成。5G 基站主要由 BBU 和 AAU 两大部分组成，普遍采用 BBU + AAU 的模式(有些场景采用 BBU + RRU 模式)。其中 BBU 为基带模块，负责基带信号处理；RRU 为拉远射频单元，负责基带信号和射频信号的转换及射频信号处理；AAU 为有源天线单元，是 RRU 和天线一体化设备。BBU 与 RRU/AAU/Massive MIMO 连接组成分布式基站。基站建设安装过程中还会用到机柜和连接线缆等设备。

(一) 5G BBU

5G BBU 设备由多种功能单板组成，通过软件配置和更换相应的单板，可以配置为 GSM、UMTS、LTE、Pre5G 和 5G 等单模或多模制式。5G BBU 实物图如图 3-13 所示。

图 3-13　5G BBU 实物图

1. BBU 单板功能介绍

1) 交换板单板

交换板单板实现基带单元的控制管理、以太网交换、传输接口处理、系统时钟的恢复和分发及空口高层协议的处理，提供 USB 接口用于软件升级和自动开站。5G 交换板单板实物图如图 3-14 所示。

图 3-14　5G 交换板单板实物图

2) 基带板单板

基带板单板用来处理 3GPP 定义的 5G 基带协议、实现物理层处理、提供上/下行的 I/Q 信号，以及实现 MAC、RLC 和 PDCP 协议。5G 基带板单板实物图如图 3-15 所示。

图 3-15　5G 基带板单板实物图

3) 通用计算板单板(可选)

通用计算板单板可用作移动边缘计算(MEC)、应用服务器、缓存中心等。5G 通用计算板单板实物图如图 3-16 所示。

图 3-16　5G 通用计算板单板实物图

4) 环境监控板单板(可选)

环境监控板单板管理 BBU 告警、提供干接点接入、完成环境监控功能。5G 环境监控板单板实物图如图 3-17 所示。

图 3-17　5G 环境监控板单板实物图

5) 电源板单板

电源板单板实现 −48 V 直流输入电源的防护，具有滤波功能，带防反接保护；支持主备电源切换功能；支持欠压告警；支持电压和电流监控；支持温度监控。5G 电源板单板实物图如图 3-18 所示。

图 3-18　5G 电源板单板实物图

6) 风扇板单板

风扇板单板可以实现系统温度的检测控制，风扇状态的监测、控制与上报。5G 风扇板单板实物图如图 3-19 所示。

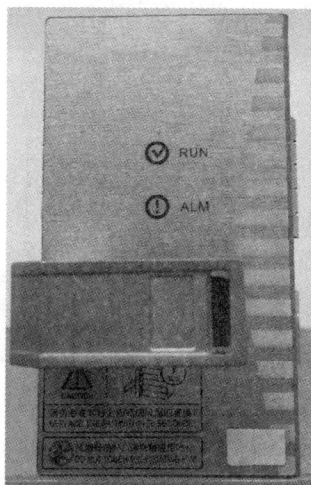

图 3-19　5G 风扇板单板实物图

2. BBU 单板配置规范和配置原则

BBU 包括多个插槽,可以配置不同功能的单板。BBU 单板配置规范如表 3-2 所示,BBU 配置原则如表 3-3 所示。

表 3-2　BBU 单板配置规范

基带板/通用计算板　槽位 8	基带板/通用计算板　槽位 4	
基带板/通用计算板　槽位 7	基带板/通用计算板　槽位 3	
基带板/通用计算板　槽位 6	交换板/通用计算板　槽位 2	风扇模块　槽位 14
电源模块　槽位 5	环境监控模块 电源模块　槽位 13	交换板　　　　槽位 1	

表 3-3　BBU 配置原则

单板名称	配　置　原　则
交换板	固定配置在 1、2 槽位,可以配置 1 块,也可以配置 2 块。当配置 2 块主控板时,可设置为主备模式和负荷分担模式。 主备模式:一块主控板工作,另一块作为备份,当主用单板故障时进行切换。 负荷分担模式:两块主控板同时工作,进行工作量的负荷分担
基带板	可以灵活配置在 3、4、6、7、8 槽位,根据实际用户量确定基带板数量
通用计算板(可选)	可以根据需要灵活配置在 2、3、4、6、7、8 槽位,根据实际情况确定通用计算板数量
电源板	可以灵活配置在 5、13 槽位。当配置 1 块时,固定配置在 5 槽位。当配置 2 块电源分配板时,可设置为主备模式和负荷分担模式。 主备模式:一块电源分配板工作,另一块作为备份,当主用单板故障时进行切换。 负荷分担模式:两块电源分配板同时工作,进行工作量的负荷分担
环境监控板(可选)	可以根据需要进行配置,当配置环境监控板时,固定配置在 13 槽位
风扇板	固定配置 1 块,固定配置在 14 槽位

(二) 5G AAU

AAU 是有源天线单元,它是 5G 基站中的关键组成部分,负责将基带信号转换为射频信号并发射出去,同时也接收来自用户设备的射频信号并转换为基带信号。AAU 集成了射频处理单元、数字中频处理单元和天线阵列,是 5G 网络实现大规模 MIMO(多输入多输出)技术的关键。

1. 5G AAU(宏站)

在 5G 通信技术的宏站构建中,AAU 集成了天线、滤波器、射频模块及电源模块四大核心组件,共同支撑起高效、稳定的无线通信网络。

天线部分通过精心设计的多个天线端口与振子阵列,实现了信号的广泛覆盖与精准收发,为用户带来无缝的通信体验。

滤波器与每一个收发通道紧密配合,有效抑制干扰信号,确保基站射频指标达到最优状态，从而保障了通信质量。

射频模块作为 AAU 的技术核心，集成了多通道收发、功率放大、低噪声放大、输出功率精细调控以及模块温度实时监控等先进功能，不仅实现了基带信号与高频信号之间的高效转换，还通过智能化的管理策略，确保了信号传输的稳定性和效率。

电源模块如同 AAU 的能量源泉，稳定可靠地提供整机所需的电力支持，同时集成电源控制、告警提示、功耗上报及防雷保护等多重功能，为 AAU 在复杂多变的通信环境中持续稳定运行提供了坚实保障。

1) AAU 产品外观

AAU 是集成了天线、射频处理单元的一体化形态的设备，与 BBU 一起构成 5G NR 基站。AAU 外观如图 3-20 所示。

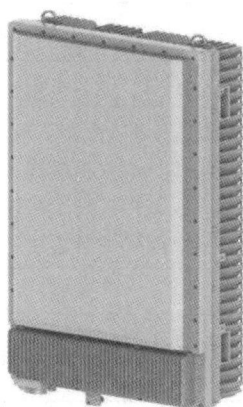

图 3-20　AAU 外观

2) AAU 外部接口

AAU 的侧面维护接口如图 3-21 所示。

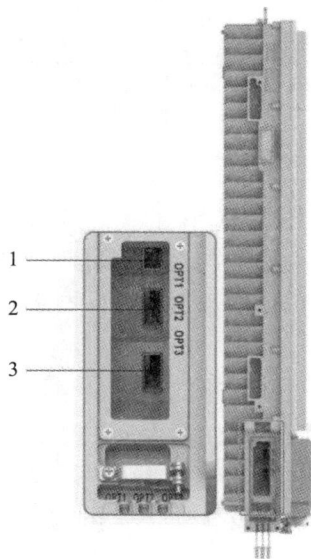

图 3-21　AAU 侧面维护接口

编号 1 为 OPT1 接口，编号 2 为 OPT2 接口，编号 3 为 OPT3 接口。OPT1～OPT3 都用于 AAU 和 BBU 系统之间的光信号传输，但是使用光模块的传输速率要求不一样。

3) AAU 底部接口

AAU 底部接口如图 3-22 所示。

编号 1 为 PWR 接口，主要提供 −48 V 直流电源输入。

编号 2 为 GND 接口，主要提供 AAU 保护地连接。

编号 3 为 RGPS 接口，主要用于连接外置 RGPS 模块。

编号 4 为 MON/LMT 接口，主要作为 MON 外部监控接口或 LPU 设备与 AISG 设备的连接接口。

编号 5 为 TEST 接口，作为测试口，提供天线馈电口耦合信号的外部输出。

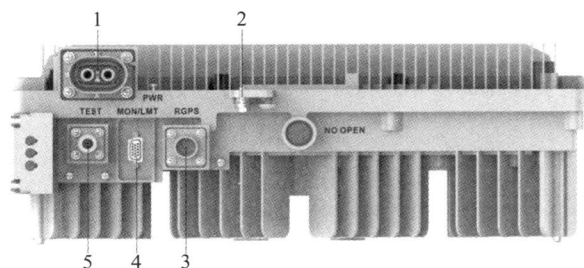

图 3-22 AAU 底部接口

2. 5G AAU(微站)

5G AAU(微站)是指 5G 无线基站天线单元在微站场景下的应用。作为 5G 无线通信系统中的一个关键部件，5G AAU 高度集成的特性使其在微站建设中显得尤为重要。以下是对 5G AAU(微站)的详细介绍。

1) 微站 AAU 产品的定位和特点

5G 微站 AAU 产品用于微蜂窝组网，也可应用于室内和室外环境，具有体积小、重量轻、外形美观、便于获取站址和安装方便等特点。

5G 微站 AAU 和基带单元(BBU)组成一个完整的 gNB，实现覆盖区域的无线传输和无线信道的控制。5G 微站 AAU 在无线网络中的位置如图 3-23 所示。

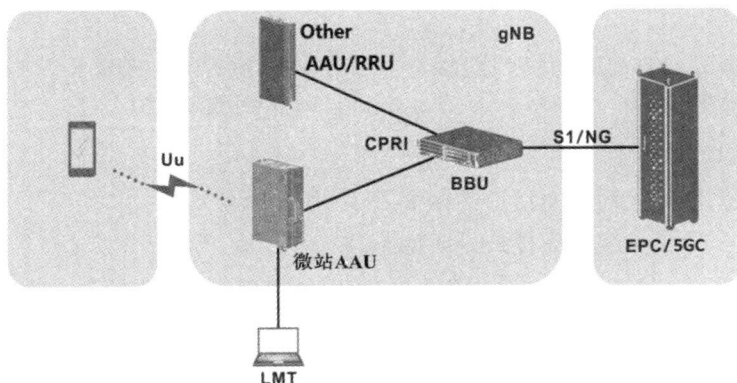

图 3-23 AAU 在无线网络中的位置

5G 微站 AAU 产品的特点如下：

(1) 节能高效：

- 满足 2.6G 频谱需求，满足热点容量需求，减少了站点设备数量。
- 最大输出功率为 40 W，可以满足不同场景的覆盖要求。
- 采用自然散热设计，无噪声。

(2) 设计紧凑，易于部署：

- 体积小，重量轻，内置天线，外观简朴，易于伪装及隐蔽安装。
- 提供交流机型、直流机型，可根据部署需要灵活选择。
- 可以安装在抱杆上，可以挂墙。站点容易获取，安装方式灵活，可降低部署成本。

(3) 多天线：

- 支持 4 端口天线。
- 支持各种多输入多输出(MIMO)解决方案，可以大大提高频率效率，带来更好的用户体验。

(4) 大容量：

- 支持 160 MHz 带宽，可满足运营商的 4G/5G 热点容量需求。

2) 微站 AAU 产品外观

微站 AAU 有两种配置，一种可以配置一体化天线，另一种可以配置 N 头天线转接模块。微站 AAU 配置一体化天线的外观示意图如图 3-24 所示，微站 AAU 配置 N 头天线转接模块的外观示意图如图 3-25 所示。这里主要介绍配置一体化天线的微站 AAU。

图 3-24　微站 AAU 配置一体化天线的外观示意图

图 3-25　微站 AAU 配置 N 头天线转接模块的外观示意图

3) 微站 AAU 外部接口

微站 AAU 一体化天线侧面接口如图 3-26 所示。

微站 AAU 一体化天线侧面接口说明如下：

编号 1 为 OPT1 接口，主要提供 BBU 与 RRU 的接口，或级联场景下的 RRU 上联光口。

编号 2 为 OPT2 接口，主要提供 RRU 级联场景下的下联光口。

编号 3 为 PWR 接口，主要提供电源输入口。

微站 AAU 装配一体化天线时对外不提供天馈接口，微站 AAU 一体化天线底部接口如

图 3-27 所示，其中编号 1 为 GND 接口，主要提供 AAU 保护地接口。

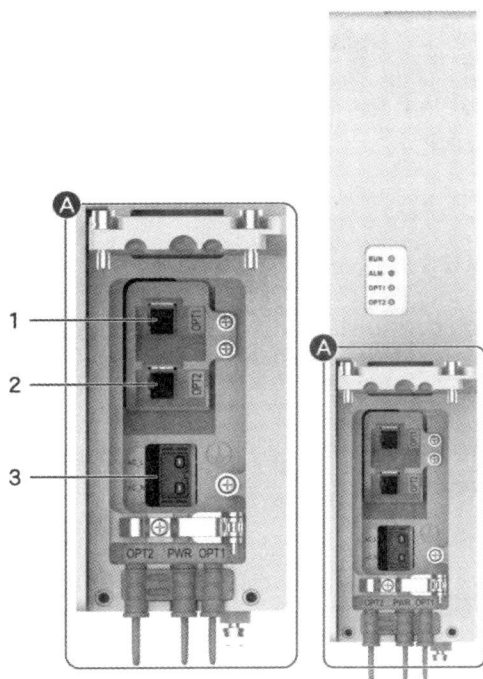

图 3-26　微站 AAU 一体化天线侧面接口　　　　图 3-27　微站 AAU 一体化天线底部接口

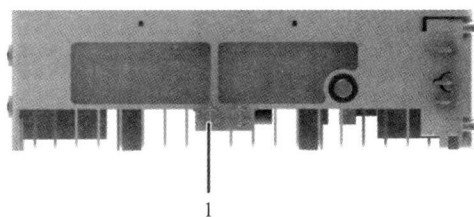

(三) 室内机柜

5G 基站设备安装分为两种场景。一种是在室内安装的情况下机房中已经具备标准 19 英寸机柜，如图 3-28 所示。安装时设备机柜中必须要保证有足够的空间，用来确保设备正常散热。另一种是室内机房新建 5G 设备安装机柜。

图 3-28　19 英寸标准机柜

5G 室内机房站点一般采用市电接入交流配电箱，再通过交直流转换柜将交流电转换为直流电并进行分配。直流电源分配模块提供多路直流电源输出端子，用于设备的供电接入。

直流电源分配模块如图 3-29 所示。

图 3-29　直流电源分配模块

(四) 5G 线缆

5G 线缆包括电源线缆、接地线缆、光纤以及 GPS 线缆。

1. 电源线缆

电源线用于将外部 −48 V 直流电源接入设备。BBU 电源线和 AAU 电源线如图 3-30 所示。

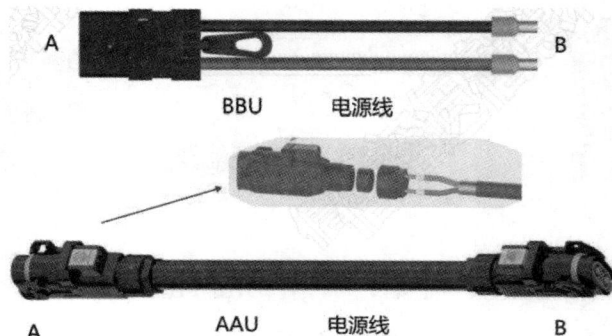

图 3-30　BBU 和 AAU 电源线

电源线说明如下：

(1) BBU 电源线中红色线缆为 −48 V GND，蓝色线缆为 −48 V DC。

(2) BBU 电源线中 A 端连接 BBU 的电源模块，B 端连接外部电源设备。

(3) AAU 电源线中红色线缆为 −48 V GND，蓝色线缆为 −48 V DC。

(4) AAU 电源线中 A 端连接 AAU 的电源端口，B 端连接外部电源设备。

2. 接地线缆

接地线缆用于连接 BBU、RRU 和机柜的接地口与地网，提供对设备以及人身安全的保护。接地线如图 3-31 所示。接地线缆的 B 端需要根据现场需求制作。

图 3-31　接地线

接地线说明如下：

(1) BBU 接地线 A 端连接 BBU 机箱上的保护地接口，B 端连接机框接地点。

(2) AAU 接地线 A 端连接 AAU 底部的接地螺栓，B 端连接接地排。

(3) 注意：BBU 接地线采用 16 mm² 规格，AAU 接地线采用 32 mm² 规格。

3. 光纤

5G 基站有两类光纤，如图 3-32 所示。光纤 1 用于 NG 接口，连接基站与核心网；光纤 2 用于连接 BBU 和 AAU。

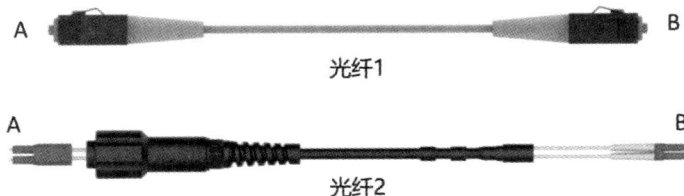

图 3-32 光纤

光纤连接说明如下：

(1) 光纤 1 的 A 端连接 BBU 交换板光接口；B 端连接核心网光接口。

(2) 光纤 2 的 A 端连接 AAU/RRU 的光接口；B 端连接 BBU 基带板光接口。

4. GPS 线缆

GPS 线缆包括 GPS 射频线缆和 RGPS 线缆，如图 3-33 所示。

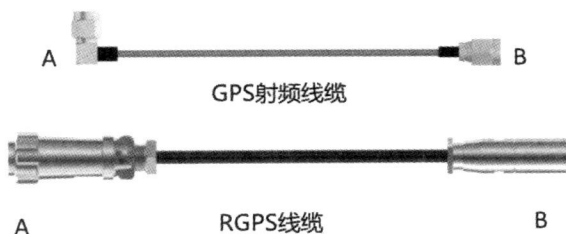

图 3-33 GPS 线缆

GPS 射频线缆的 A 端连接 BBU 交换板 GNSS 接口；B 端连接 GPS 防雷器。RGPS 射频线缆的 A 端连接 AAU RGPS 模块接口；B 端连接 GPS 天线。

四、5G 基站的规划

在进行 5G 基站规划时，业务模型计算是至关重要的一环。它有助于确定不同区域、不同时间段的业务需求，进而指导基站的布局和容量规划。以下将从 5G 业务模型计算的背景和方法两个方面进行介绍。

(一) 5G 业务模型计算背景

随着 5G 网络的大规模建设和商业化进程不断加快，以及 5G 终端成熟度的不断提升，5G 终端市场迎来了井喷式增长。因此，在基站建设前，需要对 5G 容量需求进行提前估算。5G 业务模型可以估算 5G 网络容量的大小，所以需要合理评估 5G 业务模型，以保证网络的正常运行和用户的良好体验。

1. 容量需求持续快速增长，精准规划是核心

"互联网+"纳入顶层设计，未来移动网络容量将持续保持指数级增长，因此如何准

确预测容量是容量规划的核心。

2. 5G 业务感知多样化

5G 网络支持 eMBB、uRLLC、mMTC 三大应用场景。高可靠性、高速率、低时延、大连接成为 5G 网络建设的新目标。相比于 4G，5G 需要支持更多的业务场景，因此在进行 5G 容量计算时，需要选正确的业务模型，保证不同业务场景用户体验。

(二) 5G 业务模型计算方法

图 3-34 为 5G 业务模型计算时涉及的主要参数，利用这些参数可以计算出所需的基站建设数量：

(1) 频谱效率：根据 5G 实际组网的仿真结果，频谱效率在 8～10 bit/Hz 的范围内；

(2) 每个扇区的下行容量 = 频谱效率 × 系统带宽 × 每 10 ms 下行资源占比；

(3) 每个扇区的上行容量 = 频谱效率 × 系统带宽 × 每 10 ms 上行资源占比；

(4) 下行扇区数量 = 下行总容量请求(Gb/s)/每个扇区的下行容量；

参数
CPE用户数
KPN 市场份额
KPN CPE用户数
高峰时上行平均用户吞吐量(Mb/s)
上行总容量请求(Gb/s)
高峰时下行平均用户吞吐量(Mb/s)
下行总容量请求(Gb/s)
每10ms下行资源占比
频点带宽(MHz)

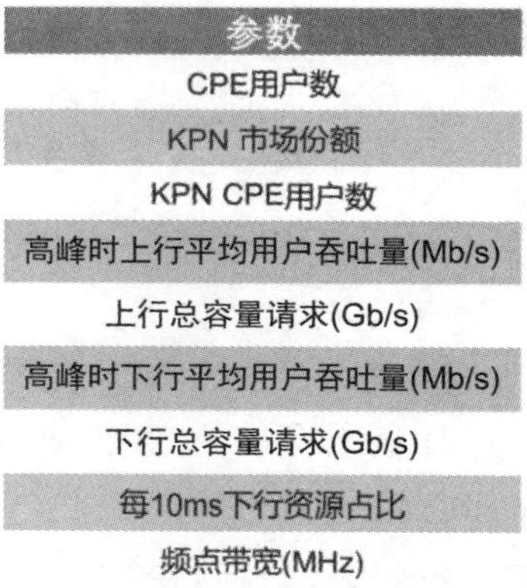

图 3-34　5G 业务模型设计参数

(5) 上行扇区数量 = 上行总容量请求(Gb/s)/每个扇区的上行容量；

(6) 站点数量 = 扇区数量/每个基站配置的扇区数。

注意：站点数量需要向上取整。

五、5G 基站的选址与勘察

5G 技术的选址与规划是构建高效、稳定 5G 网络的关键环节。它不仅涉及基站的物理位置选择，还包括对无线传播环境的深入评估以及网络的整体规划。

(一) 站点选择

5G 基站的站点选择需要考虑用户需求与业务量、站点可用性、安全性与可维护性、无线传播环境评估等多个因素。

1. 用户需求与业务量

在 5G 基站建设的规划与部署中，位置选择是一个至关重要的环节，它不仅直接关系到网络覆盖的广度和深度，还显著影响着用户体验和服务质量。因此，首要且核心的考量因素便是用户需求和业务量。这一决策过程融合了地理信息科学、通信工程学以及市场分析的多学科知识，旨在实现资源的优化配置和服务效能的最大化。

具体而言，5G 基站的位置选择需紧密围绕用户密集度与业务需求量两大核心指标展开。用户密集区域，如城市中心、繁华商业街区，往往是经济活动最为频繁、信息交流最为密集的地方，对高速、低延迟的通信服务有着极高的需求。在这些区域优先布设 5G 基站，可以确保大量用户能够同时接入网络，享受流畅无阻的通信体验，从而支撑起高清视频通话、虚拟现实、在线游戏等高带宽、低时延的应用场景。

同时，大型居住区作为人口聚集的另一重要区域，其居民对家庭娱乐、在线教育、远程办公等 5G 服务的需求日益增长。在这些区域合理布局 5G 基站，能够显著提升居民的生活质量，促进数字生活的普及与深化。

此外，重要的交通枢纽，如机场、火车站、高速公路服务区等，也是 5G 基站部署的关键节点。这些区域人流量大，通信需求多样且复杂，对网络的稳定性和连续性有着极高的要求。通过在这些区域布设 5G 基站，可以确保旅客在旅途中也能享受到高质量的通信服务，提升出行体验，促进信息流通。

总之，5G 基站的位置选择是一个综合考虑用户需求、业务量、地理环境及社会经济因素的过程。通过精准定位用户密集和业务需求旺盛的区域，并结合科学的规划与设计，可以最大化地发挥 5G 基站的覆盖效率和服务能力，为用户提供稳定、高速、便捷的通信服务。这一过程不仅体现了通信技术与社会需求的深度融合，也彰显了现代通信网络建设中的智慧与远见。

2. 站点可用性

在 5G 网络规划与部署的复杂过程中，站点的可用性评估是确保网络覆盖质量、提升用户体验及保障投资回报率的关键环节。除了深入分析用户需求以明确服务热点区域外，站点的实际可用性同样不容忽视，它直接关系到基站建设的可行性、成本效益以及后续运维的顺畅性。

土地权属的清晰与合法性是站点选址的前提。必须确保所选位置的土地使用权明确，无产权纠纷，以避免后续建设过程中的法律风险和不必要的延误。同时，租赁条件的合理性也是评估的重要因素，包括租金水平、租期稳定性、续租条款等，这些都将直接影响到基站的长期运营成本。因此，在选址过程中，需与土地所有者或租赁方进行充分沟通，明确双方的权利与义务，确保租赁合同的公平、合理与可执行。

电力是基站运行的生命线，稳定的电力供应是保障基站持续、稳定运行的基础。在站点可用性评估中，需对拟选位置的电力供应情况进行详细调查，包括电源容量、电压稳定性、供电可靠性以及备用电源方案等。特别是对于偏远地区或电力基础设施薄弱的区域，更需提前规划好电力接入方案，确保基站能够抵御突发停电等意外情况，保障网络服务的连续性。

5G 基站的高速数据传输能力离不开高效、稳定的光纤网络支持。因此，在站点选址时，需充分考虑接入光纤网络的便利性。这包括光纤资源的可用性、接入成本、传输速度以及网络稳定性等因素。通过选择光纤资源丰富、接入成本合理且网络质量稳定的区域，可以有效降低基站建设的难度和成本，同时提升数据传输的效率和质量。

在综合考量上述各项因素的基础上，还需结合实际情况进行全面的评估与决策。这包括对不同选址方案进行成本效益分析、风险评估以及长期发展规划的考量等。通过科学、合理的评估方法，筛选出最符合需求的站点位置，为后续的基站建设打下坚实的基础。

总之，5G 技术的站点可用性评估是一个复杂而细致的过程，需要综合考虑多方面因素。只有确保选址的合理性、基础设施的完善性以及后续运维的顺畅性，才能为 5G 网络的快速、高效、稳定发展提供有力保障。

3. 安全性与可维护性

在选址过程中，还必须考虑到基站的安全性和可维护性。这两个方面作为选址决策的重要考量因素，对于保障网络稳定、提升用户体验及降低运营成本具有至关重要的意义。

安全性是 5G 站点选址的首要原则。基站作为通信网络的关键节点，其安全稳定运行直接关系到整个网络的可靠性和用户信息的安全。因此，在选址过程中，必须全面评估潜在的安全风险，并采取相应的防范措施。首先，应避开自然灾害频发区域，如洪水易发区、地质灾害(如滑坡、泥石流)高风险区等。这些区域一旦发生灾害，不仅可能直接损毁基站设施，还可能影响电力供应和光纤通信线路，导致网络中断。通过地理信息系统的辅助分析，可以精确识别这些高风险区域，从而避免在选址时"踩雷"。其次，还需关注人为因素可能带来的安全风险，如盗窃、破坏等。因此，在选择站点时，应尽量选择有良好治安环境、易于监控和防护的地点，如公共建筑、政府设施附近等。同时，还应考虑采取必要的物理防护措施，如安装围栏、摄像头等，以增强基站的安全性。

可维护性是确保基站长期稳定运行的重要保障。在选址过程中，应充分考虑基站的维护便利性，以便在出现故障时能够迅速响应和恢复服务。首先，基站位置应便于车辆和人员进出，以确保维护人员能够快速到达现场进行抢修。同时，周边道路状况也应良好，以便在紧急情况下快速运输设备和物资。其次，基站应位于易于获取维护资源和服务支持的区域。例如，周边应有可靠的电力供应站、光纤接入点以及专业的通信设备维修服务商等，以便在需要时能够及时获得技术支持和备件供应。此外，还应考虑基站的布局和设计对维护的影响。例如，采用模块化设计、预留足够的维护空间、设置便捷的维护通道等，都可以提高基站的维护效率和质量。

总之，5G 站点选址的安全性与可维护性是相辅相成的两个方面。在选址过程中，必须全面考虑这两个因素，并采取相应的措施来确保基站的安全稳定运行和高效维护。只有这样，才能为 5G 网络的快速发展和广泛应用提供坚实的支撑。

4. 无线传播环境评估

在 5G 基站建设的复杂过程中，无线传播环境的评估是确保网络覆盖质量、提升用户体验及保障网络稳定性的关键环节。这一过程不仅涉及对自然环境的细致考察，还需对人为因素进行全面分析，以确保 5G 信号能够高效、稳定地传输。

1) 建筑物与地形影响的深度解析

无线信号的传播路径并非直线无阻，而是会受到周围环境的显著影响。首先，建筑物的高度和密度是决定信号传播特性的重要因素。在高楼大厦密集的城市中心区域，建筑物之间的多次反射和衍射会导致信号的多径传播现象加剧，这不仅可能增加信号衰减，还可能引起信号间的相互干扰，从而影响通信质量。因此，在选址时，需通过实地勘测和仿真模拟等手段，对建筑物分布进行精细分析，以选择合适的基站位置和天线高度，优化信号覆盖。

此外，地形起伏也是不可忽视的影响因素。山地、丘陵等复杂地形可能导致信号传播路径受阻，形成信号盲区或弱覆盖区。针对此类情况，可采用增加基站密度、部署中继站或采用特殊天线技术等手段，以克服地形障碍，实现信号的全面覆盖。

2) 电磁干扰的全方位分析

电磁干扰是影响 5G 信号传输质量的另一大难题。在选址过程中，必须严格避开强电磁干扰源，如大功率电台、微波中继站、雷达站等。这些设备在工作时会产生强烈的电磁辐射，对 5G 信号造成严重干扰，导致通信中断或性能下降。因此，在选址前，需通过电磁环境监测和频谱分析等手段，对拟选区域进行全面排查，确保无电磁干扰隐患。

同时，还需考虑其他无线通信系统的共存问题。随着无线通信技术的快速发展，多种通信系统(如 4G、Wi-Fi、蓝牙等)在同一空间内共存已成为常态。这些系统在工作频段、调制方式等方面存在差异，但也可能产生相互干扰。为确保 5G 网络的稳定性和性能，需通过合理的频率规划、功率控制及干扰协调等技术手段，实现各系统间的和谐共存。

总之，5G 基站建设中的无线传播环境评估是一项复杂而细致的工作。它要求我们在选址过程中充分考虑建筑物与地形的影响、电磁干扰等因素，并采取相应的应对措施以确保 5G 信号的高效、稳定传输。只有这样，才能为 5G 网络的快速发展和广泛应用奠定坚实的基础。

(二) 5G 基站勘察

5G 基站勘察是一个复杂而细致的过程，包括勘察前准备、室内机房勘察、室外天面勘察以及勘察后数据整理等多个阶段和环节。

1. 勘察前准备

1) 勘察工具和仪器准备

基站勘察过程中可能使用到的工具和仪器参见图 3-35。

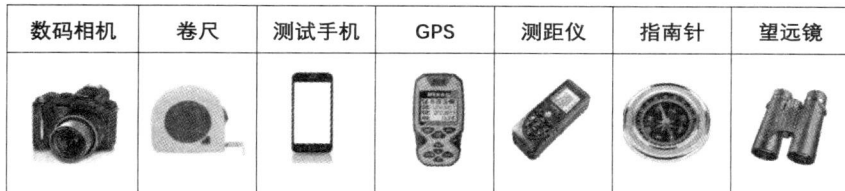

数码相机	卷尺	测试手机	GPS	测距仪	指南针	望远镜

图 3-35　勘察工具和仪器准备

2) 勘察资料准备

基站勘察前需要准备的资料和需提前进行的信息收集工作如下：

(1) 勘察记录用表。

(2) 在电子地图上确定勘察站点的经纬度，并对比周围基站的情况作进一步了解，如站间距、新建站点的海拔高度与相对高度等情况。

(3) 了解新建站点的覆盖范围、覆盖目标及容量目标，初步断定其配置和方向角。

(4) 了解站点位置的传输网络，初步确认传输网络的路由、网络结构及容量。

(5) 初步了解基站的建设方式，例如，是建设室内站还是室外站，是不是拉远站，是否采用直流远距离供电等基础信息。

(6) 如果是共站建设，则要了解老站的相关信息，如机房大小、电源与电池的伏安数、机房设备图。

3) 其他准备事项

(1) 联系好运营商的负责人，定好勘察时间、车辆等问题。

(2) 联系好当地的选点带路人，确定好见面的时间、地点。

(3) 联系好机房代维人员，提前获得机房钥匙。

2. 室内机房勘察

绘制机房平面草图并记录机房的长、宽、高尺寸，同时，对机房进行全面拍照录，必须站在机房的四个角落，尽量把机房设备摆放情况全面地拍摄下来。

在草图上标注机房已有设备的安装位置及尺寸，并记录使用情况。对各个设备进行正反两面的整体拍摄记录，并详细记录设备内部情况，如设备机柜内 BBU 摆放情况、电源设备的端子使用情况、浮充数值、传输端子(ODF/DDF)使用情况、电池容量、机柜内空间大小等。

绘制记录机房走线架及馈线窗、接地排安装位置和尺寸，对其使用情况进行记录。

注意机房的大小是否满足新增设备，如果是新增 BBU，设备柜内是否有足够的空间摆放。同时要了解电源端子、传输端子、电池容量等情况是否满足新增设备的要求，如果不满足是否有足够的空间扩容。

3. 室外天面勘察

记录站点天面经纬度，并对 GPS 数值进行拍照。

现场定好天线安装的位置以及覆盖范围，并站在楼房边缘的位置拍摄 360° 环境照片，每 45° 拍摄一张，共 8 张。确保天线安装覆盖方向 100 m 范围内不能出现明显的阻挡物。

确定天线的方向角以及下倾角，覆盖目标的距离。用坡度仪测量下倾角，用指南针测量天线的方位角。利用测距仪确定天线挂高。

对站点天面进行拍照，要求站在天面的四个角落对天面进行全面无死角的拍照，如果天面过大，则还需要站在天面中央对天面四周进行拍照。对要安装天线的位置进行重点拍照。

绘制天面草图，草图上标注的尺寸要精准。将天面周边能占用天面的物件进行详细测量并记录。草图内容必须能反映出楼宇天面所有物件。

如果站点天面存在共站点天线或者其他运营商，需要对其天线与设备的位置、挂高、走线等进行拍摄记录，并在草图上体现。

需要注意天线的架设有多种建设形式。例如，如果站点天面在楼顶环境，架设天线可以采用 3 m/6 m/9 m 的美化天线，也可以采用 3 m/6 m 的抱杆，或者使用 9 m/12 m/15 m 增高架。如果站点楼宇高度不足，可以采用 40 m/50 m 铁塔，如果站点需求为街道补盲，则可以考虑使用路灯杆。具体天线架设类型如表 3-4 所示。从常规角度考虑，城区建议天线挂高不能超过 40 m，下倾角度不超过 10°。

表 3-4　天线架设类型

类　型	美化天线	抱　杆	增高架	铁　塔	路灯杆
实物图					

4. 勘察后数据整理

(1) 按勘察的实际信息填写电子档勘察记录表。

(2) 整理拍摄的照片，按照机房、天面、方向与站点覆盖区域进行命名理。

(3) 按照草图绘制电子档站点图纸。

(4) 归档勘察资料。

(5) 将整理归档的勘察资料找到相应的负责人签字确认。

六、5G 基站的安装

5G 基站的安装是确保 5G 网络正常运行的关键步骤，它涉及多个复杂环节，需要专业技术人员严格按照技术要求和操作流程进行。

(一) 设备清点

设备到货后，需要进行开箱验货，确保运输途中设备没有损坏，然后进行设备清点，确保设备数量和种类没有错误。开箱验货和设备清点无误后，要与客户一起在《开箱验货报告》上签字确认。如果设备损坏或设备数量种类有误，需要向发货方反馈进行问题确认，以补发货物。

1. 开箱验货

开箱验货流程如图 3-36 所示。

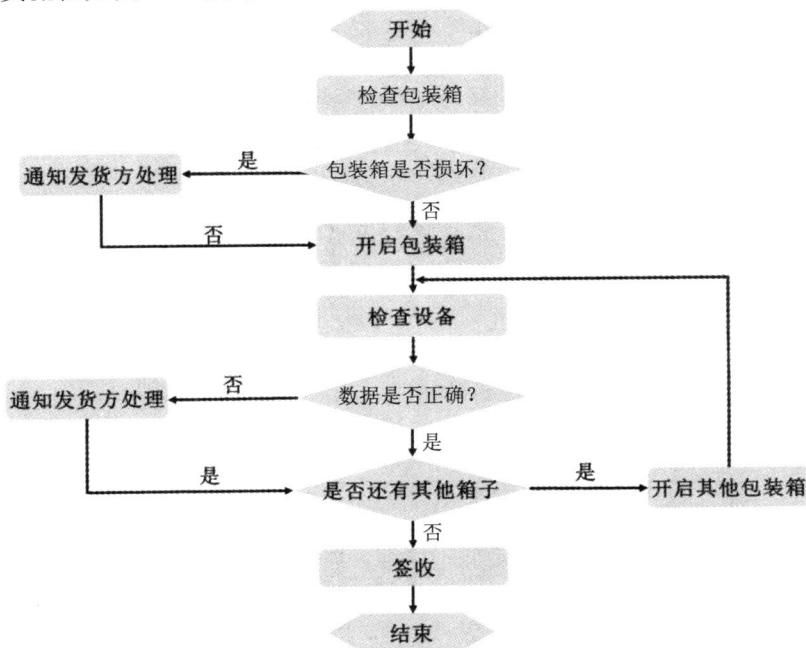

图 3-36 开箱验货流程

2. 开箱验货注意事项

(1) 检查各个包装箱是否完好。开箱之前，必须检查各个包装箱是否完好，如果包装箱有破损、受潮、箱体变形等问题，必须要检查包装箱的破损是否影响箱子里的设备，必须详细记录破损情况，必要时拍照记录，对于问题箱体需要现场与发货方沟通协调返厂更换。

(2) 过程有序。必须按照合理顺序开箱验货，且堆放货物按照规划方案进行。设备的全部部件清单和技术文件都放在第一件包装箱内，第一件包装箱里的文件对后续开箱有指导作用，因此应该首先开启第一件包装箱。

(3) 动作合理，避免受伤。开箱动作要合理，一方面保证设备不损坏，另一方面要注意保护自己和合作伙伴，确保不受伤。开箱过程中要轻拿轻放，以防损坏设备的表面涂层。

(4) 使用工具得当。不同的箱子需要不同的工具开启，不同的设备需要不同的工具搬运。必须选择合适的工具，才能顺利开箱，避免损坏设备。

(5) 防静电。要特别注意电路板的防静电要求，不要撕破电路板的防静电袋。

(6) 数据完整。各种箱子里的设备种类繁多，一定要和装箱清单一一对照，确保不遗漏记录，也不多记录。

3. 开箱工具准备

开箱前准备的工具清单如表 3-5 所示。

表 3-5　开箱前工具准备

防刺防砸安全鞋	锤子	撬棍	美工刀	护目镜	防割手套

4. 货物清点及检查

1) 货物数量统计和对照

在开箱过程中，就可以对货物进行统计、检查和对照。《设备装箱清单》已经非常明确地记录了本次设备清单的种类和数量。

2) 货物检查

开箱验货检查是对设备的外观进行初步检查，目的是及时发现在运输过程中造成的设备损坏，通知有关部门及时处理，减少损失，并保留向承运人索赔的依据。检查项目如下：

(1) 从木箱取出机柜后直立于坚实水平地面上，机柜无倾斜。

(2) 机柜外观无凹、凸、划痕、脱皮、起泡及污痕。

(3) 各紧固螺钉无松动、脱落、错位等。

(4) 机柜机框安装槽位完好。

(5) 单板槽位引条无缺损或断裂。

(6) 机柜安装所需的各种配件和附件配套完整。

(7) 安装槽位识别标志完好、清晰、无脱落。

(8) 机柜上汇流条、风扇、安装部位无受伤或变形。

(9) 机柜表面漆无脱落、划伤。

(10) 附件齐套，部件无变形和损坏。

(11) 计算机没有变形。

(12) 保护单板的泡沫没有破裂，单板没有扭曲变形。

（二）设备安装

设备到货并完成开箱验货后，即可开始硬件安装，5G 基站设备的硬件安装内容包括机柜、BBU、AAU、单板、5G 线缆的安装，以及天线方位角测量、天线倾角和天线挂高测量等工作。

1. 5G 基站安装流程

5G 基站安装流程如图 3-37 所示。

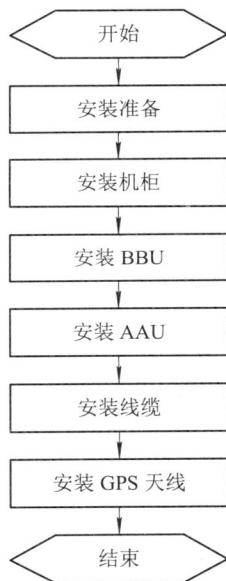

```
          开始
           │
        安装准备
           │
        安装机柜
           │
        安装 BBU
           │
        安装 AAU
           │
        安装线缆
           │
      安装 GPS 天线
           │
          结束
```

图 3-37　5G 基站安装流程图

2. 安装准备

1）安全说明

在进行任何工作之前，请确保已摘除可能影响设备搬运或安装的个人饰品，如项链、戒指等，以保障工作顺畅与安全。同时，务必穿戴完整的个人防护装备，包括安全帽，并时刻留意设备上张贴的安全标识及提醒、警告信息。这些标识在任何情况下都不应被遮盖或移除。

关于操作安全，高空作业人员必须持有相关培训证书及资质，严格遵守当地法律法规与指导原则。电气设备的安装或改造应由具备专业资质的电工执行，以避免不当操作导致的火灾、触电、爆炸等安全隐患。鉴于设备重量，高空作业时务必利用提升装置辅助，以防意外发生。此外，恶劣天气(如雨雾天)应避免在铁塔或高处作业，以防不测。

还需特别注意，高空坠物可造成极其严重的人身伤害，因此严禁在重物下方停留。对于光纤类施工，建议在温度不低于 −20℃ 的环境下进行，以确保施工安全与效率。

2) 环境检查

机房建设的验收要求如下：

(1) 机房的建设工程已全部竣工。

(2) 机房地面每平方米水平差不大于 2 mm。

(3) 机房地面、墙面、顶板、预留的工艺孔洞、沟槽均符合工艺设计要求。

(4) 工艺孔洞通过外墙时，应防止地面水浸入室内。沟槽应采取防潮措施，防止槽内湿度过大。

(5) 所有的暗管、孔洞和地槽盖板间的缝隙应严密，选用材料应能防止变形和裂缝。

(6) 应设有临时堆放安装材料和设备的置物场所。

(7) 机房附近不能有高压电力线、强磁场、强电火花，以及其他威胁机房安全的因素。

3) 设备搬运注意事项

(1) 运输设备时应保留机柜外包装，能起到在运输过程中保护内部设备的作用，有效避免设备表面的擦碰损伤。对于机柜，禁止在拆除机柜包装后，裸机柜运输。

(2) 设备运输到现场拆除外包装后，设备的挪动和临时停放都必须注意保护。例如机柜临时停放时，底部要垫纸箱等缓冲材料，避免与地面和周边物体直接擦、磕、碰。

(3) 站点现场搬运较重设备，如机柜时，首选使用机械进行搬运。吊运机柜时，应注意牵引，避免机柜与其他物体碰撞，导致机柜表面损伤。

(4) 在站点现场搬运条件受限，需要对设备进行搬运时，应提前准备好泡沫塑料、纸板等防护材料，用于对机柜着力点和触碰点进行软隔离防护，避免设备表面的擦碰损伤。

4) 设备安装注意事项

(1) 安装人员在进行设备安装时，一定要注意个人安全，防止触电、砸伤等意外事故的发生。

(2) 安装人员在进行单板插拔等操作时应戴有防静电手环，并确保防静电手环的另一端可靠接地。

(3) 手持单板时，应接触单板边缘部分，避免接触单板线路、元器件、接线头等。注意轻拿轻放，防止手被划伤。

(4) 插入单板时，切勿用力过大，以免板上的插针弄歪。应顺着槽位插入，避免相互平行的单板之间接触引起短路。

(5) 进行光纤的安装、维护等各种操作时，严禁肉眼直视光纤断面或光端机的插口，激光束射入眼球会对眼睛造成严重伤害。

(6) 设备的包装打开后，在 24 小时内必须上电。后期进行维护时，下电时间不能超过 24 小时。

5) 工具准备

安装工程中可能使用到的工具和测试仪器参见表 3-6。

表 3-6　工具和测试仪器准备

项目	工具和测试仪器准备				
丈量划线工具	卷尺		水平尺		记号笔
打孔工具	电动冲击钻		配套钻头若干		吸尘器
紧固工具	螺丝刀	内六角扳手	活动扳手	力矩扳手	筒扳手
钳工工具	嘴钳	斜口钳	老虎钳	液压钳	剥线钳
辅助工具和材料	轮组	绳子	安全帽	防滑手套	梯子
	电源接线板	热吹风机	锉刀	钢锯	毛刷
	美工刀	扎带	防水胶带	绝缘胶带/防紫外线胶带	羊角锤

项 目	工 具 清 单				
专用工具	功能压接钳	网线水晶头 压线钳	同轴电缆剥线器	馈线头刀具	指南针
测试仪器	万用表		驻波比测试仪	地阻测量仪	网线测试仪

3. BBU 安装

根据设计院图纸指定的安装位置，安装 BBU 模块。BBU 模块为基带处理单元，用于与 RRU、AAU、Massive MIMO 连接组成分布式基站，主要负责基带信号处理。基站通过软件配置和更换相应的单板，可以配置为 GSM、UMTS、LTE、Pre5G 和 5G 等单模或多模制式。

安装流程如下(注意：安装过程中需要佩戴防静电手环或防静电手套)：

(1) 用手托住 BBU 机框，将其移至 14U 框架的托架位置，并把 BBU 轻轻推入托架规划安装位置。

(2) 用 BBU 机框面板自带的 M6 螺钉，将 BBU 机框紧固在 14U 框架上。此时要注意由于托架靠前，容易滑出导轨，在机框面板螺钉未安装前，请勿将机框脱手，如图 3-38 所示。

图 3-38 安装 BBU 模块

(3) 线缆安装。线缆安装前须已佩戴防静电手环，并确认已切断供电支路输出，并且务必遵循线缆连接顺序，首先连接接地线，其次连接光纤，再次连接 GPS 射频线，最后连接电源线，通过这样的方式才能保障施工安全和设备安全。图 3-39 为机柜线缆连接示意图。

1—光纤；2—接地线；3—电源线缆；4—GPS 射频线缆。

图 3-39　线缆连接示意图

4. AAU 安装

AAU 安装也需要遵循精确的技术规范，以确保信号的稳定传输和数据的准确处理。在安装过程中，还应注意设备的散热和接地问题，以保障设备的长期稳定运行。

AAU 推荐安装空间要求如图 3-40 所示。

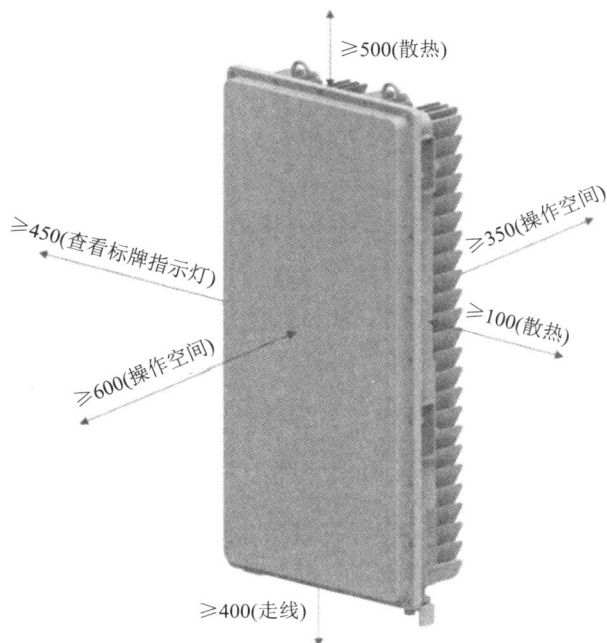

图 3-40　最小安装空间要求(单位：mm)

AAU 安装采用抱杆下倾安装时，抱杆的直径范围应满足 60～120 mm，抱杆壁厚不小于 4 mm。

AAU 安装时也需要按照相应安全和技术规范要求，完成接地线、BBU 基带板的光纤和电源线缆的安装。

七、5G 基站的调试

5G 基站的调试是一项复杂而精细的工作，它涉及多个环节和步骤，以确保基站能够正常运行并提供高质量的 5G 网络服务。以下是对 5G 基站调试过程的详细阐述。

(一) 参数配置

5G 基站建设安装完成后，需要对建设安装完成后的基站进行数据配置和开通。5G 基站数据配置包括配置全局数据、设备数据、传输数据和无线数据，完成数据配置后即可进行数据同步生效。主要包括以下参数：

- PLMN：公共陆地移动(通信)网络

  组成：PLMN = MCC + MNC。

- PCI：物理小区 ID

  取值范围为 0～1007。

  计算公式为：PCI = PSS + 3 × SSS(PSS 取值范围为 0～2，SSS 取值范围为 0～335)。

- SCTP 本端端口号/远端端口号：SCTP 协议端口号。

NG 口常用端口号为 38412，Xn 口常用端口号为 38422。

- 中心频点：小区使用的频点，用于确定小区的中心频率。
- 频点带宽

  小区带宽：低频 FR1 最高支持 100M，高频 FR2 最高支持 400M。目前现网主流配置为子载波间隔 30 kHz，带宽 100 MHz，实际配置需根据场景选择。

- 每 10 ms 下行资源占比：下行在整个无线帧中所占的比例，与帧结构和符号配比有关。

- TAC 跟踪区：由 AMF 分配，若干个小区组成一个 TAC，是寻呼的基本范围。
- 小区标识

  取值范围为 0～255。一个基站中的小区 ID 不重复，由集团统一规划。

(二) 系统调测

5G 基站数据配置完成后，需要对 5G 基站进行业务调测，验证 5G 基站的工作性能是否正常，主要包括无线信号、数据传输、稳定性测试。

1. 无线信号测试

在完成设备安装和参数配置后，需要对无线信号进行测试。这包括信号的覆盖范围、强度、质量等方面的测试，以确保信号能够满足业务需求和覆盖要求。测试过程中可能需要调整天线角度、优化射频参数等操作来改善信号质量。

2. 数据传输测试

数据传输测试旨在验证基站的数据传输能力和稳定性。通过模拟实际业务场景，对基站进行数据传输测试，包括上下行速率、时延、丢包率等指标的测试。这些测试有助于发现并解决潜在的数据传输问题，确保基站能够满足业务需求。

3. 稳定性测试

稳定性测试是评估基站长期运行稳定性的重要环节。通过长时间运行测试、压力测试等手段，模拟基站在实际运行环境中可能遇到的各种情况，以验证其稳定性和可靠性。在测试过程中，需要密切关注设备的运行状态、性能指标以及故障处理能力等方面。

总之，5G基站的安装与调试过程涉及多个复杂环节，需要专业技术人员严格按照技术要求和操作流程进行。通过设备安装、参数配置和系统调试等步骤，确保5G基站能够正常工作并满足业务需求，为5G网络的稳定运行提供坚实基础。同时，随着5G技术的不断发展和演进，基站的安装与调试过程也将不断优化和完善，以适应未来更加复杂多变的网络环境和业务需求。

任务4　5G网络优化

5G网络优化

我国的通信事业在近几十年间实现了令人瞩目的跨越式发展。截至2021年11月，我国已建成5G基站超过115万个，占全球70%以上，是全球规模最大、技术最先进的5G独立组网网络。为了提供更好的服务，网络在运行过程中需要不断优化。5G网络优化是一个复杂而持续的过程，涉及网络性能监测、问题诊断与解决策略、网络维护与升级等多个维度。通过全面的网络性能监测，能够及时发现并解决潜在问题；通过准确的问题诊断和有效的解决策略，能够迅速恢复并提升网络性能；通过定期的网络维护与及时的网络升级，能够确保5G网络持续稳定运行并不断提升性能。因此，在5G网络建设和运营过程中，网络优化工作至关重要，需要高度重视并持续投入资源。

一、网络性能监测

网络性能监测在5G网络优化中占据着举足轻重的地位。通过对网络运行状态和性能的实时监控，可以迅速发现并解决潜在问题，从而确保网络的高效、稳定运行。以下将详细探讨5G网络性能监测的各个方面。

（一）监测指标的重要性及种类

监测指标是评估5G网络性能的重要依据。通过对关键指标的持续跟踪和分析，可以全面了解网络的健康状况，及时发现并处理性能瓶颈和潜在问题。5G网络性能监测涉及多个核心指标，每个指标都从不同的角度反映了网络的性能状况。

1. 吞吐量

吞吐量是衡量网络数据传输能力的重要指标，它表示单位时间内网络能够处理的数据量。在 5G 网络中，由于数据传输速度的显著提升，吞吐量的监测尤为重要。通过监测吞吐量，可以了解网络在不同时间段的数据处理能力，从而优化数据传输策略。

2. 延迟

延迟是指数据从发送端到接收端所需的时间。在 5G 网络中，低延迟是实现实时通信和快速响应的关键。因此，对延迟的监测对于确保网络性能至关重要。通过实时监测延迟，可以及时发现网络中的延迟问题，并采取相应的优化措施。

3. 丢包率

丢包率是指在数据传输过程中丢失的数据包比例。在 5G 网络中，高丢包率可能导致数据传输的不稳定和低效。因此，对丢包率的监测有助于发现网络中的数据传输问题，进而提升网络的稳定性和可靠性。

4. 带宽

带宽利用率反映了网络带宽的使用情况。在 5G 网络中，随着各种高带宽应用的不断增加，带宽利用率的监测变得尤为重要。通过监测带宽利用率，可以合理分配网络资源，避免网络拥堵和资源浪费。

5. 信号强度和信噪比

信号强度和信噪比是衡量无线通信质量的关键指标。在 5G 网络中，由于采用了更高的频率和更复杂的调制方式，信号强度和信噪比的监测对于确保通信质量具有重要意义。通过实时监测这些指标，可以及时调整网络参数，优化无线通信效果。

(二) 监测工具的选择与使用

为了有效地进行 5G 网络性能监测，需要选择合适的监测工具。专业的网络监测工具可以帮助我们实时或定期地收集并分析网络性能数据。

例如，性能监控软件能够实时监测网络的各项性能指标，如吞吐量、延迟、丢包率等。它们通常提供直观的图形界面，方便管理员快速了解网络的当前状态和历史趋势。

网络分析仪则是一种专业的硬件设备，用于捕获和分析网络中的数据流量。通过对网络分析仪的数据进行深入分析，可以发现网络中的异常流量和潜在问题。

在使用这些监测工具时，需要注意以下几点：首先，要确保工具的准确性和可靠性；其次，要定期对工具进行更新和维护，以适应不断变化的网络环境；最后，要结合实际情况选择合适的工具组合，以实现全面的网络性能监测。

(三) 数据分析与应用

收集到的监测数据需要经过深入的分析才能转化为有用的信息。数据分析的目的是识别性能瓶颈和潜在问题，并为后续的优化工作提供依据。

首先要进行数据预处理，即对原始数据进行清洗和整理，去除异常值和噪声数据，确保数据的准确性和一致性。

其次可以采用统计分析、趋势分析、关联分析等多种方法对数据进行分析。例如，通过统计分析可以了解各项性能指标的平均值、标准差等统计特征；通过趋势分析可以预测网络性能的未来走势；通过关联分析可以发现不同指标之间的内在联系和影响因素。

最后则可以根据数据分析的结果制定相应的优化策略。例如，如果发现某个区域的延迟过高，可以考虑增加基站数量或优化网络拓扑结构；如果发现带宽利用率过低，可以考虑调整资源分配策略或推广高带宽应用等。

综上所述，5G网络性能监测是确保网络高效、稳定运行的关键环节。通过选择合适的监测工具、制定科学的监测方案以及进行深入的数据分析，我们可以全面了解网络的性能状况并采取相应的优化措施。随着5G技术的不断发展和应用场景的不断拓展，网络性能监测将发挥越来越重要的作用。

二、5G网络优化流程与技术策略

在5G网络的优化过程中，问题诊断与提出解决策略构成了提升网络性能和用户体验的关键环节。通过精确识别网络中的问题并采取相应的解决措施，可以显著提高网络质量。

(一) 网络规划

网络必须满足实际用户业务容量需求和覆盖面积的需求，容量规划时需要通过容量计算和覆盖计算两个维度计算所需基站数量，实际基站数量需同时满足容量和覆盖需求。

一方面，网络容量必须满足用户业务容量需求，根据用户实际所需业务量大小，结合网络规划数据，依据5G相关参数计算方法计算出满足用户所需业务量大小的站点数量。

另一方面，网络必须满足用户业务覆盖需求，根据用户实际所需覆盖范围面积，结合网络规划数据，依据5G相关参数计算方法计算出满足用户覆盖范围要求的所需站点数量。

(二) 数据采集

5G网络信息采集，是5G网络规划和优化工作必要的前置准备环节，是网络规划和优化的基础。5G网络信息采集包括5G基站的室内环境信息采集、室外环境信息采集和客户投诉信息采集的过程和反馈。

1. 5G基站的室内环境信息采集

无线网络是由许多无线站点组成的，无线网络要正常服务，需要每个无线站点和站点内所有相关设备都正常运行。这不仅要求基站无线设备正常运行，同时站点机房内的配套设施，如供电、照明、通风、温控、接地等状态也必须正常。网优工程师在开始网络优化工作之前，需要准确获取站点相关信息，比如机房地理信息、电源、传输、设备安装类型等，并记录下来，再综合网络情况，提出合适的、可实施的网优解决方案，以提升网络性能。

基站室内需要采集的信息主要包括基站站址及相关地理信息、基站室内信息、基站安装信息、基站设备信息、电源和传输机房配套设施信息以及组网情况等。通过实地勘察采集这些信息，为后期网络问题的分析、定位、优化等操作提供参考和依据。

室内环境信息采集工作包括以下内容：

(1) 收集记录。根据测量工具准确采集信息，对比核实，并认真填写表格，做好记录。

(2) 拍照。除了信息采集报告要求的照片以外，应尽可能多方位地拍摄站点或周边环境照片，并记录拍照顺序，方便以后查验。

(3) 核查。信息采集完成后，在离开现场之前应核实记录表，保证记录的完整性，查漏补缺。

2. 5G 基站的室外环境信息采集

无线网络要做到更好的覆盖，不仅需要室内主设备及配套设备运行正常，同时也要考虑室外等环境因素，如覆盖区域的地形地貌、环境信息、人口分布、其他异频无线系统等。网络优化工作应首先实地察看站址，采集站点室外各种信息(如机房地理信息、电磁背景等)并记录下来，再综合考虑业务模型、人口覆盖、地形地貌、天馈特性等信息，提出合适的可实施的网优方案，从而有针对性地提升无线网络性能。

1) 天面信息采集应注意的要点

在进行天面信息采集时，首要任务是精确记录站点室外天线设备的经纬度，并立即对GPS 显示的数值进行拍照留档。随后，确定天线抱杆的最佳安装位置，并站在楼房边缘，每45°角拍摄一张环境照片，共计 8 张，以确保全方位捕捉周围环境。接下来，详细测定天馈设备的挂高、方向角、下倾角等关键参数，并评估其对覆盖目标的距离影响。

为全面反映站点天面的实际情况，需站在天面的四个角落拍摄照片，确保无死角覆盖。若天面面积较大，还需额外站在天面中央，对四周进行补充拍摄，并对计划安装抱杆的具体位置进行重点拍摄，以便后续施工参考。

此外，绘制天面草图是一项重要工作，要求草图上的尺寸标注准确无误，详细记录并测量天面周边可能影响天线布局的所有物件。草图内容应详尽无遗，能够清晰展现楼宇天面的所有元素。若天面上存在共站天线或其他运营商的设备，务必对其天线位置、设备挂高、走线布局等进行详细拍摄记录，并在草图上明确标注，以便后续规划协调。

最后，完成信息采集后，必须在离开现场前仔细核查记录表，确保所有信息记录完整无误，及时发现并补充遗漏信息，为后续工作奠定坚实基础。

2) 关注基站周围地形、地貌和环境信息

地形地貌，作为地表形态的多样展现，涵盖了高原的辽阔、山地的峻峭、平原的广袤、丘陵的起伏以及盆地的低洼，这些自然特征在基站选址与后期网络优化中扮演着至关重要的角色。基站所处的地形地貌及其周围环境，不仅直接决定了信号覆盖的广度和深度，还是优化天线方位角、下倾角等参数的重要参考依据。因此，在信息采集阶段，我们必须对基站周边的地形地貌进行详尽记录，以便为后续工作提供坚实的数据支持。

在优化网络性能时，地形地貌信息成为我们调整天线策略、解决外部干扰问题的关键。例如，通过分析地貌特征，我们可以更有效地定位并解决语音质量不佳、用户接入困

难及吞吐率提升等问题。具体而言，我们需细致观察基站机房及其天线室外的环境，全面记录地貌等环境信息，以评估其对信号传播的影响。

此外，还需特别关注基站周围是否存在高大障碍物，这些障碍物可能对信号造成阻挡。即便存在阻挡，我们也需确保阻挡夹角控制在合理范围内，以免影响信号覆盖效果。同时，基站选址应避免选择过高或过低的楼房，以确保信号覆盖的均衡性。对于特殊地形如树林、高山或孤立高楼，则需根据具体情况审慎评估其对信号覆盖的影响。

在区域选择上，我们需考虑基站所处区域的人口密度、地形特点等因素。无论是繁华城区还是地广人稀的平原、海域、盆地，或是地势平缓的风景休闲区，都需根据实际情况制定相应的覆盖策略。对于高速公路、铁路等带状分布区域，则需加强定向覆盖效果，以满足移动中的用户需求。

最后，在基站站址分布上，我们应遵循蜂窝结构的标准，确保站址分布与理想结构的偏差控制在合理范围内，以实现最佳的网络覆盖效果。尤其是在密集覆盖区域，更需严格控制站址分布，以提升网络的整体性能。

3) 基站覆盖区域人口分布信息

基站覆盖区域，按地理位置一般可分为密集城区、一般城区、郊区、农村、交通干道、重要旅游区等，通过获取基站覆盖区域掌握基站覆盖区域的人口分布、人口流动特点，为网络优化提供业务模型、系统容量、参数优化等参考依据。

4) 常见异频系统频段使用情况

基站覆盖区域异频系统等其他电磁环境系统，对 5G 无线网络会有影响，在进行网络优化前，应在现场测试调查，防止与其他异频系统造成频率干扰。需注意以下情况：① 基站周围是否有大功率无线电台、雷达站、卫星地面站等强干扰源；② 与异频系统共址时，天面上是否有足够的垂直隔离空间；③ 同一覆盖区域同一运营商其他 2G、3G、4G 网络部署情况；④ 同一覆盖区域不同运营商 2G、3G、4G 网络覆盖情况。

3. 客户投诉信息采集

客户投诉信息采集包括应答客户投诉电话、确定客户投诉问题、记录客户投诉问题、现场采集确认用户投诉信息等内容。

1) 应答客户投诉电话

在电话联系客户时要求如下：主动表明身份，拨通电话听到客户应答后以"您好，我是移动(电信、联通)公司网络投诉处理人员，您在×月×日反映的××网络问题由我来负责为您处理"开始；根据客户的语言习惯，正确使用普通话或方言；了解客户投诉信息，按照"请问可否占用您一点时间，了解一下具体情况？"的口径征求客户意见，客户同意后再继续询问；与客户交谈时应注意服务礼节，宜多用"您""请问""麻烦您""谢谢配合""谢谢理解"等礼貌用语；应答客户投诉电话的过程要全程录音。

2) 确定客户投诉问题

确定客户投诉问题是指根据客户投诉问题，分类别进行问题解释。投诉问题主要可分为三类——非网络问题、已知网络问题和未知问题。

(1) 非网络问题。如果远程判断是终端操作、SIM 卡等非网络问题，可远程指导客户进行终端重启、换机换卡、开通 VoNR 等操作。话术规范参考：您好，经查询您所在区域的网络正常，您反映的问题经初步判断是由于××问题引起的，建议您重启(换机换卡等)后继续观察使用。如再有其他问题可直接联系我处，我们将尽全力为您解决问题，谢谢！

(2) 已知网络问题。若确定客户投诉为已知网络问题，且问题已在处理中，需远程告知网络问题原因及解决时限。话术规范参考：您反映的问题是由于附近(××)基站突发故障，影响通话/上网业务，我处已派技术人员到现场处理，在此期间给您带来不便请谅解，问题预计于××时间恢复，故障处理完成后我处人员会第一时间与您联系确认结果。

(3) 未知问题。针对远程无法定位的客户感知劣化原因，需与客户预约时间，进行现场测试和处理。话术规范参考：给您带来的不便我们深表歉意，您反映的问题我处已详细记录，我们将安排专人到现场进行测试处理，请您保持电话畅通，现场处理工作人员稍后将与您联系确认上门处理时间。

3) 记录客户投诉问题

联系客户时，需详细准确记录客户网络问题现象，关键点为网络问题发生地点、时间、感知情况描述等。

4) 现场采集确认用户投诉信息

收到用户投诉后，应该去现场进行网络核查，确认问题。现场网络优化人员在进行现场网络测试时，要结合投诉地点实际情况，参考投诉点周围无线环境，进行全面的、详尽的测试。

在投诉现场测试前，要先了解投诉点周围无线环境，观察投诉地点周围是否有高层阻挡、是否有室内分布(室内投诉)、是否有可能产生强电磁场干扰的企业、是否有军事机构和政要机关。在现场拨打测试过程中，现场投诉处理人员要拿起测试手机，听通话效果，检查是否有杂音、语音断续、语音模糊、单通(主叫听不到被叫声音、被叫听不到主叫声音)；观察视频播放是否流畅，视频是否存在较长时间缓冲，打开主流网页是否存在延迟等现象，并对出现的语音和数据业务问题详细地进行记录。

现场投诉处理核查时，应以客户诉求为先，遇到问题积极与客户进行沟通，协商解决。现场核实共分为以下步骤：现场测试之前需预约，采集之前需准备，现场核实操作规范，测试结果告知。

接到现场处理需求后，现场投诉处理人员在 2 小时内电话联系客户(原则上不在休息时段联系客户)进行上门处理时间预约，客户如未接电话，需发短信预约(如：尊敬的客户，针对您前期反应的网络问题，我公司将安排工作人员为您进行上门测试服务，但由于您电话无人接听，我们无法确认上门时间，若您看到短信时故障仍未恢复，请及时与号码×××××××××××进行联系，我们将安排工作人员为您服务)。

此外，现场数据采集人员应带齐相关测试器材、工具等装备；仔细检查和确认设备齐全、电量充足且能正常使用；工具箱包应便于携带、整洁，工具配备齐全。

(三) 网络测试

网络测试是检查网络问题的最基本的手段，主要有路测(Drive Test，DT)和呼叫质量测试(Call Quality Test，CQT)两种方式。DT 和 CQT 是通信网络中处理和分析问题的重要手段。

1. 路测(DT)

路测是在行驶中的测试车上借助专门的测试设备来对移动台的通信状态、收发信令和各项性能参数进行记录的一种测试方法。

路测能够反映网络的性能和运行状态。在测试开始前应设计好测试路线，使得测试结果能够尽量准确地反映网络实际情况。

路测线路可以选择一条或者多条，一般遵循以下原则：① 经过尽可能多的基站，同时覆盖网络区域的主要道路，由于测试路线具有方向性，测试时应沿相同方向进行，并在主要道路上进行来回两个方向的测试；② 在测试路线上车辆应以不同的速度行驶；③ 覆盖不同的电波传播环境；④ 穿越小区间的切换区域；⑤ 覆盖用户投诉较多的区域。(注意：测试前需确认所有测试设备均已连接完成。)

2. 呼叫质量测试(CQT)

呼叫质量测试主要用来检验网络性能，往往在正式测试之前会对测试结果有一个明确的要求。CQT 是指针对预先定义的重点区域进行拨打测试，感受实际业务情况，根据相应的验收标准对业务接通率、掉线率、语音质量等多项指标进行考核。

CQT 分为室内室外两种场景。对于室外站点，需要获取待测试站点列表和工程参数，确定站点运行正常无告警，在每个扇区下进行业务拨打测试；室内站点的 CQT 需要提前获取站点信息、PRRU 在楼层内部分布地图，确定站点运行正常无告警后，在各个楼层内部按照天线分布位置进行打点业务测试。

CQT 的测试要求包括以下内容：

1) 测试时间要求

CQT 时间段选择非节假日的周一到周五，每日的 9:00～21:00 时段。

2) 测试地点要求

CQT 主要考虑选择以下场景：交通枢纽场景，如飞机场、火车站和长途汽车站；商业区域场景，如商场、超市、宾馆、写字楼和酒店等；娱乐场所；居民区；旅游景点以及客户指定的测试地点。

3) 新建基站的要求

对于新建基站的 CQT，一般每个扇区要满足近点(-70 dBm)、中点(-90 dBm)、远点(-105 dBm)的测试要求。

4) 测试人员和设备要求

根据 CQT 区域场景规模安排人员和测试设备。一般大型场馆区域安排 3～5 组测试人员，中小型规模场景安排 1～2 组测试人员。每组人员携带 2 部 CQT 手机和测试用 SIM 卡，作为主被叫测试终端设备。

5) 现场测试工作要求

对于室外宏站语音业务测试情况，在同一测试点采用两部测试手机之间互相拨测的形式评估语言呼叫质量。在每个测试点要求做主被叫各 10 次，每次通话时长不低于 30 s，呼叫间隔为 15 s 左右。如出现未接通现象，在 15 s 后重新拨打。

对于室内点，要求在人员密集的地方拨打，包括大堂、餐厅、娱乐购物场所、电梯、地下停车场、商务楼层、客房等公共场所。对于有电梯的场所，需要进行电梯内测试，并记录标注。对于多层建筑，要求在底层(含地下停车场)、中层和高层三部分进行测试。拨测的位置应在测试区域内合理分布，避免在一个位置进行多次拨测。电梯和地下室要保证至少一次拨测。

对于景点，应在主要景区和游客接待区域进行拨测，记录语言测试过程中主被叫的话音质量情况，如断续、背景噪声、单通、回声和串话情况。

对于数据业务测试部分，可以和语音测试同时进行，每个测试点需要完成网页访问速度和时延测试、FTP 上传和下载速率测试、PING 包测试等数据业务测试。

(四) 端到端优化

端到端优化是全网性能提升的基础，基于网络测试发现的问题，从覆盖、切换、时延、速率、容量、掉线六个方面进行端到端优化。

1. 覆盖优化

5G NR(New Radio，新空口)覆盖优化是网络业务和性能的基石。通过开展无线网络覆盖优化工作，可以使网络覆盖范围更合理、覆盖水平更高、干扰水平更低，为业务应用和性能提升提供重要保障。无线网络覆盖优化工作伴随实验网建设、预商用网络建设、工程优化、日常运维优化、专项优化等各个网络发展阶段，是网络优化工作的主要组成部分。

5G NR 覆盖优化主要消除网络中存在的四种问题：覆盖空洞、弱覆盖、越区覆盖和导频污染。覆盖空洞可以归入弱覆盖中，越区覆盖和导频污染都可以归为交叉覆盖，所以，从现场可实施角度来讲，覆盖优化主要有两个内容：消除弱覆盖和交叉覆盖。

5G NR 网络覆盖主要基于同步信号(SS-RSRP 和 SS-SINR)或 CSIRS 信号(CSI-RSRP 和 CSI-SINR)进行测量，当前阶段主要采用 SS-RSRP 和 SS-SINR 进行覆盖评估。

2. 切换优化

切换是指终端从一个小区或信道变更到另外一个小区或信道时，业务能继续进行。切换过程由终端、接入网、核心网共同完成。

5G 的切换优化整体上继承了 4G 的优化策略，但由于存在 SA 和 NSA 两种组网方式而略有不同。切换优化是移动网络业务连续性的基础保障，合理而及时的切换可以有效保障用户感知，防止出现掉线等引发投诉的现象，在网络优化中有非常重要的意义。

3. 时延优化

端到端时延是衡量 5G 基站服务质量与用户体验的核心指标。这一指标直接关联着数据包从发送端产生到接收端准确无误接收的全过程。根据业务特性的不同，端到端时延细分为单程时延与回程时延两大类别：单程时延聚焦于数据包穿越无线网络直达另一接收端的效率，回程时延则涵盖了数据包从发送端出发，经目标服务器处理并返回应答数据包，直至发送端确认接收的全过程。

5G 网络在智能制造、自动驾驶、远程医疗等六大垂直行业有着广泛应用，这些行业对时延的要求普遍设定在 20 ms 以内，远远低于 4G 网络所能提供的 50 ms 时延水平，这一差距凸显了 5G 在时延优化上的必要性与紧迫性。

因此，针对 5G 基站的时延优化成了一个关键课题。这要求我们从网络侧深入剖析各个环节时延产生的根本原因，包括但不限于无线传输效率、核心网处理速度、数据传输协议的效率以及服务器响应时间等。可以采用更高效的无线传输技术、优化核心网架构、精简数据处理流程以及提升服务器性能等措施，全面系统地降低端到端时延，确保 5G 网络稳定满足各行业对低时延、高可靠性的需求，从而推动 5G 技术的广泛应用与深入发展。

4. 速率优化

5G 网络对数据速率提出了更高的指标要求，例如，峰值速率 20 Gb/s，用户体验速率可高达 1 Gb/s，是 4G 网络条件下的 10～100 倍。5G NR 用户速率受到多方面因素的影响。

移动用户的速率通常用吞吐率(Throughput)来表示，分为上行和下行速率。以下行吞吐率为例，该指标可以简称为下行速率。下行峰值速率是在一定的资源配置条件下测得的，可以简单表示为

$$下行峰值速率 = \frac{下行数据量}{数据传送时间}$$

5G 系统中采用大规模天线系统，通常用多天线进行收发。因此，一定时间段内所传送的数据量除了受载波数以及时域和频域资源限定外，也受空域资源配置的影响。

业务速率低的问题，可以分解为服务器及传输问题、测试电脑机终端问题、无线环境问题以及基站相关参数设置问题。

速率问题排查流程如下：通过业务测试确认小区速率是否较低；通过告警分析核查小区是否存在影响业务的告警，如果存在异常告警，则按照告警提示解决影响业务的告警；通过查看上下行 RSRP 和 SINR，或使用网管频谱分析，判断小区或 UE 测试区域是否存在较强干扰或弱覆盖，如果存在，则通过干扰解决、找点、调整小区发射功率等手段改善 UE 无线环境；通过参数核查确认问题小区无线参数是否设置正确，如有问题，则应按照现场实际组网配置和峰值流量测试配置要求修改对应无线参数；通过核查、询问等方式确认测试环境是否满足峰值流量测试要求，如有问题，则根据核查结果协调局方或核心网侧配合解决问题。

如果经过以上处理步骤后，故障仍然无法解决，则采集故障信息并上报给专家团队进行分析。

5. 容量优化

容量一般指系统可容纳的用户数量和系统数据的吞吐量。用户接入数量和无线资源控制(Radio Resource Control，RRC)是信令指标，与系统带宽资源有关。

随着 5G 网络的发展和用户数量的快速增长，热点区域的小区负荷也逐渐升高。用户的不均匀分布导致部分小区出现高负荷情况，均匀覆盖和单载波已经不能满足用户的需求，小区间覆盖调整和双载波部署变得越来越重要，急需通过覆盖调整、参数优化、负荷均衡、资源扩容等方式来提升热点区域小区的网络容量。

6. 掉线优化

在无线通信系统中，掉线率是非常关键的指标，它可以被终端用户直接感知从而影响用户的使用感受。

掉线是指用户在接入网络并完成 RRC 连接后，由于干扰、覆盖问题、邻区问题、策略与计费规则功能(Policy and Charging Rules Function，PCRF)配置或其他原因导致上下行失步，触发重建立请求但重建立失败或者重建立被拒绝，或未触发重建立请求直接释放至 IDLE 态的过程。可简单理解为，只要不是终端主动发起的释放都应该算为掉线。掉线问题排查流程如下：

1) 检查掉线相关站点是否有告警

先检查掉线位置相关站点是否有告警。重点检查是否有硬件告警(如 AAU 链路断、电源断、光模块不可用)、软件告警、传输相关告警、Xn/NG 链路断告警，这些都可能引起掉线问题。如果存在此类告警，需要首先处理。

2) 检查是否存在传输丢包

在切换过程中，涉及 Xn 或 NG 接口，信令或数据交互需要通过 Xn 接口进行传输。因此，需要同时核查 Xn 和 NG 接口传输是否存在丢包、时延较大或时延抖动较大等问题。若存在，则需联系传输侧进行排查，解决传输问题。

3) 排查终端问题

由于目前 SA 终端成熟度不高，因此，可以通过升级到最新版本验证是否存在掉线问题，若仍存在掉线问题，则更换不同品牌终端，验证是否只是特定品牌终端存在该问题。该流程主要排查终端异常导致的掉线问题。

4) 核查 Baseline 参数

发生掉线后，在进行参数排查时，首先对系统自带的 Baseline 参数进行核查。若存在未对齐参数，先对齐参数，再进行复测，保证参数与 Baseline 设置一致。

5) 解决弱覆盖及信号质量较差问题

查看前台信令，若发现 RSRP、SINR 较差(一般 RSRP 小于 -110 dBm，SINR 小于 -5 dB 容易发生掉线)，则需进行 RF 优化，解决弱覆盖及信号质量较差的问题。

6) 解决邻区漏配问题

查看前台信令，若终端一直上报测量报告，但一直未收到切换重配命令，首先怀疑是否存在邻区漏配。核查后台邻区配置，确认是否已配置邻区，若已配置邻区，按照 SA 切换指导书核查切换参数设置是否正确。

7) 解决切换不及时问题

终端切换不及时容易导致掉线。从前台表现来看，终端上报测量报告后未收到基站发送的切换重配命令，而查看后台信令，基站已发送切换重配命令。查看此时源小区的 RSRP/SINR 是否非常差，若是，则为切换不及时。可通过修改邻区 CIO 参数加快切换流程触发。

8) 解决切换过早问题

在街道拐角经常出现切换过早问题。前台信令表现为，终端上报 MR 后，收到了基站发送的切换重配且终端已回复重配完成，但后台信令中目标小区未收到重配完成。查看此时目标小区 RSRP/SINR 是否非常差，若是，则表示切换过早或目标小区存在越区覆盖问题。可通过 RF 优化或修改 CIO 延缓切换流程触发。

9) 解决 PCI 冲突问题

在切换流程中，若存在同频同 PCI 问题，则会导致目标小区无法收到切换重配完成消息，从而导致切换失败，引发掉线。需确保邻区中不存在同频同 PCI 问题，若存在，则需要对 PCI 进行优化。

(五) 全网性能提升

全网性能提升是基于全局所有站点进行优化。通常首先通过查看网络性能指标定位问题，确认存在的问题类型，比如是接入类、移动类、保持类还是资源类等指标有问题；其次，通过分析问题、处理告警、修改所有站点和问题指标相关的配置参数来处理问题；最后，进行优化验证查看性能指标是否有改善、是否已达标。

三、网络维护与升级

随着 5G 技术的广泛应用，确保网络的持续稳定与性能卓越成为核心挑战。5G 网络的维护与升级策略应运而生，其涵盖了两个关键环节：一是细致的日常维护，即通过定期检查与调整，确保网络运行在最佳状态；二是前瞻性的网络升级，即紧跟技术发展趋势，不断提升网络容量、速度与安全性。两者共同为 5G 网络的持续领先保驾护航。

(一) 日常维护

日常维护是保持 5G 网络稳定运行的基础，它涉及多个环节和细致的工作内容，如定期检查与维护、软件升级与补丁管理等。

1. 定期检查与维护

为了确保 5G 网络能够持续高效运行，对其关键组件实施定期的检查与维护是至关重要的。这一过程涵盖了基站设备、传输线路以及电源系统等核心要素。

首先，针对基站设备，需定期进行全面检查，包括收发信机、功放、合路器、双工器等关键设备。这些设备的正常运行是保障 5G 网络稳定传输的基础。通过细致的检查，可以及时发现并解决潜在问题，确保基站设备的最佳性能。

其次，传输线路作为连接基站与核心网的重要桥梁，其完整性和性能直接影响到网络的稳定性和效率。因此，必须定期对传输线路进行检查，防止因线路故障导致的网络中断或性能下降。

此外,电源系统的稳定性也是不可忽视的一环。它直接关系到基站设备的运行状况。为了确保电源系统能够为基站提供稳定、可靠的电力供应,需要定期检查电源设备的运行状态,包括供电效率、安全性能等方面。

2. 软件升级与补丁管理

在 5G 网络的维护与升级中,软件作为其核心驱动力,其持续升级与高效的补丁管理机制显得尤为重要。随着科技的日新月异,基站软件面临着不断适应新技术标准与满足新兴业务需求的挑战。因此,实施定期的软件升级策略,旨在确保 5G 网络能够紧跟技术前沿,保持其先进性与广泛的兼容性,从而为用户提供更加高效、稳定的通信体验。

与此同时,鉴于网络安全环境的复杂性,针对已发现的软件漏洞及潜在安全威胁,及时采取补丁管理措施是保障网络安全的必要手段。这一过程涉及对软件缺陷的快速响应,通过部署针对性的补丁修复方案,有效遏制安全风险,防止未授权访问、数据泄露等安全事件的发生,进而保障 5G 网络的稳定运行与数据的绝对安全。

(二) 网络升级

在 5G 技术持续演进与用户需求蓬勃增长的背景下,网络升级跃然成为强化网络效能、精准对接用户期待的核心策略。这一进程涵盖了多维度的变革,如实施容量扩增策略以拓宽网络承载能力,引入前沿技术更新以保持网络领先地位,以及践行绿色通信理念以促进网络的可持续发展。

1. 5G 网络的容量扩展战略

随着 5G 技术的广泛应用,对 5G 网络进行容量扩展已成为不可或缺的一环。为实现这一目标,一系列战略举措正被逐步实施。首先,聚焦于热点区域与人口密集地带,通过合理增加基站数量,不仅显著增强了网络的覆盖密度,还极大提升了网络的整体容量,确保更多用户能够享受到流畅无阻的 5G 服务。同时,对基站布局进行精细化优化,并结合提升天线高度等创新手段,有效拓宽了 5G 网络的覆盖范围,使得偏远地区也能接入高质量的网络服务。此外,积极引入光纤传输、微波传输等前沿传输设备与技术,不仅提升了数据传输的效率与稳定性,还进一步增强了网络的承载能力,为 5G 网络的未来发展奠定了坚实基础。

2. 5G 网络的技术更新浪潮

为了保持 5G 网络的领先地位,紧跟技术发展的最新趋势,持续的技术更新成为关键。其中,Massive MIMO(大规模多输入多输出)技术的引入,犹如为 5G 网络插上了翅膀,显著提升了网络的吞吐量和频谱效率,使得数据传输速度更快、更稳定,为用户带来了前所未有的使用体验。而在人口密集区域,超密集组网技术的应用则成为另一大亮点,它不仅有效增加了网络容量,还进一步扩大了覆盖范围,让用户在任何时间、任何地点都能享受到优质的 5G 服务。这些技术更新不仅彰显了 5G 网络的先进性,更为其未来的广泛应用与深入发展注入了强大动力。

3. 绿色通信：5G网络的可持续发展之路

在追求5G网络高效运行的同时，我们也应深刻意识到绿色通信的重要性。为实现网络的可持续发展，一系列绿色通信技术正被积极推广与应用。通过智能功率控制技术的运用，基站能够根据实时需求动态调整发射功率，既保证了网络的覆盖与质量，又有效降低了能耗。此外，选择具有高效能耗比的设备和技术，如低功耗芯片、优化散热设计等，也成为降低基站能耗、减少运行成本的重要途径。这些绿色通信技术的实施，不仅有助于缓解能源压力、保护环境，还进一步提升了5G网络的经济性与社会效益，为构建绿色、低碳的数字社会贡献了重要力量。

总之，5G网络优化是一个复杂而持续的过程，涉及网络性能监测、问题诊断与解决策略、网络维护与升级等多个维度。通过全面的网络性能监测，能够及时发现并解决潜在问题；通过准确的问题诊断和有效的解决策略，能够迅速恢复并提升网络性能；通过定期的网络维护与及时的网络升级，能够确保5G网络持续稳定运行并不断提升性能。因此，在5G网络建设和运营过程中，网络优化工作至关重要，需要高度重视并持续投入资源。

思考与练习

1. 以下哪一项最准确地描述了早期移动通信(1G)在通信技术史上的地位？（　　）

A. 它是通信技术史上的终点，标志着信息传递的终结

B. 它是通信技术史上的一次飞跃，开启了模拟时代的先河

C. 与后续通信技术相比，它没有任何历史意义或影响

D. 它只是通信技术发展过程中的一个短暂过渡，没有深远影响

2. 移动通信网络的基本架构主要由哪三部分组成？（　　）

A. 发射塔、传输线和数据中心　　　　B. 基站、核心网和承载网

C. 无线电波、光纤和路由器　　　　　D. 终端、服务器和数据库

3. 在5G网络架构中，负责接入和移动管理功能的是哪个组件？（　　）

A. EPC　　　　　　　　　　　　　B. AMF

C. UPF　　　　　　　　　　　　　D. DU

4. 5G网络部署方式包括独立部署(SA)和非独立部署(NSA)，以下关于SA和NSA的描述中，哪一项是正确的？（　　）

A. SA组网方式需要LTE eNB作为控制面锚点接入EPC

B. NSA组网方式一步到位，对4G网络无影响

C. SA组网方式支持5G各种新业务及网络切片

D. NSA组网方式在标准冻结时间上晚于SA组网方式

5. 5G基站与核心网之间的连接主要通过哪种网络完成？（　　）

A. 无线网络　　　　　　　　　　　B. 光纤网络

C. 卫星网络　　　　　　　　　　　D. 微波网络

6. 在 5G 基站的部署方式中，哪种方式能够节省机房资源但需要更大的传输带宽？（　　）

A. D-RAN

B. C-RAN(CU 云化&DU 集中式部署)

C. C-RAN(CU 云化&DU 分布式部署)

D. 以上都不是

7. 在 5G 网络性能监测中，哪个指标直接反映了网络数据传输的效率和能力？（　　）

A. 延迟　　　　　　　　　　　　B. 丢包率

C. 吞吐量　　　　　　　　　　　D. 带宽利用率

8. 为了有效地进行 5G 网络性能监测，以下哪个工具或方法更侧重于实时捕获和分析网络中的数据流量？（　　）

A. 性能监控软件　　　　　　　　B. 网络分析仪

C. 带宽分配器　　　　　　　　　D. 路由器日志分析

项目四

智慧神经——物联网技术

学习目标

一、理解物联网的基本概念与原理

◎ 能够清晰阐述物联网(IoT)的定义，理解其作为新一代信息技术的重要组成部分的意义。

◎ 掌握物联网的基本架构，包括感知层、网络层、平台层和应用层，以及各层之间的相互作用关系。

二、掌握物联网的关键技术

◎ 了解物联网的关键技术，如无线传感器网络、RFID 技术、嵌入式系统、云计算与大数据处理等。

◎ 理解这些技术如何支持物联网的数据采集、传输、处理和应用，以及它们在提升物联网系统性能方面的作用。

三、探索物联网的应用领域

◎ 识别并阐述物联网技术在多个领域的应用，如智能家居、智慧城市、工业 4.0、农业物联网、医疗健康等。

◎ 通过案例分析，理解物联网技术如何推动这些领域的创新和发展，以及解决实际问题的具体方式。

四、分析物联网的安全与隐私保护

◎ 理解物联网面临的安全威胁和隐私挑战，包括数据传输安全、设备安全、数据安全等。

◎ 掌握物联网安全的基本策略和技术手段，如加密技术、身份认证、访问控制等，以及它们在保护物联网系统安全中的作用。

五、关注物联网技术的发展趋势

◎ 分析物联网技术的当前发展状态和未来趋势，包括新兴技术、市场应用拓展、政策支持等方面。

◎ 鼓励学生关注物联网领域的最新动态，培养对新技术和新应用的敏感度和洞察力。

任务 1　探知物联网世界

物联网(Internet of Things，IoT)是一个充满创新和发展潜力的领域。本节首先概述了物联网，介绍其信息感知设备、网络连接，人、机、物之间的交互，数据处理、应用领域及发展趋势等方面的内容；进而揭示物联网的核心特征，包括全面感知、可靠传输以及智能处理；最后分析物联网的社会影响，探讨其如何重塑经济结构、提升生活品质，并引领社会向更加智能化、高效化的方向迈进。

一、物联网概述

物联网自诞生以来，便以其独特的魅力引领着信息技术的新一轮革命。物联网的核心在于"物"的智能化与网络化，即通过部署在各类物体上的信息感知设备(如传感器、RFID标签等)与互联网深度融合，形成一个庞大的、能够自我感知、自我学习、自我决策的智能网络体系(见图 4-1)。这一体系打破了传统物理世界与数字世界的界限，使得人、机、物之间能够实现无缝连接、高效交互和智能协同，从而为人类社会带来前所未有的变革。接下来从以下几个方面介绍物联网。

图 4-1　物联网的广泛分布

(一) 信息感知设备

传感器作为物联网的"触角"，负责捕捉现实世界中的各类信息，如温度、湿度、光照强度、压力、位置等，这些信息是物联网运作的基础。

信息感知设备的一大特点是其高度的智能化。这些设备不仅能够自主地进行数据采集和初步处理，还能根据预设的逻辑或算法进行自我调节和优化，甚至通过机器学习等技术不断学习和进化，以适应更加复杂多变的环境和需求。这种智能化特性使得物联网系统能够更加高效、精准地服务于人类社会。

(二) 网络连接

物联网设备通过互联网这一全球性的信息传输网络进行连接，从而实现数据的远程传输和控制。这种连接方式打破了地域限制，使得用户无论身处何地都能对物联网设备进行实时监控和管理。

为了满足不同应用场景的需求，物联网采用了多种网络技术进行数据传输。Wi-Fi 以其高速、便捷的特点广泛应用于家庭、办公室等室内环境；蓝牙则因具有低功耗、短距离传输等特性，在可穿戴设备、智能家居等领域发挥着重要作用；蜂窝网络则提供了更广泛的覆盖范围，适用于移动设备和远程监控等场景；而 LoRa、NB-IoT 等低功耗广域网技术，则专为物联网设计，能够在保证长距离传输的同时降低能耗，适用于智慧城市、农业监测等大规模部署场景。

(三) 人、机、物之间的交互

物联网的核心价值在于其实现了人、机、物之间的智能交互。通过语音识别、手势控制、触摸屏幕等多种交互方式，用户可以轻松地操作物联网设备；而设备之间则通过协议和标准进行信息交换和协同工作，实现自动化和智能化控制。这种智能交互不仅丰富了用户体验，还极大地提升了工作效率和生活质量。

物联网技术的普及还使得远程监控和控制成为可能。用户通过智能手机、电脑等终端设备，可随时随地查看物联网设备的状态、接收警报信息并进行远程控制。这种能力在智能家居、工业制造、智慧城市等领域得到了广泛应用，极大地提高了管理的便捷性和效率。

(四) 数据处理

物联网设备收集的海量数据需要通过云计算或边缘计算等技术进行高效处理和分析。云计算具有强大的计算能力和存储能力，能够处理来自全球各地的数据；而边缘计算则通过将数据处理能力下沉到设备端或网络边缘，来降低数据传输的延迟和成本，提高系统的实时性和可靠性。通过数据分析，我们可以从海量数据中提取出有价值的信息和规律，进而为决策提供支持。

物联网数据分析的结果广泛应用于各个领域。在制造业中，通过预测性维护可以减少设备故障停机时间；在能源管理中，通过智能调度可以降低能耗成本；在智慧城市中，通过交通流量分析可以优化道路布局和交通信号控制等。这些应用不仅提高了生产效率和管理水平，还促进了资源的合理配置和可持续发展。

(五) 应用领域

物联网技术的应用领域极为广泛，几乎涵盖了人类社会的方方面面。在智能家居领域，物联网技术可以让家居设备更加智能化和便捷化；在智慧城市领域，物联网技术可以助力城市管理更加精细化和高效化；在工业 4.0 领域，物联网技术推动了制造业的智能化转型和升级；在医疗健康领域，物联网技术实现了远程医疗和个性化健康管理；在农业领域，物联网技术提高了农作物的产量和质量；在交通领域，物联网技术则推动了智能交通系统的建设和发展。

物联网技术的最终目的是改善人们的生活质量和工作效率。通过智能化连接和交互，物联网可以让人们的生活更加便捷、舒适和安全；通过自动化和远程控制，物联网提高了生产效率和管理水平；通过数据分析和决策支持，物联网促进了资源的合理配置和可持续发展。这些变化不仅推动了社会经济的进步和发展，还为人类社会的可持续发展奠定了坚实的基础。

(六) 发展趋势

随着传感器技术、通信技术、数据处理技术的不断发展和创新，物联网的应用将更加广泛和深入。未来，我们将看到更多高精度、低功耗、智能化的传感器和执行器问世，更多高效、安全、可靠的通信协议和标准得到推广和应用，更多先进的数据分析算法和模型被开发出来以支持更复杂的决策过程。这些技术创新将不断推动物联网技术的发展和进步。

然而，随着物联网的普及和应用范围的扩大，安全和隐私保护问题也日益凸显。物联网设备数量庞大且分布广泛，一旦遭受攻击或泄露数据，将造成严重后果。因此，加强物联网安全和隐私保护是未来发展的必然趋势。这包括提高设备的安全防护能力、建立完善的身份认证和访问控制机制、加强数据加密和隐私保护技术等措施。同时还需要加强法律法规建设和完善监管机制，以规范物联网市场的健康发展。

二、物联网的核心特征

全面感知、可靠传输和智能处理是物联网的三大核心特征。这些特征共同构成了物联网技术的坚实基础，推动了物联网在各个领域的广泛应用和发展。

(一) 全面感知

全面感知是物联网的核心特征之一。物联网通过融合射频识别(RFID)标签、二维码、传感器、全球定位系统(GPS)以及摄像头等多元化感知设备，成为一个无所不在的信息采集网络，可实现对物体的即时、全方位的信息捕捉与获取。这些信息不仅是物联网迈向智能化识别、精准定位、动态跟踪与高效管理的坚实基石，更是后续数据处理与智能决策不可或缺的数据源泉。

1. 技术手段的深度融合

1) RFID 技术

RFID 技术作为非接触式自动识别技术的佼佼者，通过对无线电波的巧妙运用，实现了对目标物体的快速识别与数据交换。该技术无须任何物理接触，极大地提升了信息处理的效率与便捷性。

2) 二维码技术

二维码看似简单，实则蕴含着丰富的信息编码能力。通过智能手机等设备的扫描，二维码能够迅速传递网址、文本、支付信息等数据，极大地简化了信息传递流程。在移动支付、商品防伪追溯等领域，二维码已成为重要的工具。

3) 传感器技术

传感器作为物联网的"感觉器官"，能够敏锐地感知环境变化或特定物理量的变化，并将其转化为可处理的信号。从环境监测到工业自动化，从智能家居到医疗健康，各式各样的传感器(如温度传感器、压力传感器等)正默默地为我们的生活与工作提供着精准的数据支持。

4) GPS 与定位技术

借助 GPS，能够实现对地球上任何位置的精确锁定，从而为物联网提供强大的位置信息服务。无论是车辆导航、物流追踪，还是人员定位，GPS 都发挥着至关重要的作用。

2. 应用实例

在智能物流领域中，RFID 标签与传感器紧密协作，对货物进行全程跟踪与状态监测。从货物出库到运输，再到最终送达客户手中，每一个环节的信息都被实时记录与传输，这为物流企业提供了前所未有的透明度与可控性，从而显著提升了物流效率与服务质量。

在智能家居场景中，各类传感器如同家中的"守护者"，默默监测着温湿度、光照强度等关键指标。一旦环境参数超出预设范围或发生异常情况，智能家居系统便会自动触发相应的调节措施，如自动调节空调温度、开启照明设备等，为用户营造出一个更加舒适、便捷的生活空间。

(二) 可靠传输

可靠传输是物联网实现物体与物体、人与物体之间信息交互的关键。它要求数据在传输过程中保持准确性和实时性，确保信息的无误传递。物联网通过各种通信网络与互联网的融合，实现信息的可靠交互和共享。其中包括无线通信、卫星通信以及电力线通信技术。

(三) 智能处理

智能处理是物联网的核心特征之一，这一过程涉及对感知和传送的数据、信息进行深入的分析和处理。通过云计算、大数据分析、人工智能等技术，物联网可以对海量的数据和信息进行分析和处理，从而实现智能化控制。例如，在智能家居中，物联网可以通过对家电设备的感知数据进行分析，自动调节室内温度和湿度；在智能交通中，物联网可以通过对车辆的轨迹和速度等数据进行分析，实现交通流量的优化控制；在智慧城市建设中，通过物联网的智能处理，可以实时分析城市交通流量、空气质量等信息，从而为城市管理者提供科学的决策依据。

智能处理不仅提高了物体管理的效率和智能化水平，也为人们的生活带来了便利和舒适。

三、物联网的社会影响

物联网作为信息技术的重要组成部分，正逐渐渗透到社会生活的各个领域，发挥着越来越重要的作用。接下来将深入探讨物联网对社会经济发展的推动作用，包括加速信息化进程、创造新的商业模式、优化资源配置、推动产业升级与转型、拓展国际市场与提升国际竞争力、改善民生与提升生活质量、促进区域协同发展与强化国家安全等多个方面。

(一) 加速信息化进程

物联网技术通过传感器、通信网络和分析系统的集成，实现了物品之间的互联互通，加速了数据的实时采集和传输。这一特性为企业提供了更为准确和及时的数据支持，有助于企业做出更明智的决策，提高企业的整体运营效率。同时，物联网技术的广泛应用也推动了各行各业的数字化转型，加速了信息化进程。

(二) 创造新的商业模式

物联网技术结合云计算和大数据分析，实现了对供应链、生产和销售等环节的精细化管理和优化。这不仅提高了企业的运营效率，还催生出了新的商业模式。例如，共享经济模式的兴起就得益于物联网技术的应用。此外，物联网还促进了新的产业生态系统的形成，通过连接各种资源，提供各种共享服务，实现了资源的最大化利用和价值的最大化创造。

(三) 优化资源配置

物联网技术可以实现对资源的精细化管理和优化，从而提高资源利用效率。在能源领域，物联网技术通过智能电网和智能家居等应用，实现对能源的智能调度和管理，有效减少了能源消耗和碳排放。在城市管理方面，物联网技术也发挥了重要作用，实现了交通、环境、安全等各个方面的智能化管理，提高了城市的运行效率和生态环境质量。

(四) 推动产业升级与转型

物联网技术不仅推动了传统产业的智能化升级，还加速了新兴产业的发展。在农业领域，物联网技术实现了农业的精准管理和精细化生产，提高了农业产量和质量。同时，物联网技术的发展也带动了物联网设备制造、数据分析服务等新兴产业的崛起，为经济增长提供了新的动力。

(五) 拓宽国际市场与提升国际竞争力

随着物联网技术的不断成熟和国际化发展，我国企业在全球市场中的竞争力也得到了提升。物联网相关产品和服务在国际市场的需求不断增长，为我国经济发展创造了新的机遇。同时，物联网技术也促进了国际贸易和跨国合作的发展，推动了全球经济的繁荣。

(六) 改善民生与提升生活质量

物联网技术在民生领域的应用使人们的生活更加便利和舒适。智能家居、智能交通、智慧城市等项目的发展均有利于提高民生水平和人民群众的生活质量。通过物联网技术，人们可以更加便捷地获取各种服务和信息，享受更加智能和便捷的生活方式。

(七) 促进区域协同发展与强化国家安全

物联网技术在区域协同发展中的应用有助于打破地域壁垒，实现区域间资源互补和优势互补。这将促进区域间经济协作和整体发展水平提升。同时，物联网技术在国家安全领域的应用也有助于提升国家信息安全、公共安全和国防安全等方面的能力，为我国经济发展提供稳定的环境。

任务 2　物联网的体系架构

物联网的体系架构

物联网是一个复杂的系统,它通过信息感知设备与网络相结合,实现人、机、物之间的智能化连接、交互和数据处理。为了更好地理解物联网的工作机制和组成部分,本节将探讨其体系架构。

一、物联网的总体架构

物联网的总体架构通常包括四个主要层次:感知层、网络层、平台层和应用层。这四个层次各司其职,又紧密协作,共同支撑起物联网的庞大生态系统。

(一) 感知层

感知层,顾名思义,在物联网中主要负责感知和识别外界环境及物体状态。感知层是物联网的基础层,又被称为边缘层。它由各种传感器、智能设备组成,负责感知和收集外界信息,如温度、湿度、位置、速度等数据。其主要功能是获取现实世界的数据,并将其转换为数字信号,以供网络层传输。

(二) 网络层

网络层是物联网的传输层,它就像人的神经元组成的传输通道,将感知层采集到的信息通过网络传输到后台进行处理。网络层包括各种有线和无线通信技术,如 Wi-Fi、蓝牙、4G/5G、LoRa 等,应确保数据安全、可靠和高效地传输。

(三) 平台层

平台层,位于网络层和应用层之间,相当于人的大脑,负责数据的存储、分析和处理。平台层利用云计算、大数据分析等技术对收集到的数据进行智能处理,以提取有用信息,为应用层提供决策支持。

(四) 应用层

应用层是物联网的最上层,它根据平台层的分析结果,为用户提供具体的应用服务。应用层涵盖了智能家居、智慧城市、工业自动化、医疗健康等多个领域的应用,可为用户提供智能化的解决方案和用户体验。

物联网的这四个层次相互协作,共同构成了一个完整的系统,实现了从数据采集、传输、处理到应用服务的全过程。通过这种分层架构,物联网能够高效地连接和管理物理世界的万物,从而使人们的生活和工作更加便利和智能化。

二、感知层

感知层作为物联网的基石,负责采集物理世界中的各类信息,是物联网实现智能化交互的第一步。感知层包括各类传感器、标签、读写器等感知设备，这些设备如同物联网的触角，广泛分布于各个领域，为物联网系统提供丰富、实时的数据支持。下面将详细介绍物联网感知层的作用及关键设备。

(一) 感知层的作用

感知层，是物联网体系架构中的基础，主要实现信息的采集和身份的识别，其主要作用包括数据采集、状态监测、对象识别和数据预处理。利用传感器技术、摄像头、定位技术等可以实现数据采集和状态监测。利用 RFID 技术、生物识别(指纹识别、人脸识别等)技术、条码技术(一维条码、二维条码)可以实现对象识别。

1. 数据采集

数据采集是感知层最基本也是最重要的作用之一。通过部署在环境中的各类传感器，感知层能够实时监测并采集各种物理量信息，如温度、湿度、光照强度、压力、声音、图像等。这些原始数据是物联网系统后续分析、决策和优化的基础。

2. 状态监测

除数据采集外，感知层还负责监测设备和环境的状态。通过持续收集并分析数据，感知层能够实时反映设备和环境的运行状况，为系统提供及时的监控信息。这对于预防设备故障、优化资源配置、提高生产效率具有重要意义。

设备状态监测是指通过传感器监测设备的运行状态、工作参数等，及时发现潜在问题并采取措施，避免设备故障导致的损失。环境监测则是指监测环境中的温度、湿度、空气质量等参数，评估环境状况，为环境保护和治理提供数据支持。

3. 对象识别

对象识别是物联网智能化应用的重要基础。感知层利用 RFID、二维码等技术手段，对物体进行标识和追踪，实现物物相连。这对于库存管理、物流追踪、资产管理等具有重要意义。

4. 数据预处理

在数据采集和传输过程中，由于环境噪声、设备精度等因素的影响，原始数据往往存在误差和冗余。感知层需要对这些数据进行初步处理，如滤波、去噪、归一化等，以提高数据的准确性和可靠性。同时，数据预处理还可以降低数据传输的带宽需求，提高系统效率。

(二) 感知层的关键设备

感知层主要由传感器、标签和读写器等设备构成。这些设备相互配合，共同完成对外界环境及物体状态的感知和识别任务。

1. 传感器

传感器是感知层的核心设备，用于检测和测量环境中的各种参数。根据测量对象的不同，传感器可以分为多种类型，如温度传感器、湿度传感器、光照传感器、压力传感器、声音传感器和图像传感器等。这些传感器通过感知物理量的变化，并将其转换为可测量的电信号或数字信号，为系统提供原始数据。

传感器的选择和使用需要考虑多种因素，包括测量范围、精度、稳定性、响应速度、功耗等。在实际应用中，往往需要根据具体需求和场景选择合适的传感器类型和规格。

2. 标签

标签是物联网中用于标识和追踪物体的重要手段。通过给物体附加标签，系统可以实现对物体的自动识别和信息追踪。常见的标签技术包括 RFID 标签和二维码等。

RFID 标签由芯片和天线组成，可以存储和传输物体的唯一标识信息。RFID 技术具有非接触式识别、快速读写、远距离识别等优点，在物流追踪、门禁管理、资产管理等领域得到了广泛应用。

二维码是一种二维条码技术，通过特定的编码方式将信息存储在黑白相间的图形中。二维码具有存储信息量大、易于识别、制作成本低等优点，在商品溯源、广告推广、移动支付等领域发挥着重要作用。

3. 读写器

读写器是 RFID 系统中与标签配合使用的重要设备，它负责向标签发送查询指令并接收标签返回的信息。读写器通过无线射频信号与标签进行通信，实现对标签信息的读取和写入操作。根据应用场景的不同，读写器可以分为手持式、固定式和移动式等多种类型。

随着物联网技术的不断发展和应用领域的不断拓展，感知层的技术和设备也将不断更新和完善，从而为物联网系统的智能化、高效化运行提供更加坚实的基础。

三、网络层

在物联网的架构中，网络层扮演着不可或缺的角色，它是感知层与平台层之间的关键桥梁，承担着数据流通的重任。随着物联网技术的飞速发展，网络层的传输技术也日新月异，不断适应着日益复杂多变的应用场景需求。下面详细介绍网络层的作用、传输技术的分类及关键技术问题。

(一) 网络层的作用

网络层作为物联网体系架构的中间层，其核心功能在于实现感知层与平台层之间的数据交换与通信。具体而言，网络层负责将感知层中各种传感器、RFID 标签等设备采集到的海量数据，通过高效、安全、可靠的传输技术，传输至平台层进行进一步的处理、分析和应用。这一过程不仅要求传输速率快、延迟低，还需确保数据的完整性、安全性和可追踪性，以满足物联网应用对实时性、可靠性及安全性的高要求。

(二) 网络层的传输技术

网络层的传输技术可大致分为有线通信技术和无线通信技术两大类，每类技术均有其独特的应用场景和优势。

1. 有线通信技术

以太网作为局域网技术的代表，凭借其高带宽、低延迟、高可靠性等特点，在物联网领域得到了广泛应用。通过双绞线、同轴电缆或光纤等物理介质，以太网能够实现设备间的快速、稳定连接，特别适用于数据中心、企业内网等对数据传输速率和稳定性有较高要求的场景。在物联网中，以太网常用于连接网关、服务器等核心设备，以构建稳定可靠的数据传输网络。

串行通信技术，如 RS-232、RS-485 等，虽然在传输速率上不及以太网，但其成本低廉、布线简单、易于实现点对点连接，这使其在特定场景下仍具有不可替代的优势。例如，在工业自动化领域，许多设备之间通过串行通信接口进行数据传输和控制指令的交换，实现生产线的自动化控制。

2. 无线通信技术

无线通信技术包含距离近的和距离远的，分别称作短距离无线通信技术和远距离无线通信技术。短距离无线通信技术有蓝牙、Wi-Fi、ZigBee、红外、超宽带(UWB)等，远距离无线通信技术有 4G/5G、LoRa、NB-IoT、eMTC 等。

蓝牙技术具有低功耗、低成本、易部署等特点，在物联网中占据了重要位置。特别是低功耗蓝牙(Bluetooth Low Energy，BLE)技术的出现，更是极大地拓宽了蓝牙技术的应用范围。BLE 技术特别适用于需要长时间运行且功耗要求较低的物联网设备，如可穿戴设备、智能医疗设备、智能家居传感器等。通过蓝牙技术，这些设备可以实现与智能手机、平板电脑等终端设备的无缝连接和数据交换。

Wi-Fi 技术基于 IEEE 802.11 标准，凭借其高传输速率、广覆盖范围以及良好的兼容性，成为物联网中短距离无线通信的首选方案。在家庭、办公室、商场等场所，Wi-Fi 技术广泛应用于智能设备(如智能手机、智能电视、智能家居设备等)之间的互联。此外，随着 Wi-Fi 7(IEEE 802.11be)等新标准的推出，Wi-Fi 技术在传输速率、网络容量、能效比等方面得到了进一步提升，为物联网应用提供了更加强大的支持。

ZigBee 是一种专为低功耗、低速率、短距离无线通信设计的协议，特别适用于构建大规模的无线传感器网络(WSN)。在物联网中，ZigBee 技术广泛应用于环境监测、智能家居、工业自动化等领域。通过 ZigBee 网络，大量的传感器节点可以相互协作，共同完成复杂的数据采集和传输任务。同时，ZigBee 网络还具有自组织、自愈合的能力；能够在一定程度上应对网络拓扑变化和节点故障等问题。

4G 和 5G 作为蜂窝移动通信技术的成果，为物联网应用提供了更加高速、广覆盖的数据传输服务。在物联网中，4G 和 5G 技术特别适用于需要快速传输大量数据的场景，如高清视频监控、远程医疗、自动驾驶等。通过 4G 和 5G 网络，物联网设备可以实现与云端平台的实时互动和数据共享，从而为各行各业带来前所未有的智能化变革。

LoRa(Long Range)技术是一种基于扩频调制的无线通信技术，具有远距离、低功耗、低成本等特点。在物联网应用中，LoRa 技术特别适用于构建大规模、低成本的物联网网络，常用于智慧城市、农业监测、环境监测等领域。通过 LoRa 网络，大量的低功耗物联网设备可以实现远距离的数据传输和监控，从而为城市管理、资源调度等提供有力支持。

NB-IoT(Narrow Band Internet of Things)是一种基于蜂窝网络的窄带物联网技术，专为物联网应用而设计。NB-IoT 技术具有广覆盖、低功耗、低成本等特点，能够支持大量低速率、低功耗设备的接入和通信。在物联网中，NB-IoT 技术广泛应用于智慧城市、智能水表、智能气表、智能停车等领域。通过 NB-IoT 网络，物联网设备可以实现与云端平台的实时连接和数据交换,从而为城市管理和公共服务提供智能化支持。

(三) 网络层的关键技术问题

网络层在实现数据传输的同时,还需要解决一系列关键技术问题(如路由协议、数据加密、认证机制等),以确保数据传输的安全性、可靠性和高效性。

路由协议是网络层的核心技术之一,它负责确定数据包从源节点到目标节点的最佳路径。在物联网中,由于设备数量庞大、网络拓扑复杂多变,因此路由协议的设计尤为重要。IPv6 作为新一代互联网协议,凭借其庞大的地址空间、内置的安全性和对移动性的支持等特点,成为物联网中路由协议的重要选择。此外,针对物联网特点设计的 RPL(IPv6 Routing Protocol for Low-Power and Lossy Networks)等路由协议也逐步得到应用和推广。

数据加密是保证数据传输安全性的重要手段。在物联网中,由于数据涉及个人隐私、商业机密等敏感信息,因此必须采取有效措施对数据进行加密保护。SSL(Secure Socket Layer,安全套接字层)/TLS(Transport Layer Security,传输层安全)、AES(Advanced Encryption Standard,高级加密标准)等加密技术因其高效、安全的特点在物联网中得到了广泛应用。加密技术可以确保数据在传输过程中不易被窃取或篡改,从而保障数据的机密性和完整性。

认证机制是验证通信双方身份的重要手段。在物联网中,由于设备数量众多且类型多样,因此必须建立完善的认证机制以防止未授权访问和恶意攻击。IEEE 802.1X、OAuth 等认证机制因其灵活、安全的特点在物联网中得到了广泛应用。认证机制可以确保只有经过授权的设备和用户才能接入网络并访问数据资源,从而保障物联网系统的安全性和可靠性。

总之,网络层作为物联网体系架构的中间层,其传输技术和关键技术问题对于物联网应用的成败至关重要。随着物联网技术的不断发展和创新,网络层的传输技术和关键技术问题也将不断演进和完善。未来,随着 5G、LPWAN 等新技术的普及和应用,物联网网络将更加高效、智能、安全地服务于各行各业的发展需求。同时,我们也需要不断探索和研究新的网络技术和协议标准,以应对物联网应用中的新挑战和新需求。

四、平台层

平台层,是物联网系统的核心层,在整个体系中起承上启下的作用。其核心价值在于作为数据的中转站和智能处理中心。它不仅负责接收来自网络层的海量、异构数据,还通过高效的数据处理与分析机制,将这些原始数据转化为有价值的信息和决策依据,最终推动应用层实现智能化服务和个性化体验。物联网中有大量的数据需要存储和分析,数据库可以存储数据,云计算具备强大的计算、分析能力,可以实现大规模数据的存储、分析和处理。利用大数据技术对海量物联网数据进行数据挖掘,可为上层应用提供更精准的信息和决策依据。以下将详细介绍平台层的作用与平台层的数据处理。

(一) 平台层的作用

平台层是数据中枢和智能桥梁,要进行数据汇聚与整合、数据处理与分析、服务支撑与开放、智能决策与反馈。

其中,数据汇聚与整合是指平台层能够集中处理来自不同设备、不同协议的数据,实现数据的统一汇聚与整合,为后续的数据处理与分析奠定基础。数据处理与分析是指通过先进的数据处理技术和算法，平台层能够实现对数据的清洗、转换、压缩、存储及深度分析，挖掘数据背后的隐藏价值。服务支撑与开放是指平台层提供了一系列标准化的应用程序接口(API)和服务，支持第三方开发者快速构建和部署物联网应用，促进生态系统的繁荣与发展。智能决策与反馈则是指基于数据分析的结果，平台层能够生成智能决策建议，并通过网络层反馈给相关设备或用户，从而实现闭环控制与持续优化。

(二) 平台层的数据处理

平台层的数据处理是物联网智能化的核心环节，其流程通常包括数据接收与预处理、数据存储、数据分析三个主要阶段。

1. 数据接收与预处理

数据接收是指平台层通过 API、消息队列(如 Kafka、RabbitMQ)等高效、可靠的技术手段，实时接收来自网络层的数据流。这些数据可能来自各种物联网设备，如传感器、RFID 标签、智能终端等。

数据预处理是指为确保数据质量，平台层需要对接收到的原始数据进行清洗(去除噪声、重复数据)、格式化(统一数据格式、单位)、归一化(将数据转换到同一尺度)等预处理操作，以便为后续的数据分析提供干净、规范的数据集。

2. 数据存储

根据数据类型(结构化、半结构化、非结构化)、访问频率、存储容量等因素，平台层会灵活选择适合的数据库技术。例如，对于需要高频读写操作的实时数据，可采用 Redis、Memcached 等内存数据库进行缓存；对于需要长期保存的历史数据，则可选择 SQL 数据库或 NoSQL 数据库(如 MongoDB、Cassandra)进行存储。

针对物联网中大量存在的时序数据(如温度、湿度、压力等随时间变化的数据)，平台层常采用时序数据库(如 InfluxDB、TDengine)进行存储，以提高数据查询和处理的效率。

3. 数据分析

平台层可利用数据挖掘技术，如关联规则挖掘、分类与聚类、异常检测等，从海量数据中提取出有价值的信息和模式。这些信息可用于优化业务流程、预测市场趋势、发现潜在风险等。此外，平台层还集成了多种机器学习算法，如回归分析、决策树、神经网络等，用于对数据进行深度分析和预测。通过训练机器学习模型，平台层能够自动学习数据中的规律和特征，实现更加精准的智能决策和预测。

五、应用层

应用层是物联网的最顶层，直接与用户界面相交，扮演着将技术转化为实际价值的关键角色。这一层主要根据用户需求，基于平台层提供的功能，实现各种应用和服务，如智能家居、智慧交通、智慧医疗等。应用层承担着将复杂数据转化为可理解、可操作信息的重任，还通过不断创新的服务模式，满足个人、企业乃至整个社会日益增长的智能化需求。

(一) 应用层的作用

物联网的应用层具有提供服务、实现控制以及数据展示等作用。

1. 提供服务

应用层的核心使命之一是根据不同用户的特定需求，提供高度定制化的智能服务。这些服务跨越了从日常生活到工业生产，从个人健康管理到城市公共管理的广泛领域。例如，在智能家居领域，用户可以通过手机 APP 远程控制家中的灯光、空调、窗帘等，享受个性化、便捷的生活体验；在智慧城市建设中，政府和企业则可以利用应用层提供的服务，实现交通流量优化、环境监测、公共安全预警等功能，提升城市管理的智能化水平。

2. 实现控制

依托于平台层强大的数据处理能力，应用层能够实现对物联网设备的远程监控和精准控制。物联网应用层实现各种控制功能的关键部件是执行器，它根据接收到的控制信号，驱动机械设备或电子元件进行相应的动作。执行器的种类繁多，包括伺服电机、步进电机、继电器、电磁阀等。它们广泛应用于工业自动化、智能家居、机器人等领域，通过精确控制实现各种复杂的动作和功能。例如，在工业自动化领域，企业可以通过应用层实时监控生产线的运行状态，及时发现潜在故障，通过执行器进行位置调节、速度调整等，确保生产过程的连续性和稳定性；在农业领域，农民可以利用物联网技术监测土壤湿度、光照强度等环境参数，精准地控制水阀等，从而提高农作物的产量和质量。

3. 数据展示

应用层还负责将经平台层处理的数据以直观、易懂的方式呈现给用户。通过图表、仪表盘、报告等形式，用户可以清晰地了解物联网设备的运行状况、环境参数的变化趋势以及业务数据的分析结果。这种数据可视化方式不仅有助于用户更好地理解物联网系统的运行状态，还能为企业的决策提供有力的数据支持。例如，在零售业中，商家可以利用物联网技术收集顾客行为数据，然后通过应用层的数据分析工具进行深度挖掘，从而制定更加精准的营销策略和库存管理方案。

(二) 应用层的服务类型

在当今的数字化时代，应用层的服务类型繁多且日益智能化，它们深刻地影响着我们的日常生活、城市运作以及工业生产。

在日常生活中，智能家居服务以其便捷性和高效性引领着居住方式的革新。智能照明系统依据环境光线、用户习惯及节能策略，智能调节灯光，营造个性化舒适空间；同时，通过手机 APP 的远程控制功能，让用户随时随地掌握家中亮度。智能温控系统则通过精准感知与智能学习，自动调节空调运行模式，既保障了居住舒适度，又有效降低了能源消耗。而智能安防系统，则如同家庭的隐形卫士，集成多种监测设备，对潜在威胁迅速响应，确保家庭安全无死角。

在城市运作方面，交通管理系统凭借先进的传感器与大数据分析技术，实现了对交通流量的精准预测与动态调控，有效缓解了城市交通拥堵问题，提升了公共交通效率与环保水平。环境监测系统则通过遍布城市的监测站点，实时收集并直观展示环境数据，为居民健康与城市可持续发展提供了有力支持。此外，公共安全系统利用视频监控、智能识别等前沿技术，构建起可快速响应的安全防护网，确保城市在面对各类突发事件时能够迅速、有序地应对。

在工业生产领域，工业自动化服务正引领着生产方式的深刻变革。生产线监控系统通过实时数据采集与分析，实现了对生产全过程的精准监控，确保了生产的高效与稳定。预测性维护技术的引入，更是颠覆了传统的设备维护模式；该技术通过数据分析预测设备故障，提前制订维护计划，极大地减少了停机时间与维修成本。同时，仓储管理系统借助物联网技术，实现了库存管理的智能化与自动化，提升了仓储效率与货物追踪的准确性，为企业的物流运作带来了前所未有的便捷与高效率。

(三) 应用层的应用模式

应用层作为连接技术与用户的桥梁，其应用模式深刻影响着物联网技术的普及与应用效果。应用层的应用模式可划分为两大类：B2C(Business to Consumer，企业对消费者)模式和 B2B(Business to Business，企业对企业)模式。这两种模式各有特色，共同推动着物联网技术的广泛应用与深入发展。

1. B2C 模式

B2C 模式是物联网应用层中直接触及消费者日常生活的模式。该模式直接面向消费者，重视用户体验，为个人的智能化生活提供服务。

在这一模式下，物联网技术被广泛应用于智能家居、健康监测、可穿戴设备等领域，为个人用户提供了前所未有的便捷与智能体验。智能家居系统通过智能家电、安防设备、环境监测传感器等设备的互联互通，实现了家居环境的智能化控制与管理。如智能照明系统根据光线强弱自动调节灯光亮度，智能温控系统根据室内外温差自动调节空调温度，为用户创造了一个既舒适又节能的居住环境。健康监测设备则通过实时监测用户的生理指标，如心率、血压、睡眠质量等，为用户提供个性化的健康建议与预警服务，帮助用户更好地管理自身健康。

在 B2C 模式中，用户体验是应用层设计与开发的核心关注点。为了提升用户体验，物联网应用层在用户界面设计和交互体验上投入了大量精力。用户界面设计力求简洁明了，便于用户快速上手并熟练操作；交互体验则注重流畅性与响应速度，确保用户在使用过程中能够感受到高效与便捷。此外，应用层还通过数据分析与挖掘技术，深入了解用户的使用习惯与需求，不断优化服务内容与功能，为用户提供更加贴心、个性化的服务体验。

2. B2B 模式

B2B 模式面向企业用户，为企业运营的智能化转型提供专业服务。

与 B2C 模式不同，B2B 模式主要提供供应链管理、工业自动化、智能物流等解决方案。在供应链管理方面，物联网技术通过实时追踪货物位置、监控库存状态等手段，帮助企业实现供应链的透明化、可视化与智能化管理；在工业自动化领域，物联网技术则通过集成生产线上的各类传感器与智能设备，实现生产过程的实时监控与精准控制，提高生产效率与产品质量；在智能物流方面，物联网技术则通过优化物流路径、提升配送效率等手段，降低物流成本并提升客户满意度。

此外，B2B 模式强调为企业提供专业化、定制化的服务。由于不同行业、不同企业的需求千差万别，因此物联网应用层在为企业提供解决方案时，需要深入了解企业的业务需求与痛点问题,结合行业特点与企业实际情况进行定制化开发。这种专业化的服务模式不仅能够帮助企业解决实际问题,还能够促进企业的智能化转型与升级,提高企业的核心竞争力。

总之,B2C与B2B作为物联网应用层的两大主要应用模式,分别面向个人用户与企业用户,通过提供多样化的智能化服务与解决方案,推动着物联网技术的广泛应用与深入发展。在未来,随着物联网技术的不断进步与普及,这两种应用模式将会更加成熟与完善,为人们的生活与工作带来更多的便利与惊喜。

(四) 应用层在物联网中的意义

应用层作为物联网体系架构中直接面向用户的界面,是展现物联网技术魅力的核心窗口。它不仅承担着提供多元化、个性化、智能化服务的重任,更深刻体现了物联网技术如何将虚拟世界与现实世界无缝融合,以释放出巨大的实际应用价值。从智能家居的便捷操控到智慧城市的高效管理,再到工业自动化的精准调控,应用层让物联网技术渗透到日常生活的每一个角落,不仅极大地丰富了人们的生活方式,提升了居住与工作的舒适度,还通过优化资源配置、减少人力成本,显著提高了社会整体的生产效率与运行质量,展现了物联网技术推动社会进步与发展的强大力量。

任务 3　传感器技术与物联网

传感器技术与物联网

物联网感知层主要通过各种设备进行数据采集,采集的数据有环境信息、图像信息、位置信息、身份信息等,所有这些信息的采集都是通过传感器及相关的传感技术实现的。本任务将介绍传感器的工作原理、常见传感器类型及其丰富的应用场景,在此基础上还将探讨传感器网络的设计与优化策略。

一、传感器的定义与工作原理

传感器作为现代信息技术的重要基石之一,是一种能感受被测量,并将其按照一定的规律转换成可用输出信号的器件或装置。简单来说,传感器就是感知和转化的设备,可实现高精度、高灵敏度的信息感知,并具备良好的稳定性和可靠性。

传感器的工作原理基于物理、化学乃至生物效应。当外部环境中的物理量发生变化(如温度的高低、湿度的增减、压力的变化或是光强的强弱)时,传感器内部的敏感元件会敏锐地捕捉到这些变化,并引发一系列物理状态的转变。这些转变可能表现为电阻值的波动、电容量的增减、电感系数的调整、磁通量的变化,或是光电流的产生与强弱调整等。这些物理状态的变化通过精心设计的转换机制转化为电信号,这一过程可能依赖于电阻桥电路的精密平衡、压电材料在受压时产生的电荷累积,或是光电材料在光照下释放电子的光电效应等。转化后的电信号,如起伏的电压、不同流向与强度的电流或是变动的频率,均成为可测量与处理的载体。随后,这些电信号进入后续电路,通过放大电路以增强其强度,通过滤波电路以去除噪声干扰,通过模数转换电路以从模拟信号转变为数字信号,从而实现信息的精准捕捉与高效处理。最终,这些信息以数字化的形式被存储、分析,并可通过各种通信手段实现远程传输,为各领域的智能化控制、精确监测与数据分析提供了坚实的基础。

二、传感器的一般组成

传感器一般由敏感元件、转换元件、转换电路组成，如图 4-2 所示。敏感元件直接感受被测量，并输出与被测量有确定关系的物理量信号；转换元件将敏感元件输出的物理量信号转换为电信号；转换电路负责对转换元件输出的电信号进行放大调制。

被测量 → 敏感元件 → 转换元件 → 转换电路 → 电量

图 4-2 传感器的一般组成

三、常见传感器类型及其应用场景

传感器种类繁多，一般按被测量和输出信号的不同分类。

(一) 按被测量分类

根据被测量的不同，传感器可分为多种类型，有温湿度传感器、光照传感器、风速传感器、人体红外传感器、烟雾传感器等。每种类型都有其独特的应用场景和优势，从传感器的名称往往可以看出被测量。下面列举几种常见的传感器类型及其典型应用场景。

1. 温度传感器

温度传感器是测量物体温度并将其转换为可测量电信号的装置。温度传感器的外形如图 4-3 所示。温度传感器利用材料的电阻、热电偶效应或半导体特性随温度变化的原理工作。在环境监测中，温度传感器用于检测大气、水体或土壤的温度变化，为气候研究、环境保护提供数据支持；在工业生产中，温度传感器则广泛应用于炉温控制、热处理过程监控等，确保生产过程的稳定性和产品质量。

图 4-3 温度传感器

2. 湿度传感器

湿度传感器用于测量空气中水蒸气含量的相对或绝对值，并将其转换为电信号。湿度传感器的外形如图 4-4 所示。它基于材料的吸湿与脱湿特性或电容、电阻随湿度变化的原理工作。在气象观测站，湿度传感器与温度传感器配合，共同构成气象要素监测的基础；在农业领域，湿度传感器用于温室环境监控，帮助农民精准调节灌溉量，优化作物生长条件。

图 4-4　湿度传感器

3. 压力传感器

压力传感器能够感知并测量液体或气体压力，并将其转换为电信号。压力传感器的外形如图 4-5 所示。其工作原理涉及压阻效应、压电效应或应变效应等。在工业自动化中，压力传感器广泛用于液压系统、气压系统、油气勘探等领域，实现压力监测与控制，保障设备安全与运行效率；在医疗设备(如血压计)中，也离不开压力传感器的精确测量。

图 4-5　压力传感器

4. 光传感器

光传感器能够感知光线的强度、颜色或频率等，并将其转换为电信号。光传感器的外形如图 4-6 所示。其工作原理涉及光电效应。在照明控制系统中，光传感器根据环境光照强度自动调节灯光亮度，实现节能降耗；在摄影摄像领域，光传感器则是相机捕捉光线、生成图像的核心部件之一；此外，在安防监控、自动门控制等场合，光传感器也发挥着重要作用。

图 4-6　光传感器

（二）按输出信号分类

根据输出信号的不同，传感器可分为模拟量传感器、数字量传感器和开关量传感器。模拟量传感器的输出信号是连续变化的。数字量传感器是将模拟量信号转换为数字信号并输出的传感器，其中数字信号是由 0 和 1 组成的信号。开关量传感器的输出信号只有两种状态，即 0 和 1，可代表开和关、有人和没人等。

四、传感器在物联网中的作用

传感器在物联网中占据核心地位，它既是"数据采集"的先锋，能够敏锐地感知世界；又是"数据转换"的枢纽，能够架起信息处理的桥梁；此外还是"智能化控制与服务"的坚实基石，能够驱动物联网生态的智能化发展。

（一）数据采集：感知世界的触角

物联网的运作始于对物理世界的精准感知，而传感器正是这一感知过程的直接执行者。它如同物联网的"眼睛""耳朵"和"皮肤"，能够敏锐地捕捉到周围环境中各种变化的物理量，包括但不限于温度、湿度、光照强度、压力、加速度、声音等。这些物理量在传感器内部经过敏感元件的转换，被转换为可测量的电信号或其他形式的信号，为后续的数据处理提供了原始素材。

传感器的数据采集能力直接决定了物联网系统的感知精度和广度。随着传感器技术的不断进步，现代传感器不仅具有高灵敏度、高稳定性和高可靠性等特点，还能够实现多参数、多维度、全天候的连续监测，为物联网系统提供了丰富而准确的数据支持。

（二）数据转换：信息处理的桥梁

传感器采集到的原始数据，虽然包含了丰富的环境信息，但往往以模拟信号的形式存在，难以直接用于计算机处理或网络传输。因此，数据转换成为传感器在物联网中的另一项重要职责。通过内置的转换电路或算法，传感器能够将模拟信号转换为数字信号，或者将一种形式的电信号转换为另一种更适合传输和处理的信号形式。

数据转换的过程不仅提高了数据的可读性和可处理性，还便于实现数据的远程传输和共享。在物联网系统中，转换后的数据可以通过无线网络、有线网络等多种方式传输到云端服务器或数据中心进行集中处理和分析。这一过程为物联网的智能化控制和服务提供了强大的数据支撑。

（三）智能化控制与服务的基石

传感器在物联网中的数据采集与转换作用，不仅仅是简单的信息获取和传递过程，更是实现物联网智能化控制与服务的重要基石。通过对采集到的数据进行处理和分析，物联网系统能够实现对物理世界的精准控制和智能响应。例如，在智能家居系统中，温度传感器和湿度传感器可以实时监测室内环境状况，并根据预设条件自动调节空调、加湿器等设备的工作状态；在智慧城市中，交通流量传感器和空气质量传感器可以为交通管理部门提供实时路况信息和空气质量报告，帮助制定科学合理的交通管理策略。

总之，传感器在物联网系统中扮演着数据采集与转换的关键角色。它不仅是物联网感知世界的触角，更是实现智能化控制和服务的重要基石。随着物联网技术的不断发展和普及，传感器技术也将不断创新和完善，从而为构建更加智能、便捷、高效的物联网世界贡献力量。

五、传感器网络的设计与优化

物联网建设中，传感器网络的设计与优化尤为关键。

(一) 传感器网络设计的基础

在传感器网络的设计中，网络拓扑结构设计与传感器节点布放策略都非常重要，以下将对这两部分内容进行介绍。

1. 网络拓扑结构设计

网络拓扑结构是传感器网络设计的基础，决定了传感器节点之间的连接方式。常见的网络拓扑结构包括星型、树型、网状和混合型。

星型结构是指所有传感器节点都连接到一个中心节点，这种结构管理方便，但中心节点故障会导致整个网络瘫痪。树型结构是指节点按层级连接成树状，这种结构能耗和延迟较低，但扩展性和容错性受限。网状结构是指节点相互连接成网状，这种结构灵活性和容错性高，但能耗可能较高。混合型结构结合了多种拓扑结构的特点，以平衡各种性能需求。在设计时，需根据具体应用需求和环境特点选择合适的拓扑结构。

2. 传感器节点布放策略

合理的传感器节点布放策略是确保网络覆盖范围和采样精度的关键。制定布放策略时需考虑空间分布、节点数量以及通信距离和覆盖范围。其中，空间分布包括均匀分布和不均匀分布，应根据监测区域的实际需求选择；节点数量的选择要合适，过多会增加能耗和通信开销，过少则无法满足监测需求；通信距离和覆盖范围的选择也要合理，以避免信号传输不稳定。

(二) 传感器网络优化的关键

传感器网络优化的关键要素涉及多个方面。

首先，能量管理是优化的重点，因为传感器节点通常依赖电池供电。为实现能量优化，可以采取低功耗设计，选择功耗较低的传感器节点和通信协议，以减少能量消耗。同时，通过合理安排节点的睡眠和唤醒时间，实施睡眠调度策略，进一步降低能量损耗。此外，利用太阳能、振动能等环境能量为节点供电，也是提升能量管理效果的有效途径。

其次，路由优化对于减少数据传输的延迟和能耗同样至关重要。分层路由策略通过将网络划分为不同层级，有效降低了通信负载，提升了数据传输效率。多路径路由方法通过多条路径传输数据,不仅提高了数据传输的可靠性,还进一步增强了传输效率。在选择路由协议时,可以考虑 LEACH、DEEC 等协议,它们通过合理设计路由算法和能量管理策略,能够显著提升网络的整体性能。

另外,数据处理与决策优化也是传感器网络优化的重要环节。由于传感器网络中会产生大量数据,因此需要进行有效的数据处理和分析。数据聚合策略通过合并和压缩节点收集的数据,显著减少了数据的传输量,降低了网络负担。同时,对原始数据进行滤波、降噪等预处理操作,可以有效提高数据的准确性。此外,分布式决策方法通过在网络中的多个节点间进行协调和合作,实现了共同的决策目标,提升了网络的整体效能。

最后,安全性设计是传感器网络优化中不可忽视的一环。保护节点和数据的安全,防止未经授权的访问和篡改,是确保网络稳定运行的关键。为此,可以采取数据加密措施,确保数据的机密性和完整性。同时,实施身份认证和访问控制策略,严格限制非法用户的访问和操作,可进一步增强网络的安全性。此外,通过部署防火墙和入侵检测系统,可以实时监控和防止网络攻击,确保网络的稳定运行。

任务 4　自动识别技术与物联网

物联网感知层是通过各种设备进行数据采集的,采集的数据中有一类为身份信息,包括人的信息和物的信息。这些信息就可以选用高度自动化的信息采集技术——自动识别技术来采集。本任务将对物联网的自动识别技术进行介绍。

自动识别技术　　自动识别技术
与物联网(人)　　与物联网(物)

一、物联网中的自动识别技术概述

自动识别技术,作为物联网技术体系中的基石之一,其核心价值在于无须人工干预即可高效、准确地识别与追踪各类物体,极大地推动了物流、零售、制造等多个领域的智能化进程。自动识别技术是自动识读信息数据并将其自动输入计算机的重要手段和方法。该技术采用一定的识别装置,通过靠近被识别物体,自动获取被识别物体的相关信息,并提供给计算机系统以供进一步处理。自动识别技术在物联网中扮演的是一个信息载体和载体识别的角色,让“物”可以开口说话。物联网中常用的自动识别技术有条码识别技术、射频识别技术、生物识别技术,它们各自具备独特优势,共同构建了物联网中物体身份识别与信息交换的坚实框架。

(一) 条码识别技术

条码是利用二进制原理,由一系列规则排列的黑、白图形以及数字字符组成的图案,它可以分为一维条码和二维条码。条码识别技术就是将条码中的信息识别出来的过程。

1. 一维条码

一维条码,又称为条形码,它作为自动识别技术的先驱,通过一系列精心设计的黑白条纹组合(如图 4-7 所示)来编码特定信息，如产品编号、生产日期等。条形码具有简单易制、成本低廉等特点，在商品零售、库存管理等领域得到了广泛应用。扫描设备能够快速读取条形码信息，实现商品的快速识别和记录，有效提升了物流效率与库存管理的准确性。随着条码识别技术的发展，一维条码已逐步向二维条码演进，虽然基本原理相似，但二维条码能容纳更多信息，增强了其应用场景的多样性。

图 4-7　条形码

2. 二维条码

二维条码，又称为二维码，它作为条形码的升级版，在二维空间内通过更加复杂的黑白图案排列(如图 4-8 所示)来存储数据，极大地提升了信息存储容量。这种技术不仅支持文本信息，还能嵌入图片、链接等多种类型的数据，因此广泛应用于信息传输、移动支付、广告推广等场景。用户只需使用手机等智能设备扫描二维码，即可快速获取所需信息或完成支付交易，极大地方便了人们的日常生活。二维码技术的普及，进一步促进了物联网与移动互联网的融合，加速了数字化时代的到来。

图 4-8　二维码

(二) 射频识别(RFID)技术

RFID 技术，作为自动识别技术中的高端代表，通过无线电波实现非接触式的自动识别与跟踪，如图 4-9 所示。它主要由电子标签(或称 RFID 标签)、阅读器以及天线组成。电子标签附着于被识别物体上，存储着物体的相关信息；阅读器通过天线发送无线电波激活电子标签，并读取其存储的数据。RFID 技术的最大优势在于其无须接触或视线即可实现识别，且识别速度快、距离远、可同时识别多个标签，极大地提高了识别效率。因此，RFID 技术在供应链管理、资产跟踪、门禁系统等场景中具有广泛的应用前景，是推动物联网智能化发展的重要力量。

图 4-9　RFID 技术

(三) 生物识别技术

生物识别技术是通过识别设备，利用人类固有的生物特征和行为特征，来进行身份识别、验证的一种技术。常用的生物识别技术有指纹识别、人脸识别和虹膜识别等。

1. 指纹识别

每个人的指纹都是独一无二的，指纹已经变成人的另一张身份证。指纹识别是采集被识别对象的指纹图像，并进行分析和比对，从而迅速、准确地实现身份确认的技术。指纹识别主要识别的是指纹的纹形、中心点、分叉点、三角点、终止点等特征。

指纹识别过程包含指纹采集、特征提取、指纹匹配三个步骤。首先，将手指放置在指纹采集设备上，通过光学或电子传感器对指纹图像进行采集。然后，从指纹图像中提取中心点、分叉点等特征，并将信息转换成 0、1 的数字向量。最后，与数据库中存储的指纹特征数据比对，以确定指纹所属者的身份。

2. 人脸识别

人脸识别是用摄像头采集含有人脸的图像，分析比较人脸视觉特征信息，并进行身份验证和识别的计算机技术。人脸识别具体是对脸部长度、脸部宽度、唇部宽度、鼻子长度，以及眼睛、鼻子、嘴、下巴等之间的结构关系的识别。

人脸识别过程包含人脸采集、人脸特征提取、匹配与识别三个步骤。首先，在图像中找到人脸在哪儿，把人脸图像切割出来。然后，提取出人脸图像中五官形状和位置信息特征(例如眼睛之间的距离等)，并把特征转换成一串 0、1 数字。最后，与数据库中存储的人脸特征数据比对，找出对应人脸。

3. 虹膜识别

虹膜识别是基于眼睛中的虹膜纹理信息进行身份识别的技术，该技术常应用于有高度保密需求的场所，是最可靠的生物识别技术。虹膜是位于黑色瞳孔和白色巩膜之间带颜色的圆环状部分，每个人的虹膜都不同，而且从出生到衰老基本不会改变。虹膜识别具体是对虹膜纹理中的斑点、细丝、冠状、条纹、隐窝等细节特征进行识别。

虹膜识别过程包含虹膜图像采集、虹膜特征提取、特征匹配三个步骤。首先，把虹膜从眼睛图像中分离出来，可用发射红外光源的相机对虹膜图案进行扫描成像。然后，从分离出来的虹膜图像中提取出虹膜纹理细节特征点，并将其转换成一串 0、1 数字。最后，与数据库中存储的虹膜图像特征数据进行比对、验证，从而达到识别的目的。

指纹识别、人脸识别、虹膜识别这三种技术相比较，指纹识别具备较高的易用性，在安全方面也可以满足日常使用要求，且设备成本适中，因此被广泛使用。人脸识别的便利性是三种技术中最高的，也被广泛使用。虹膜识别的安全性目前是三种技术中最高的，但设备成本高，且体积较大，不便于日常使用。

总之，自动识别技术具有高效、准确、便捷等特点，在物联网中扮演着至关重要的角色。随着技术的不断进步和应用场景的持续拓展，自动识别技术将为更多行业带来智能化变革，推动社会经济的全面发展。

二、条形码技术在物联网中的应用

条形码技术在物联网中的应用极为广泛，几乎涵盖了物联网的各个领域。接下来将重点分析条形码在商品零售、库存管理和物流追踪等物联网场景中的具体应用案例。

(一) 商品零售

在商品零售领域，条形码是商品身份的重要标识。每个商品在出厂时都会被赋予一个唯一的条形码，这个条形码包含了商品的基本信息(如名称、规格、价格等)以及生产厂商的信息。在超市、商场等零售场所，收银员只需使用条形码扫描枪对准商品上的条形码进行扫描，即可快速获取商品信息并完成结算过程。这不仅提高了收银效率，还减少了人为错误的发生。

此外，条形码还可以与 POS 系统(销售时点信息系统)相结合，实现销售数据的实时采集和分析。通过对销售数据的分析，商家可以了解商品的销售情况、顾客偏好等信息，从而做出更加精准的营销决策。

(二) 库存管理

在库存管理领域，条形码技术同样发挥着重要作用。通过给库存商品贴上条形码标签，企业可以实现对库存商品的精准管理和追踪。当商品入库时，工作人员可以使用条形码扫描设备对商品进行扫描和登记；当商品出库时，则再次进行扫描和确认。这样一来，企业就可以实时掌握库存商品的数量、种类和位置等信息，为库存管理提供有力的数据支持。

此外，条形码技术还可以与库存管理系统相结合，实现库存的自动化管理和预警。当库存商品数量低于安全库存数量时，系统会自动发出预警信息，提醒企业及时补货；当库存商品即将过期时，系统也会发出提醒信息，避免商品过期造成的浪费和损失。

(三) 物流追踪

在物流追踪领域，条形码技术是实现货物全程可视化追踪的重要手段之一。通过在货物包装上贴上条形码标签，物流企业可以实时追踪货物的运输状态和位置信息。货物从发货地运往收货地的过程中，经过的每个物流节点(如仓库、分拣中心、运输车辆等)都会使用条形码扫描设备对货物进行扫描和记录。这些记录将被实时上传到物流信息平台，形成完整的物流追踪链条。

通过物流信息平台，货主和收货人可以实时查询货物的运输状态和位置信息，了解货物的预计到达时间和注意事项。同时，物流企业也可以根据物流追踪信息及时调整运输计划和配送路线，提高物流效率和客户满意度。

任务 5 无线接入技术与物联网

物联网网络层使用无线通信技术和组网技术将感知层采集到的信息接入互联网并传输到平台层。接入互联网的方式一般分为两种：一种为直接接入，另一种为间接接入。间接接入需要网关才能接入。

无线接入技术与
物联网(短距离)

无线接入技术与
物联网(远距离)

一、无线接入技术概述

无线接入技术是指通过无线电波而非物理线路来实现设备之间或设备与网络之间的连接与通信的技术。无线接入技术作为现代通信技术体系中的重要组成部分，其核心在于通过无线方式实现用户终端与网络基础设施之间的连接与数据传输。这种技术打破了传统有线通信的束缚，极大地提高了通信的灵活性和便捷性，为物联网的快速发展奠定了坚实的基础。

二、无线接入关键技术

在深入探讨无线接入技术的广阔领域时，我们不得不提及几项关键技术，它们各自以独特的优势在物联网、智能家居、远程监控及低功耗通信等领域发挥着不可或缺的作用。首先，蓝牙技术以其短距离高速连接和低功耗特性，成为众多智能设备间通信的首选方案。紧接着，Wi-Fi 技术凭借其高速的数据传输能力和广泛的覆盖范围，构建了现代家庭与办公环境中不可或缺的无线网络基础设施。此外，ZigBee 技术以其低功耗、低成本和自组网的优势，在智能家居、工业自动化等领域展现出强大的应用潜力。而 LoRa 技术，则以其超远距离通信能力和低功耗特性，成为物联网领域实现广域覆盖的重要技术手段。最后，NB-IoT 作为专为物联网设计的窄带通信技术，以其广覆盖、大连接、低功耗的特点，进一步推动了物联网在智慧城市、远程监控等领域的深入应用。接下来，我们将逐一深入探讨这些技术，揭示它们在无线接入技术领域的独特价值。

(一) 蓝牙技术

蓝牙是一种无线数据和语音通信开放的全球规范，用于在短距离范围内设备之间进行数据传输和连接，由爱立信于 1994 年创立，现在由蓝牙技术联盟管理和更新。它可连接多个设备，克服了数据同步的难题。

蓝牙能在手机、无线耳机、笔记本电脑等众多设备没有电线相互连接的情况下，实现近距离无线通信或操作，已成为这些设备的标配技术。蓝牙工作在全球通用的 2.4 GHz ISM 频段(即工业、科学、医学)，使用 IEEE 802.15 协议。蓝牙使用的功率为 1 mW，所以传输距离有限。蓝牙 1.0 的传输距离只有 10 m，蓝牙 5.0 的传输距离有 300 m。蓝牙设备之间进行数据传输时的速率最快可达 48 Mb/s。

1. 蓝牙的特点

由于蓝牙工作在 2.4 GHz 的 ISM 频段，这一频段无须向各国申请许可，因此蓝牙技术可以在全球范围内自由使用。它不仅仅局限于数据传输，还能够高质量地传输语音，这使得蓝牙成为短距离音频传输的最佳选择。为了增强性能，蓝牙采用了跳频方式来扩展频谱，这种设计赋予了它出色的抗干扰能力，从而使得蓝牙可以同时连接多个不同的设备。通过配对过程，蓝牙设备之间可以建立起临时性的对等连接，进而进行通信。此外，蓝牙模块的体积小巧，便于集成到各种设备中，并且蓝牙设备还配备了节能的低功耗模式。值得一提的是，蓝牙的技术标准是完全公开的，全世界范围内的蓝牙产品只要通过相应的测试，就可以推向市场。总之，蓝牙作为一种短距离无线通信技术，正有力地推动着低速率无线个域网络的发展。

2. 蓝牙的通信原理

两台蓝牙设备要进行通信，一般包括扫描、连接和通信三个步骤。首先，设备之间进行扫描，例如手机发起扫描，搜索周围的耳机、手环等外围设备。其次，发送连接请求，两个设备会进行一次配对，它们互换指令，决定是否需要交换数据，配对成功后即可建立连接。最后，在连接建立之后，开始切换频率通道，以确保不间断连接，避免干扰，这时两台设备之间就可以进行数据传输了。

两个蓝牙设备连接时存在主从关系：发起连接请求的是主设备，如手机、笔记本电脑；响应请求的是从设备，如蓝牙耳机、智能手表、蓝牙音箱。

3. 蓝牙网络

一个蓝牙主设备可以连接 7 个从设备，它们相互连接，形成一个网，这个网被称作微微网。需要注意的是，同样的设备只能同时连接一个。因此蓝牙耳机、智能手表、蓝牙音箱等可以同时连接主设备，但主设备不能同时连接两个蓝牙耳机。随着蓝牙的发展，蓝牙 5.0 支持点对点(一对一)、广播(一对多)和 Mesh(多对多)等多种网络拓扑结构。

4. 蓝牙的应用

蓝牙在语音传输、个人周边数据传输和无线控制方面有广泛应用。例如，蓝牙可以用于将音频信号从手机或电脑传输到耳机或音响，并且保持高音质；蓝牙可以用于在两台设备之间传输各种文件和数据；蓝牙可以用于控制灯的亮和灭、共享单车的开锁和关锁。下面具体介绍蓝牙在可穿戴设备、智能医疗设备和物联网传感器中的应用。

(1) 可穿戴设备。蓝牙技术是可穿戴设备(如智能手表、智能手环、无线耳机等)与智能手机或其他智能设备之间通信的主要方式。通过蓝牙连接，用户可以轻松实现数据同步、健康监测、远程控制等功能，极大地提升了用户体验。

(2) 智能医疗设备。在医疗领域，蓝牙技术被广泛应用于血糖仪、血压计、心电图仪等医疗设备的数据传输。医护人员可以通过蓝牙将设备采集的患者数据传输至移动终端或医疗信息系统，实现远程监控和即时诊断，提高了医疗服务的效率和准确性。

(3) 物联网传感器。BLE 技术使得蓝牙传感器在物联网中得到了广泛应用。这些传感器可以监测环境参数(如温度、湿度、光照强度等)、人体生理指标(如心率、步数等)或物体状态(如位置、运动轨迹等)，并通过蓝牙将数据发送至智能手机或云端服务器，为智能家居、智慧城市、工业监测等领域提供了丰富的数据源。

5. 蓝牙的优势与局限性

蓝牙技术具有多方面的优势。首先，低功耗是其显著特点之一，特别是 BLE 技术的引入，使得蓝牙设备在保持通信能力的同时，能够大幅度降低功耗，从而有效延长设备的续航时间。其次，蓝牙技术在短距离通信方面表现出色，适用于各种近距离通信场景，能够确保数据传输的稳定性和安全性。此外，蓝牙技术的普及率极高，已成为智能手机、平板电脑等智能终端的标配功能，这为基于蓝牙的物联网应用提供了广泛的兼容性和普及基础。

然而，蓝牙技术也存在一定的局限性。一方面，尽管蓝牙 5.0 及后续版本对传输距离进行了扩展，但相较于其他无线通信技术(如 Wi-Fi、LoRa 等)，蓝牙的传输距离仍然相对较短，可能无法满足远距离通信场景的需求。另一方面，随着蓝牙技术在物联网中的广泛应用，其安全性问题也日益突出。黑客可能会利用蓝牙协议的漏洞进行攻击，窃取敏感数据或破坏设备的正常运行。因此，蓝牙技术的安全防护措施显得尤为重要。

(二) Wi-Fi 技术

Wi-Fi，又称为 IEEE 802.11 系列无线网络技术，是一种允许设备通过无线信号连接到互联网或局域网络的技术。Wi-Fi 不是一个缩写，而是一个全新的名词。它最初是由电气电子工程师学会制定的 IEEE 802.11 系列的无线网络通信协议，最后取名 Wi-Fi。为了方便大众区分 802.11 系列协议中的 n、ac、ax、be，分别起名 Wi-Fi4、Wi-Fi5、Wi-Fi6、Wi-Fi7。

Wi-Fi 的工作频率是 2.4 GHz 和 5 GHz，都属于 ISM 频段，也是无须授权即可使用的。Wi-Fi 的传输距离是 50～100 m，由于 2.4 GHz 电磁波的波长为 12.5 cm，5 GHz 电磁波的波长为 6 cm，所以 2.4 GHz 的信号比 5 GHz 的信号传播距离远。由于 2.4 GHz 信号的波长比 5 GHz 信号的波长长，所以 2.4 GHz 的信号比 5 GHz 的信号穿透能力强，覆盖范围广。目前，Wi-Fi 数据传输的速率最快能达到 30 Gb/s，速度要比蓝牙快很多。

1. Wi-Fi 的网络架构

Wi-Fi 网络有多种架构，其中 Wi-Fi 基础网络架构是最常见的一种。Wi-Fi 基础网络架构由接入点(AP)、客户端设备、路由器组成。接入点将有线网络连接转换成无线信号，允许 Wi-Fi 客户端设备连接至网络，并提供可靠的互联网接入。客户端设备(如智能手机、平板电脑、笔记本电脑等)通过 Wi-Fi 网络与其他设备进行通信。路由器是连接到互联网或局域网的接口，提供网络接入功能。客户端设备以路由器为中心，通过无线信号连接网络。简单来说，就是客户端设备通过连接 AP 接入互联网。在家庭无线网络中，无线路由器提供 AP 和路由器的功能。

2. Wi-Fi 的特点

1) 高传输速率

Wi-Fi 技术能够提供从几十兆比特每秒(Mb/s)到数千兆比特每秒(Gb/s)的传输速率，这取决于具体的标准版本(如 802.11n、802.11ac、802.11ax、802.11be 等)。高传输速率意味着 Wi-Fi 能够高效地传输大量数据，可满足物联网中高清视频传输、大文件共享等需求。

2) 广覆盖范围

随着技术的不断进步，Wi-Fi 的覆盖范围也在不断扩大。在合适的环境下，单个 Wi-Fi AP 能够覆盖几十米甚至上百米的区域，而通过多个 AP 的协同工作(如 Mesh 网络)，可以实现更大范围的无线覆盖，为物联网设备提供无缝连接。

3) 兼容性与灵活性

Wi-Fi 技术具有良好的兼容性，不同品牌和型号的 Wi-Fi 设备能够相互连接和通信。同时，Wi-Fi 网络结构灵活，可以根据实际需求进行扩展和调整，以满足物联网复杂多变的网络环境。

3. 应用场景

在智能家居领域，Wi-Fi 技术是实现设备互联的重要手段。通过 Wi-Fi，智能灯泡、智能插座、智能摄像头、智能音箱等设备可以轻松接入家庭网络，实现远程控制、智能联动等功能。例如，用户可以通过手机 APP 控制家中的照明设备、空调等，或者通过智能音箱播放音乐、查询天气等。

在智能办公场景中，Wi-Fi 技术同样发挥着关键作用。通过部署 Wi-Fi 网络，企业可以为员工提供高速、稳定的无线网络接入服务，以支持移动办公、视频会议、文件共享等需求。同时，Wi-Fi 还可以与物联网设备相结合，实现办公环境的智能化管理，如智能门禁、智能照明、环境监测等。

智慧城市是物联网技术的重要应用领域之一。在智慧城市中，Wi-Fi 技术广泛应用于公共场所(如公园、广场、图书馆等)的无线网络覆盖，为市民提供便捷的上网服务。同时，Wi-Fi 还可以与物联网传感器相结合，收集城市运行数据(如交通流量、空气质量、噪声水平等)，为城市管理提供有力支持。

4. 挑战与解决方案

尽管 Wi-Fi 技术在物联网中具有广泛的应用前景，但在实际应用中也面临着一些挑战。

一是功耗问题。Wi-Fi 设备在长时间运行时会消耗大量电能，这对于需要长时间工作的物联网设备(如智能传感器)来说是一个不小的负担。为了解决这一问题，可以采用低功耗的 Wi-Fi 模块或采用休眠唤醒机制来降低设备的功耗。

二是安全性问题。随着物联网设备的增多，Wi-Fi 网络的安全性也面临着越来越大的挑战。为了保障网络安全，需要采用先进的加密技术和安全协议来保护数据传输的安全性。同时，还需要加强网络管理和监控，及时发现并处理潜在的安全威胁。

三是网络拥塞问题。在物联网应用中，大量设备同时接入 Wi-Fi 网络可能导致网络拥塞和性能下降。为了缓解这一问题，可以采用负载均衡技术、多频段支持(如 2.4 GHz 和 5 GHz)以及优化网络拓扑结构等方法来提高网络的承载能力和稳定性。此外，还可以通过增加 AP 的数量和密度来扩大网络覆盖范围和提高接入能力。

(三) ZigBee 技术

ZigBee，又称紫蜂，是基于 IEEE 802.15.4 协议发展起来的一种低速率、低功耗、短距离传输的无线通信技术。ZigBee 的诞生源于对工业物联网的高可靠性需求，以及能抵抗工业现场的各种电磁干扰的无线数据传输的需求。2001 年 8 月 ZigBee 联盟成立，2003

年 ZigBee 协议问世。早期 ZigBee 联盟颁布了满足智能家居、智能建筑等领域的不同协议，在 2016 年 ZigBee 联盟推出了 ZigBee3.0 标准，统一了早期的各种协议。

ZigBee 的工作频段有 2.4 GHz、868 MHz、915 MHz。2.4 GHz 是全球通用频段，也是使用最多的频段，中国主要使用的就是 2.4 GHz 频段。868 MHz 是为欧洲设计的频段，915 MHz 是为美国设计的频段。不同的工作频段，传输速率也不同。在 2.4 GHz 频段，每秒钟传输 250 Kbit 数据；在 915 MHz 频段，每秒钟传输 40 Kbit 数据；在 868 MHz 频段，每秒钟传输 20 Kbit 数据。传输距离在不同环境下有所变化，在开放场地，ZigBee 信号的最大通信距离可达 100 m，在室内环境下通常为 10～30 m。

1. ZigBee 组网

ZigBee 具有强大的组网能力，可以形成星型网、树型网和网状网三种网络。在 ZigBee 网络中，含有协调器节点、路由器节点和终端设备节点。

ZigBee 网络的最大特点是具有自组织和自愈合的能力。自组织和自愈合是指在网络拓扑结构发生变化或某些节点出现故障时，网络能够自动重新配置和重新组织网络拓扑，从而保持网络的稳定性和可靠性。

ZigBee 的传输速率低、组网容量大，适合设备数量多、数据传输量少、不方便经常更换电池、要求高可靠性的情况，因此 ZigBee 常用于智能家居、智能农业大棚、工业自动化场景的无线数据通信。

2. ZigBee 的特点

ZigBee 技术具有低速率、低功耗、网络容量大、时延低、数据传输可靠等特点。

低速率体现为 ZigBee 最大每秒钟只能传输 250 Kbit 的数据，满足低速率传输数据的应用需求。低功耗体现为在工作模式下传输数据量很少，因此信号的收发时间很短，在非工作模式时处于休眠模式，所以非常省电，这是 ZigBee 的突出优势。网络容量大主要体现在一个 ZigBee 网络最多可以支持 65 536 个 ZigBee 节点。低时延体现为 ZigBee 的响应速度较快，从睡眠转入工作状态只需 15 ms，节点连接进入网络只需 30 ms，进一步节省了电能。数据传输可靠体现在 ZigBee 技术采用了碰撞避免机制、完全确认的数据传输机制，每个发送的数据包都必须等待接收方的确认信息，用这种方法可以提高系统信息传输的可靠性。

(四) LoRa 技术

LoRa 是一种基于扩频技术的远距离无线通信技术，专为物联网设计。LoRa 利用扩频技术能够在较宽的带宽内传输信号，从而换取更高的灵敏度。LoRa 是低功耗广域网(LPWAN)技术，该技术作为 IoT 领域的重要组成部分，因具有远距离传输、低功耗、低成本等特点，在各类物联网应用中展现出巨大的潜力。

LoRa 技术是由 Semtech 公司开发的。2015 年 Semtech 联合多家科技公司、运营商成立 LoRa 联盟，推出开放标准 LoRaWAN。LoRa 主要在全球免费频段(即非授权频段，包括 433 MHz、470 MHz、868 MHz、915 MHz 等)运行。LoRa 的传输距离较远，城镇可达(2～5) km，在郊区可达 15 km。LoRa 每秒钟可传输 18 bit 到 62.5 Kbit 的数据，可以看出 LoRa 的数据传输速率是较慢的。

1. LoRa 网络

市场上常见的 LoRa 应用中使用的网络架构包括私有协议网络和 LoRaWAN 网络。其中，LoRaWAN 组网类似于 Wi-Fi 组网。LoRaWAN 网络架构主要由终端节点、网关、网络服务器和应用服务器组成，如图 4-10 所示。

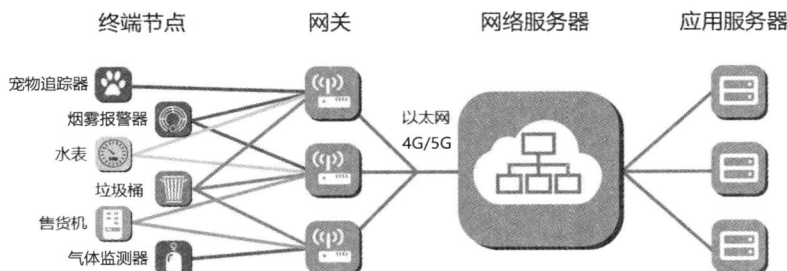

图 4-10　LoRaWAN 网络架构

终端节点可能是各种设备，比如宠物追踪器、烟雾报警器、水表等。网关负责接收来自 LoRa 设备的信号，网络服务器负责处理来自网关的数据，应用服务器是面向用户的。

在 LoRaWAN 网络中，终端节点与网关不是一一对应关系，一个终端节点可以同时接入多个网关。终端节点通过 LoRa 无线通信与网关连接，网关通过现有的以太网、4G/5G 与网络服务器连接，网络服务器再通过以太网与应用服务器连接。

2. LoRa 的特点

LoRa 技术具有远距离传输、抗干扰、穿透性强、低功耗、大容量、部署灵活等特点。

远距离传输体现在 LoRa 自身的调制技术使其具有超高的灵敏度，可以在低功耗下实现远距离的数据传输，传输距离可以达到几千米甚至更远，可为物联网提供无线广域覆盖。抗干扰体现为当遇到外界电磁信号干扰时，LoRa 能继续稳定通信，即具有超强的抗干扰能力。穿透性强体现在 LoRa 工作在 Sub 1 GHz 频段，LoRa 信号能很好地穿透建筑物和障碍物，这增强了其在复杂环境下的通信性能。低功耗体现为 LoRa 在保证数据传输的同时大大降低了能耗，特别适用于电池供电的设备长期工作。单节纽扣电池可持续使用长达 10 年。大容量体现为在 LoRa 网络中，一个网关可以连接成千上万个 LoRa 节点，可以同时连接大量传感器和其他物联网设备。部署灵活体现为 LoRa 技术不需要建设基站，一个网关便可以控制较多设备，并且布网方式较为灵活，哪里需要 LoRa 信号，就在哪里放置一个 LoRa 网关，可大幅度降低建设成本。

3. LoRa 的应用

根据 LoRa 技术的优势，其在实际应用中主要有三大类应用场景：蜂窝信号弱或不可用场景，功耗、距离要求严格的场景，私有/企业网络场景。具体应用场景有智慧牧业、智慧建筑、智慧园区、工业控制等。不论什么场景，用户都需要自己组建 LoRa 网络。

(五) NB-IoT 技术

NB-IoT 是专为物联网设计的窄带蜂窝通信技术，其基于现有的蜂窝网络而构建。NB-IoT 在低功耗下可实现长距离传输和大规模连接，专门用于物联网设备的通信。2016 年 NB-IoT 标准应运而生，2017 年开始商用。NB-IoT 工作在授权频段，授权频段就是由国家授权的、专门规划的频段，比如 4G/5G。NB-IoT 的频段范围为(450～2025) MHz，全球主流的频段是 800 MHz 和 900 MHz。中国电信在 800 MHz 频段部署 NB-IoT，中国联通和中国移动在 900 MHz 频段部署 NB-IoT。NB-IoT 最慢每秒钟可传输 200 bit 的数据，最快每秒钟可传输 200 Kbit 的数据。NB-IoT 的传输距离可以达到 15 km。

1. NB-IoT 的网络架构

NB-IoT 网络架构主要包含 NB-IoT 终端、NB-IoT 基站、核心网、IoT 平台和行业应用，如图 4-11 所示。

图 4-11　NB-IoT 网络架构

NB-IoT 终端是各种传感器、表计等，负责采集数据。NB-IoT 终端需要安装 SIM 卡，并且通过 NB-IoT 通信模组实现无线连接，发送数据。NB-IoT 基站可以在原有的 4G 基站上进行升级，并且相比之前支持更大容量的连接。NB-IoT 基站与核心网负责数据的接入、传输和转发。IoT 平台负责存储、管理数据。行业应用负责呈现与用户交互的界面。

2. NB-IoT 的部署

NB-IoT 构建于电信运营商的蜂窝移动网络之上，可直接部署到移动通信网络(4G/5G)，以降低部署成本、实现平滑升级。NB-IoT 通过蜂窝网络以三种方式运行：在现有载波内通过未使用的 200 kHz 频段运行，通过 4G 通道间未使用的保护频段运行，独立运行。

3. NB-IoT 的特点

NB-IoT 的核心特点之一是广覆盖，这一特性显著超越了传统的 2G 移动通信网络。具体而言，NB-IoT 的基站能够比传统 2G 网络覆盖更广阔的地域，单基站覆盖面积提升高达十倍，且信号穿透力更强，能够轻松穿透两堵墙，甚至深入地下车库等信号盲区，确保无线信号无死角覆盖。其传输距离更是达到了惊人的 15 km，为远距离通信提供了强有力的支持。

低功耗则是 NB-IoT 的另一大亮点。该技术巧妙地设计了两种省电模式，使得终端设备在绝大多数时间内都处于休眠状态，极大地减少了能源消耗。这种设计使得 NB-IoT 设备在仅使用 5 号电池的情况下，便能持续工作长达十年之久，为物联网设备的长期稳定运行提供了坚实的保障。

大连接能力是 NB-IoT 的又一显著优势。在有限的 200 kHz 带宽内，NB-IoT 网络能够支持高达 10 万个设备的连接，这一数字远超传统无线通信技术，为物联网的大规模应用奠定了坚实的基础。无论是智慧城市中的海量传感器，还是工业物联网中的众多设备，NB-IoT 都能轻松应对，实现万物互联。

此外，NB-IoT 还具备低成本的特点。该技术支持在现有网络设备上进行升级改造，无须大规模新建基础设施，从而有效降低了网络建设和维护的成本。同时，NB-IoT 芯片设计也充分考虑了成本因素，采用单天线、半双工模式，并简化了信令处理流程，这使得芯片价格更加亲民，进一步推动了物联网的普及和应用。

在部署方式上，NB-IoT 充分利用了运营商的基站资源，实现了快速部署和灵活组网。其部署方式多样，包括独立部署、保护带部署和带内部署等，可以根据实际需求灵活选择。同时，NB-IoT 还接入了 5G 核心网，为未来的物联网发展预留了广阔的空间。

4. LoRa 与 NB-IoT 的对比

LoRa 和 NB-IoT 都具有广覆盖、低功耗、大连接等特点。LoRa 在非授权频段工作，网络部署要比 NB-IoT 灵活。NB-IoT 在授权频段工作，网络要使用运营商基础设施，但是在很多地方，运营商的基础设施并没有完全覆盖，这时就可以使用 LoRa。

LoRa 和 NB-IoT 都有各自的优点和缺点，适用于不同的物联网应用场景。在选择时，需要考虑应用需求，包括覆盖范围、数据传输速率、功耗、可靠性和成本等方面。

LoRa 更适合局部领域的需求或者搭建私有网络的需求。在智慧建筑中，水电表、安防传感器等 LoRa 终端将采集的信息无线上传到 LoRa 网关，由网关接入互联网。智慧停车场的地磁传感器感知的信息通过 LoRa 网关上传到互联网云平台。在畜牧业领域，环境传感器、疫情监测传感器等采集的信息，也需要通过 LoRa 网关接入互联网。LoRa 终端设备必须经 LoRa 网关，才可以接入互联网。

NB-IoT 更适合公共市政方面需要运营商基础设施的应用。在智慧路灯中，路灯作为终端，安装有 NB-IoT 通信模组和 SIM 卡，NB-IoT 通过 NB-IoT 基站直接接入网络，实现路灯管理和远程控制。在市政智慧抄表应用中，水表、电表等作为终端，通过 NB-IoT 基站直接接入网络。NB-IoT 终端需要安装 SIM 卡，但不需要网关，可以直接接入互联网。

总的来说，NB-IoT 主要依赖于运营商的网络覆盖，进行协议对接；而 LoRa 是一个更灵活的自主网络，在任何需要的地方，都可以进行部署。

三、无线接入技术的发展趋势

这部分内容将深入探讨无线接入技术的发展趋势，主要包括技术融合、互操作性以及标准化进展。

(一) 技术融合

随着无线通信技术的多元化发展，不同技术之间的融合趋势日益明显。其中，Wi-Fi 与蓝牙的共存与协作是最具代表性的例子。Wi-Fi 具有高传输速率、广覆盖等特点，在提供互联网接入方面占据主导地位，广泛应用于家庭、办公室及公共场所。而蓝牙技术具有低功耗、短距离通信等优势，在可穿戴设备、智能家居控制、音频传输等领域大放异彩。两者看似互补，实则存在广泛的融合空间。

在技术融合方面，Wi-Fi 与蓝牙的共存不仅意味着它们可以在同一设备中共存，更在于它们能够协同工作，为用户提供更加便捷、高效的服务。例如，在智能家居场景中，用户可以通过 Wi-Fi 连接互联网，获取远程控制、智能分析等功能；同时，蓝牙技术负责设备间的短距离通信，如无线耳机与手机的连接、智能家居设备间的联动等。这种融合不仅提升了用户体验，也促进了物联网生态系统的完善。

(二) 互操作性

互操作性是实现不同无线接入技术无缝连接与数据共享的关键。在物联网系统中，各种传感器、控制器等可能采用不同的无线接入技术，因此，确保它们之间的互操作性至关重要。

实现互操作性的关键在于建立统一的标准和协议。通过制定标准化的通信协议和数据格式，不同技术之间的设备可以相互识别、相互通信，从而实现数据的无缝交换。此外，还需要开发相应的中间件或网关设备作为不同技术之间的桥梁，实现协议转换和数据转发。

在物联网系统中，互操作性的实现不仅有助于提升系统的整体性能和稳定性，还能促进跨领域、跨行业的协同创新。例如，在智慧医疗领域，将 Wi-Fi、蓝牙、ZigBee 等多种无线接入技术融合，可以实现医疗设备、传感器、患者终端之间的无缝连接，从而为医生提供全面的患者健康数据，为患者提供更加精准的医疗服务。

(三) 标准化进展

无线接入技术标准化在国际上和国内都取得了显著进展，对物联网的发展产生了深远影响。

在国际上，IEEE、3GPP 等国际标准化组织积极推进无线接入技术的标准化工作，制定了 Wi-Fi、蓝牙、NB-IoT 等一系列标准规范。这些标准不仅为无线接入技术的发展提供了技术支撑，也为物联网系统的建设和应用提供了重要保障。

在国内，中国通信标准化协会(CCSA)等组织也积极参与无线接入技术的标准化工作，并结合国内实际情况，制定了一系列符合国情的标准规范。这些标准不仅促进了国内无线接入技术的产业化进程，也为国内物联网市场的繁荣发展提供了有力支持。

总之，无线接入技术的融合与互操作性是推动物联网发展的重要力量。通过技术融合，不同无线接入技术可以实现优势互补，从而为用户提供更加全面、便捷的服务；通过互操作性，不同技术之间的设备可以实现无缝连接与数据共享，从而提升物联网系统的整体性能和稳定性；而标准化则为无线接入技术的发展和物联网系统的建设提供了重要保障。未来，随着技术的不断进步和应用的不断拓展，无线接入技术的融合与互操作性将在物联网领域发挥更加重要的作用。

任务 6 物联网平台

物联网平台

物联网平台层将从网络层传输来的大规模数据进行存储、分析，为物联网应用提供应用开发功能支持，是一个集成设备管理、数据存储、分析、应用开发等功能的一体化解决方案。该平台向下支持连接海量设备，向上提供云端 API，可实现远程控制和数据处理。

一、物联网平台的功能与架构

物联网平台在物联网生态系统中扮演着至关重要的角色，它通过提供统一的设备接入、数据格式化、协议转换等服务，使得各类设备能够相互连接、数据能够汇聚和流通。同时，物联网平台还利用云计算、大数据等技术手段，对海量数据进行处理、分析和挖掘，为企业提供有价值的信息。

物联网平台的体系架构通常包括设备管理层、数据管理层、应用支持层和用户界面层。其中，设备管理层负责设备注册、配置和控制；数据管理层负责数据的存储、处理和分析；应用支持层提供开发工具和 API，帮助开发者快速构建物联网应用程序；用户界面层为用户提供操作界面，管理设备和应用。物联网平台的体系架构为物联网应用的实现提供了坚实的基础。

二、主流物联网平台

在物联网的浪潮中，众多厂商纷纷推出自家的物联网平台，以抢占这一新兴市场。这些平台各有特色，但都围绕设备管理、数据处理、应用支持等核心功能展开。了解这些主流物联网平台的特点和优势，有助于我们更好地选择和利用它们来构建物联网解决方案。

(一) 主流物联网平台的分类

在物联网技术的专业领域内，平台作为核心技术架构的核心组成部分，其分类严格依据功能特性及所服务的特定应用场景而界定。

首先，通用物联网平台以其全面的功能性和广泛的适用性脱颖而出，这类平台集成了设备管理、数据存储与高效处理以及应用开发等一站式服务，为跨行业的物联网项目提供了坚实的技术支撑。例如，AWS IoT、Microsoft Azure IoT、IBM Watson IoT 等平台，凭借其在云计算、大数据分析及人工智能领域的深厚积累，成为推动物联网技术普及与发展的重要力量。

其次，行业物联网平台则更加专注于某一特定行业的需求痛点，通过定制化解决方案和深度优化服务，助力该行业实现数字化转型。这类平台不仅融入了行业特有的业务逻辑与标准，还针对行业的特定应用场景进行了功能与性能的优化。例如，在工业物联网领域，Sierra Wireless 凭借其深厚的行业知识与技术实力，为制造业提供了高效、可靠的物联网解决方案；而在智能家居领域，Nest 则通过创新的产品与服务，重新定义了家庭生活的智能化体验。

最后，专有物联网平台则代表了大型企业对于物联网技术应用的深度探索与实践。这类平台通常由企业自行研发，紧密围绕其内部业务流程与战略需求，集成了先进的数据分析、机器学习、边缘计算等前沿技术，实现了从数据采集、处理到决策支持的全链条智能化管理。通用电气公司(GE)的 Predix 平台和西门子的 MindSphere 便是其中的杰出代表，它们不仅提升了企业内部的运营效率与决策能力，还为整个行业的数字化转型树立了标杆。

综上所述，主流物联网平台依据其专业性、功能特性及应用场景的不同，可划分为通用物联网平台、行业物联网平台及专有物联网平台三大类。这三类平台各自在物联网技术的不同领域发挥着重要作用，共同推动着物联网技术的不断创新与发展。

(二) 主流物联网平台的介绍

主流物联网平台在推动数字化转型和智能化应用中扮演着至关重要的角色。以下是对 AWS IoT 平台、Microsoft Azure IoT 平台、IBM Watson IoT 平台、Sierra Wireless IoT 平台以及 Nest 这五个主流物联网平台的详细介绍。

1. AWS IoT 平台

AWS IoT 是亚马逊云服务(AWS)针对物联网领域推出的一系列服务的总称，旨在帮助企业和开发者轻松构建、部署和管理物联网解决方案。AWS IoT 平台以强大的云服务基础设施为支撑，提供了从设备连接到数据处理的全方位服务。

AWS IoT Core 是 AWS IoT 平台的核心服务，它支持设备的安全注册、配置和远程控制。通过 MQTT、HTTP 等标准协议，AWS IoT 能够轻松接入各种品牌和类型的物联网设备。同时，AWS IoT 还提供了设备影子(Device Shadow)功能，允许开发者在云端维护设备的最新状态信息，实现设备状态的实时同步和远程查询。

AWS IoT 平台与 AWS 的其他服务(如 Amazon S3(云存储)、Amazon Redshift(大数据分析)、Amazon QuickSight(数据可视化)等)紧密集成，为用户提供了一站式的数据处理解决方案。开发者可以利用这些服务构建复杂的数据处理和分析系统，挖掘物联网数据中有价值的信息，优化业务流程。

AWS IoT 还提供了丰富的 API 和开发工具，如 AWS IoT SDK(软件开发工具包)、AWS IoT Events(事件处理服务)等，帮助开发者快速构建物联网应用程序。这些工具降低了开发门槛，提高了开发效率，使得开发者能够专注于业务逻辑的实现而非底层的通信协议和数据处理。

2. Microsoft Azure IoT 平台

Microsoft Azure IoT 是微软公司推出的物联网平台，旨在通过云服务和边缘计算技术为企业提供全面的物联网解决方案。Azure IoT 平台以其高度的可扩展性、安全性和灵活性赢得了广泛认可。

Azure IoT Hub 是 Azure IoT 平台的核心服务，它支持百万级别的设备连接，提供设备身份验证、消息路由、设备到云和云到设备的双向通信等功能。Azure IoT Edge 则将云计算的能力扩展到边缘设备，使得数据处理和分析可以在设备本地进行，从而减少了数据传输延迟，提高了系统响应速度。

Azure IoT 平台提供了强大的数据分析和机器学习能力。通过 Azure Data Factory、Azure Machine Learning 等服务，用户可以轻松构建数据管道，进行大规模数据处理和机器学习模型的训练。这些功能可以帮助用户从海量数据中提取出有价值的信息，优化业务流程，提高决策效率。

Azure Functions 和 Logic Apps 等服务的引入，则极大地简化了物联网应用的开发和部署过程。开发者可以利用这些服务快速搭建应用逻辑，实现复杂的工作流和业务流程自动化。同时，Azure IoT Central 作为一个完全托管的 SaaS(软件即服务)解决方案，为非技术用户提供了快速构建和部署物联网应用的便利。

3. IBM Watson IoT 平台

IBM Watson IoT 平台是 IBM 公司提出的基于 Watson 人工智能技术的物联网解决方案。该平台充分利用 Watson 的强大认知计算能力，对物联网数据进行深度分析和预测，为用户提供智能化的决策支持。

Watson IoT 平台提供了设备注册、监控和故障诊断等功能。通过 Watson IoT 平台，用户可以实时监控设备的运行状态，及时发现并处理潜在问题，提高设备的可靠性和稳定性。

Watson IoT 平台利用 Watson 的认知计算能力对物联网数据进行深度分析和预测。无论是时间序列分析、异常检测还是预测性维护，Watson IoT 都能提供精准的解决方案。这些功能使得用户能够更好地理解数据背后的规律，优化生产流程，提高运营效率。

Watson IoT 平台支持快速构建基于 AI 的物联网应用程序。通过 Watson API 和 SDK，开发者可以轻松地将 Watson 的 AI 能力集成到物联网应用中，实现智能决策和自动化操作。此外，Watson IoT 平台还提供了丰富的行业模板和解决方案加速器，帮助用户快速启动项目并降低开发成本。

4. Sierra Wireless IoT 平台

Sierra Wireless 是一家专注于工业物联网领域的领先企业，其 IoT 平台以稳定性和可靠性著称。该平台覆盖了从设备连接、数据管理到应用服务的全链条服务，特别适用于对稳定性和可靠性要求极高的工业场景。

Sierra Wireless IoT 平台提供了稳定可靠的设备管理解决方案。通过该平台，用户可以轻松实现设备的注册、配置和监控，确保设备的正常运行和高效管理。

Sierra Wireless IoT 平台支持实时数据处理和分析功能。通过内置的数据分析和机器学习算法，平台能够对海量工业数据进行快速处理和分析，帮助用户发现生产过程中的潜在问题并及时优化。此外，平台还支持与第三方数据分析工具的集成，为用户提供更加灵活的数据处理方案。

Sierra Wireless IoT 平台提供了丰富的 API 和 SDK，支持开发者快速构建和部署物联网应用。同时，平台还提供了定制化解决方案和行业模板，帮助不同行业的企业快速实现物联网应用的落地，加速业务转型和创新。

5. Nest

Nest 是由 Google Nest Labs 开发的专注于智能家居领域的物联网解决方案。该平台通过集成先进的传感器技术、数据分析与人工智能技术，为用户提供高度个性化、智能化的家居生活体验。Nest 平台不仅限于单一产品，而是构建了一个生态系统，让各种智能家居设备能够无缝协作，共同打造智能、节能、舒适的居住环境。

Nest 平台在设备管理方面表现出色，支持多种智能家居设备的接入与控制。用户可以通过手机应用或网页端轻松管理家中的 Nest 恒温器、烟雾报警器、摄像头等设备，实现远程监控、定时开关、自动调节等功能。平台还提供了设备间的联动设置，如根据室内温湿度自动调节空调温度，实现智能家居的自动化与智能化。

Nest 平台具备强大的数据处理能力，能够收集并分析来自各种智能家居设备的数据。通过机器学习算法，平台能够学习用户的生活习惯与偏好，并据此优化家居环境。例如，Nest 恒温器能够学习用户的温度偏好，自动调整室内温度以达到最佳舒适度；Nest 摄像头则能识别家庭成员与陌生人的面孔，提供智能安防服务。

Nest 平台为开发者提供了丰富的 API 和 SDK，支持第三方开发者基于 Nest 平台开发智能家居应用。这些应用能够进一步扩展 Nest 平台的功能，满足用户多样化的需求。同时，Nest 平台还与其他智能家居生态系统保持开放合作，确保用户能够轻松地将 Nest 设备与其他智能家居产品集成，享受更加智能、便捷的家居生活。

三、物联网平台的选择及其实施步骤

物联网平台作为连接物理世界与数字世界的桥梁，其选择与实施成为推动物联网项目成功落地的关键。面对市场上琳琅满目的物联网平台，如何精准选择物联网平台并合理实施，是每个物联网项目决策者必须面对的重要课题。下面将深入探讨物联网平台的选择与实施策略，首先剖析影响平台选择的关键因素，为决策者提供清晰的决策框架；随后将详细阐述选择物联网平台的实施步骤，确保项目能够顺利推进并达到预期效果。

（一）选择物联网平台时需考虑的因素

选择合适的物联网平台对于确保项目的成功至关重要。然而，面对众多的物联网平台，用户需要仔细评估以下关键因素，以选出最适合自己的平台。

(1) 设备支持与兼容性。首先，平台的多样性是关键，它必须能够支持各种类型的设备，包括传感器、执行器、智能设备等，以确保不同设备之间的顺畅通信。其次，通信协议的支持也同样重要，平台需要兼容多种通信协议，如 MQTT、CoAP、HTTP 等，这样才能确保各种设备都能顺利接入，实现数据的稳定传输。

(2) 数据处理与存储能力。实时性是一个核心指标，平台必须能够实时处理大量数据，提供低延迟的服务，以满足物联网应用对实时性的高要求。同时，可扩展性也同样重要，平台的存储和处理能力必须能够根据需求进行灵活扩展，以应对未来可能增长的数据量和处理需求。

(3) 分析与洞察能力。数据分析是其中的核心，平台需要提供强大的数据分析工具，帮助用户从海量数据中提取出有价值的信息，以更好地支持决策制定。此外，可视化也是一个重要的辅助功能，平台应该提供直观的数据可视化工具，帮助用户更轻松地理解数据，发现数据中的隐藏规律。

(4) 应用开发与部署的便捷性。平台应该提供丰富的开发工具和 API，以便开发者能够快速构建物联网应用程序，缩短开发周期。同时，灵活性也是一个重要的考量点，平台需要支持定制化的应用开发，以满足特定行业的特殊需求。

(5) 安全性与隐私保护。数据安全是首要考虑因素，平台必须采取严格的数据加密和访问控制措施，确保数据的安全性。同时，隐私保护也同样重要，平台需要遵循相关的隐私法规，保护用户的隐私权益，避免数据泄露和滥用。

(6) 可扩展性与未来适应性。平台必须能够随着设备数量的增加而轻松扩展，以应对未来可能的增长需求。同时，未来适应性也是一个重要的考量点，平台需要能够适应未来技术的发展，支持新的功能和应用场景，以确保投资的长期价值。

(7) 成本效益。设备成本是一个重要的考量因素，平台需要支持经济高效的设备接入，以降低整体的硬件投入。同时，运营成本也是一个不可忽视的因素，平台的运营成本(包括存储、处理和网络费用等)需要合理、可控，以确保项目的长期可持续运行。

(8) 生态系统与合作伙伴的选择。一个强大的生态系统能够提供丰富的服务和支持，帮助用户更好地利用平台的功能。同时，与众多合作伙伴建立合作关系也是平台实力的重要体现，这能够确保项目的顺利进行，提供更多的资源和支持。

(9) 用户体验与支持。平台的界面需要友好易用，以便用户能够轻松上手并快速掌握平台的使用方法。同时，技术支持也是一个重要的考量点，平台需要提供及时有效的技术支持，帮助用户解决使用中的问题，确保项目的顺利进行。

(二) 选择物联网平台的实施步骤

在启动物联网平台实施项目之初，首要任务是清晰界定项目的具体需求。这要求我们要明确项目将应用于哪个特定场景(如智能家居、智慧城市或工业自动化等)，因为不同场景下的需求差异显著。紧接着，深入分析功能需求，包括设备管理的高效性、数据处理的实时性与可扩展性，以及应用开发的灵活性和定制化能力，这些都将直接影响到平台的选择与后续实施。

随后，对物联网平台的性能进行全面评估，这是不可或缺的一步。我们需确保平台能够广泛支持各类设备，并与现有设备保持良好的兼容性，同时考察其数据处理能力，特别是实时响应、系统扩展及错误恢复等方面的表现。此外，平台提供的开发工具与 API 的易用性，也是评估其能否满足项目定制化需求的重要指标。

安全与隐私保护是物联网项目实施中必须高度重视的方面。深入了解平台的安全机制，如数据加密的强度、访问控制的严密性以及定期的安全更新策略，对于保障系统安全至关重要。同时，评估平台对用户数据的处理方式，确保其符合相关法律法规要求，保护用户隐私不受侵犯。

在成本效益分析阶段，我们需要综合考虑设备接入成本、平台运营成本以及长期投资回报。这包括评估设备硬件、通信费用等直接成本，以及存储、处理、网络等运营成本。更重要的是，要预见平台在未来的扩展性和适应性，分析其对项目长期发展的贡献。

生态系统的健全程度也是选择物联网平台时不可忽视的因素。因此，我们要考察平台是否拥有广泛的合作伙伴，能够为项目带来丰富的资源和支持；同时，关注平台的开发者社区活跃度，了解是否有充足的文档、教程和成功案例可供学习参考，这对于项目的顺利实施和后续维护具有重要意义。

为了确保选择的物联网平台能够满足项目需求，进行试点测试是必要环节。在特定场景下测试平台的关键功能，验证其性能稳定性和可靠性；同时，通过用户体验评估，了解平台界面的友好程度和易用性，确保项目团队能够快速上手并高效运作。

在决策过程中，寻求专业意见是明智之举。咨询物联网领域的专家或咨询公司，可以获得更为全面和深入的专业建议；同时，参考其他用户的使用经验和案例研究，也有助于我们更加客观地评估不同平台的优缺点。

最终，在综合评估了项目需求、平台性能、安全与隐私保护、成本效益、生态系统的健全程度、试点测试结果以及专业意见等多方面因素后，我们将结合项目的实际情况和需求特点，做出最为合适的选择。这一决策将为项目的成功实施奠定坚实基础。

任务 7　物 联 网 应 用

随着科技的飞速发展，物联网技术已经渗透到我们生活的方方面面，形成了丰富多彩的物联网应用。这些应用不仅极大地提升了我们的生活质量，也深刻地改变了我们的工作方式和思维方式。

一、智能家居与智慧城市

在智能家居与智慧城市两大领域，物联网技术的应用尤为突出，其背后蕴含着丰富的应用价值。

（一）物联网在智能家居中的应用

智能家居系统是一个集成了各种家庭设备和系统的平台，通过物联网技术实现设备的互联互通和智能化控制。

❖ **案例 1：智能温控系统**

智能温控系统是现代智能家居中基础且核心的应用之一。该系统通过物联网技术，将智能恒温器、温湿度传感器、门窗传感器等设备连接至家庭网络，实现对家庭环境的智能调控。用户可以根据个人偏好和实际需求，设定室内温度范围，系统则自动监测并调节空调、暖气等设备的运行状态，以保持室内温度的舒适与节能。

智能温控系统的技术实现方式包括设备互联、数据采集与分析、智能控制、用户交互等。其中，设备互联是指采用 ZigBee、Wi-Fi 等无线通信技术，将恒温器、传感器等设备与家庭网关或路由器相连，形成智能家居网络。数据采集与分析是指温湿度传感器实时采集室内环境数据，通过物联网平台传输至云端或本地服务器，系统运用算法分析数据，判断当前室内环境状态。智能控制是指智能恒温器根据预设的温度范围和实时环境数据，自动调节空调、暖气等设备的输出功率或工作模式，以达到节能与舒适的平衡。用户交互则是指用户通过手机 APP、语音助手等终端设备，可远程查看室内环境状态、调整温度设置，实现智能化管理。

智能温控系统有以下几点优势：一是节能环保，即根据实际需求调节设备运行状态，有效减少能源浪费；二是舒适便捷，即用户可根据个人喜好设定温度范围，提升居住舒适度；三是智能化管理，即支持远程控制与自动化调节，降低人工干预成本，提高生活便利性。

❖ **案例 2：智能照明系统**

智能照明系统是智能家居中提升居住品质的重要应用。该系统通过物联网技术，将智能灯泡、光线传感器、人体红外传感器等设备连接至家庭网络，实现对照明设备的智能化控制与管理。

智能照明系统的技术实现方式包括设备互联、智能调节、场景模式设置、远程控制等。其中，设备互联是指采用 Wi-Fi、ZigBee 等无线通信技术，将智能灯泡、传感器等设备与家庭网络相连。智能调节是指光线传感器实时监测室内光线强度，根据预设的亮度阈值自动调节灯光亮度；人体红外传感器检测室内人员活动情况，实现人来灯亮、人走灯灭的自动化控制。场景模式设置是指用户可根据实际需求设置不同的照明场景模式(如阅读模式、观影模式、离家模式等)，一键切换至所需场景，营造舒适的居家氛围。远程控制是指用户通过手机 APP 等终端设备，可远程控制家中照明设备的开关并调节亮度等，实现智能化管理。

智能照明系统有以下几点优势：一是节能环保，即智能调节灯光亮度与开关状态，有效减少能源浪费；二是提升居住品质，即可根据不同场景需求设置照明模式，营造舒适、温馨的居家环境；三是便捷管理，即支持远程控制与场景模式切换，可提高生活便利性。

❖ **案例 3：智能安防系统**

智能安防系统是智能家居中的重要组成部分，旨在通过物联网技术提升家庭安全防护能力。该系统通常包括智能门锁、摄像头、烟雾报警器、人体红外传感器等设备，可实现对家庭安全的全方位监控与防护。

智能安防系统的技术实现方式包括设备互联、实时监控与报警、智能识别与分析、远程控制等。其中，设备互联是指采用 Wi-Fi、蓝牙等无线通信技术，将安防设备与家庭网络相连，形成安防监控网络。实时监控与报警是指通过摄像头、烟雾报警器、人体红外传感器等设备实时采集家庭环境信息，一旦检测到异常情况(如入侵、火灾、烟雾等)，立即通过物联网平台发送报警信号至用户手机 APP 或紧急联系人。智能识别与分析是指利用人工智能技术，对摄像头采集的视频数据进行智能识别与分析，区分家庭成员与陌生人，减少误报率。远程控制是指用户可通过手机 APP 远程查看家中监控画面、控制门锁开关等，实现智能化管理。

智能安防系统有以下几点优势：一是高效防护，即实时监控与智能识别技术的应用可有效提升家庭安全防护能力，降低安全风险；二是即时响应，即一旦检测到异常情况，系统会立即发送报警信号，确保用户能够迅速采取措施；三是便捷管理，即支持远程控制与查看监控画面，方便用户随时了解家中情况，提高生活便利性。

(二) 物联网在智慧城市中的应用

随着城市化进程的加快，智慧城市建设已成为全球范围内的热门话题。物联网技术作为智慧城市建设的核心，为城市管理、公共服务和居民生活带来了诸多便利。下面将通过具体的物联网应用案例，展示物联网技术在智慧城市建设中的作用和价值。

❖ **案例 1：智能交通信号灯控制系统**

物联网在智能交通信号灯控制系统中的应用主要体现在实时数据采集、传输和智能化调度上，以实现交通顺畅和能源节约。

通过传感器、通信网络和中央控制器的协同工作，智能交通信号灯控制系统能够根据实时交通流量和道路状况进行动态调整，从而提高交通效率并减少拥堵。其中，智能交通信号灯控制系统中使用的传感器主要包括视频监控器、地磁感应器和微波感应器等，用于实时感知交通流量、车辆类型和车速等数据。例如，地磁感应器可以检测到通过的车辆数和车辆类型，而视频监控可以提供更详细的交通状况图像信息。传感器将采集到的数据通过无线通信技术(如 Wi-Fi 和 4G/5G 网络)实时传输给中央控制器，这个过程中应确保数据传输的低延迟和高可靠性，使得系统能够及时响应交通变化。中央控制器是整个系统的大脑，负责接收传感器数据，并通过算法和模型进行智能调度。例如，通过分析交通流量和车速数据，中央控制器可以决定延长或缩短某个方向的绿灯时间，从而优化交通流。

智能交通信号灯控制系统所采用的核心技术与算法包括实时数据采集、数据分析与预测、智能控制策略生成与执行等。实时数据采集是指传感器不断采集交通参数，如车辆数量、速度和行驶方向等，这些数据可为系统提供即时的交通快照。数据分析与预测是指嵌入式终端和云端服务器对收集到的数据进行处理和分析，生成交通流量预测和交通状况评估结果。例如，利用时间序列分析和机器学习算法，可以预测未来一段时间内的交通流量。智能控制策略生成与执行是指根据数据分析结果，中央控制器制定并执行控制策略。例如，通过优化算法计算最优的信号灯配时方案，以减少车辆等待时间和提高通行效率。

应用物联网技术的智能交通信号灯控制系统具有以下几点优势。一是能够实时调整，即基于物联网的智能交通信号灯控制系统能够根据实际情况实时调整信号灯的运行模式，以适应不断变化的交通需求。这种实时调整的方式大大减少了交通拥堵和排队时间。二是能够实现能源节约，相比传统的定时控制系统，智能交通信号灯控制系统可以根据实时数据减少不必要的绿灯时间，从而节约能源。三是能进行数据分析，系统采集的大量交通数据可以为城市交通规划和决策提供重要依据。例如，通过分析不同时间段的交通流量，可以优化公共交通的调度和路线规划。

❖**案例 2：城市空气质量监测系统**

物联网在城市空气质量监测系统中的应用主要体现在实时数据采集、传输和智能化处理上，以实现对空气污染的精准监控和管理。通过传感器网络与数据采集、数据传输与通信、数据处理与智能分析等环节，城市空气质量监测系统能够实时采集和分析空气质量数据，从而提高监测效率和准确性。

1) 传感器网络与数据采集

(1) 传感器部署：在城市各个区域部署大量的气体传感器和颗粒物传感器，用于实时采集空气质量数据，包括颗粒物浓度、二氧化硫浓度、氮氧化物浓度等。这些传感器能够覆盖城市的各个角落，形成密集的数据采集网络。

(2) 数据采集：传感器实时采集的数据为了解空气质量、制定污染治理政策以及评估治理效果提供了重要依据。例如，通过高精度的传感器模组和定电位电解气体检测传感器，可以精确采集 PM2.5、PM10 以及 SO_2、CO、O_3、NO_2 等六项空气质量指标。

2) 数据传输与通信

(1) 无线网络传输：将采集到的数据通过无线网络(如 Wi-Fi 和 4G/5G 网络)实时传输至数据中心，这个过程中应确保数据传输的低延迟和高可靠性，使得系统能够及时响应空气质量变化。

(2) 数据可视化：采用物联网技术还可以将监测数据以地图、图表等形式展示，便于直观了解污染分布和变化。例如，ArcGIS 服务器可以为 Android 客户端和微信公众号提供地图服务。

3) 数据处理与智能分析

(1) 数据清洗与整理：利用数据挖掘技术对原始数据实施清洗、整理，可以筛选出有效数据，剔除异常值和干扰因素，这为后续分析奠定了坚实基础。

(2) 智能预测与预警：将收集的海量数据传输至云端后，通过大数据分析和人工智能技术可以合理预测污染趋势，并为政策制定者提供科学决策依据。例如，结合气象数据，预测空气质量变化，为公众提供健康指引。

4) 应用场景与实际效果

(1) 应急环境监测：监测突发事件中的风险源，如一氧化碳、硫化氢等，构建快速应急响应机制。

(2) 污染源监控：对各种高污染企业的排污口进行重点监测和控制，减少污染气体的排放。

(3) 空气监测区域化管理：实现对污染的有效防治、及时和精准的空气质量预报以及责任目标网格化管理。

总的来说，物联网在城市空气质量监测系统中的应用不仅提高了监测精度和效率，还为城市管理者和决策者提供了科学依据，有助于提高居民生活质量并推动可持续城市发展。未来，随着技术的进一步发展和应用场景的拓展，该系统将在智慧城市建设和环境保护中发挥更加重要的作用。

❖ **案例 3：智能电网系统**

物联网在智能电网系统中的应用主要体现在实时数据采集、传输和智能化处理上，以实现电力系统的高效运行和优化管理。通过传感器网络与数据采集、数据传输与通信、数据处理与智能分析等环节，智能电网系统能够实时采集和分析电网数据，从而提高供电的可靠性和效率。

1) 传感器网络与数据采集

(1) 传感器部署：在电网的各个节点部署大量的传感器，包括温度传感器、电流传感器和电压传感器等，用于实时监测电网状态。这些传感器能够覆盖电网各个环节，形成密集的数据采集网络。

(2) 数据采集：传感器实时采集的数据为电网的稳定运行和故障预警提供了重要依据。例如，通过实时监测输电线路的温度和电流，可以及时发现异常情况并采取措施。

2) 数据传输与通信

(1) 无线网络传输：将采集到的数据通过无线网络(如 Wi-Fi 和 4G/5G 网络)实时传输至数据中心，这个过程中应确保数据传输的低延迟和高可靠性，使得系统能够及时响应电网变化。

(2) 数据可视化：采用物联网技术可以将监测数据以地图、图表等形式展示，便于直观了解电网运行状况。例如，通过 GIS 系统可以实时显示电网各个节点的状态和警报信息。

3) 数据处理与智能分析

(1) 数据清洗与整理：利用数据挖掘技术对原始数据实施清洗、整理，可以筛选出有效数据，剔除异常值和干扰因素，这为后续分析奠定了坚实基础。

(2) 智能预测与预警：将收集的海量数据传输至云端后，通过大数据分析和人工智能技术可以合理预测电网运行趋势，并为政策制定者提供科学决策依据。例如，结合历史数据和气象信息，预测电网负荷变化，提前调整资源配置。

4) 应用场景与实际效果

(1) 智能调度：基于物联网的智能电网可以实现电力资源的实时调度和优化配置，提高供电的可靠性和经济性。例如，通过实时监测和预测，智能电网可以自动调节发电和输电计划，减少能源浪费。

(2) 故障预警与自愈：智能电网具备故障自动检测和自愈能力，能够在出现故障时迅速定位并隔离问题区域，避免大规模停电。

(3) 用户交互：智能电网允许用户与电网实时互动，用户可以通过智能手机等终端查看用电情况、电费信息，甚至参与需求响应，降低用电成本。

❖案例 4：智能垃圾处理系统

通过传感器网络与数据采集、数据传输与通信、数据处理与智能分析等环节，智能垃圾处理系统能够实时采集和分析垃圾数据，从而提高处理效率和资源利用率。智能垃圾箱如图 4-12 所示。

图 4-12   智能垃圾箱

1) 传感器网络与数据采集

(1) 传感器部署：在垃圾桶中部署各种传感器，如重量传感器、红外传感器和满载传感器等，用于实时监测垃圾桶的状态。这些传感器能够覆盖城市各个角落，形成密集的数据采集网络。

(2) 数据采集：传感器实时采集的数据为垃圾处理提供了重要依据。例如，通过重量传感器可以实时监测垃圾桶内垃圾的重量，从而及时了解垃圾桶的满载情况。

2) 数据传输与通信

(1) 无线网络传输：将采集到的数据通过无线网络(如 Wi-Fi 和 4G/5G 网络)实时传输至数据中心，这个过程中应确保数据传输的低延迟和高可靠性，使得系统能够及时响应垃圾处理需求。

(2) 数据可视化：采用物联网技术可以将监测数据以地图、图表等形式展示，便于直观了解垃圾处理状况。例如，通过 GIS 系统可以实时显示垃圾桶的状态和警报信息。

3) 数据处理与智能分析

(1) 数据清洗与整理：利用数据挖掘技术对原始数据实施清洗、整理，可以筛选出有效数据，剔除异常值和干扰因素。这为后续分析奠定了坚实基础。

(2) 智能预测与预警：将收集的海量数据传输至云端后，通过大数据分析和人工智能技术可以合理预测垃圾处理趋势，并为政策制定者提供科学决策依据。例如，结合历史数据和季节性变化，预测垃圾产生量，提前调整资源配置。

4) 应用场景与实际效果

(1) 监督居民的垃圾分类行为：基于物联网的智能垃圾处理系统可以实现居民一户一码，即每个垃圾袋上都有了"身份证"；再通过物联网智能终端传输数据，监督居民的垃圾分类行为，对完成垃圾分类的用户予以一定奖励，将垃圾分类融入居民生活中。

(2) 智能开口防夹手：在垃圾桶的开口处安装物联网控制设备，居民可以通过小程序、APP 或人脸识别实现垃圾桶的开门、投递、关门等操作，即不用用手触碰垃圾箱，这样就能防止被垃圾箱夹到手。

(3) 垃圾状态监控：智能垃圾箱内的物联网监测设备可以随时监控垃圾桶的状态，除满溢状态外，防火防水、定位等状态信息都可监控；再利用物联网传输数据，进而对每个垃圾桶进行精准管理，优化资源利用率，实现防火防爆监控，为居民区的垃圾箱管理提供大数据支持。

二、工业物联网与智能制造

随着科技的飞速发展，工业物联网和智能制造技术正在成为现代制造业的新标准。这些技术不仅提高了生产效率和产品质量，还为企业实现智能化和自动化制造奠定了基础。

(一) 工业物联网的应用实例

工业物联网(Industrial Internet of Things，IIoT)是物联网技术在工业领域的应用，即通过智能设备、系统和网络的相互连接，实现数据的采集、传输、分析和应用，以提高工业生产的效率、质量和安全性。以下是工业物联网的相关应用案例。

❖**案例 1：智能工厂设备监控与维护**

智能工厂利用物联网技术实现对生产设备的全面监控与维护，提高设备运行效率和生产线的稳定性。应用场景包括生产线上的各类机械设备、自动化控制系统及辅助设施等。

1) 技术实现

(1) 设备互联：采用 RFID、ZigBee、Wi-Fi 等无线通信技术，将生产设备与物联网平台相连，实现设备数据的实时采集与传输。

(2) 数据采集与分析：通过传感器(如温度传感器、压力传感器、振动传感器等)实时采集设备的运行状态数据，利用大数据分析和机器学习算法，预测设备故障趋势，制订预防性维护计划。

(3) 智能维护：根据数据分析结果，自动触发维护任务，通过远程控制系统或机器人实现设备的自动维修与更换，减少停机时间。

2) 优势

(1) 提高生产效率：通过预防性维护减少设备故障，提高生产线的稳定性和连续性，进而提高生产效率。

(2) 降低维护成本：精准预测故障，避免不必要的维修和更换，降低维护成本。

(3) 优化资源配置：根据设备状态实时调整生产计划，优化物料和人力资源的配置。

❖ **案例 2：工业物联网在能源管理中的应用**

能源管理系统利用物联网技术可实现对工厂能源消耗的实时监测与优化，提高能源利用效率，降低能耗成本。

1) 技术实现

(1) 能耗数据采集：通过智能电表、流量计等物联网设备，实时采集水、电、气等能源的消耗数据。

(2) 数据分析与建模：利用大数据分析技术，对能耗数据进行深度挖掘，建立能耗模型，识别能耗高峰和浪费点。

(3) 智能调控：根据能耗模型，通过物联网平台实现能源的智能调度和优化控制，如自动调节空调温度、优化照明系统等。

2) 优势

(1) 节能减排：通过精准调控，降低不必要的能源消耗，实现节能减排的目标。

(2) 降低成本：减少能源浪费，降低企业的能耗成本。

(3) 环境友好：推动工业生产向绿色、低碳方向发展，提升企业社会形象。

❖ **案例 3：智能供应链与物流管理系统**

智能供应链与物流管理系统利用物联网技术，可实现货物从生产到消费的全链条跟踪与管理，提高物流效率和客户满意度。

1) 技术实现

(1) 货物追踪：通过 RFID 标签、GPS 定位等物联网技术，可实时追踪货物的位置、状态及运输轨迹。

(2) 智能仓储：利用物联网传感器监测仓库温湿度、库存量等信息，结合自动化仓储设备，可实现货物的智能存取与库存管理。

(3) 优化调度：通过物联网平台收集运输车辆、路况等实时数据，利用算法优化运输路线和调度方案，可提高物流效率。

2) 优势

(1) 提高物流效率：通过实时追踪与智能调度，可减少等待时间和运输成本，提高物流效率。

(2) 提升客户满意度：通过准确地追踪货物和快速响应客户需求，可提升客户满意度。

(3) 优化库存管理：采用智能仓储系统可减少库存积压和过期损失，从而优化库存成本。

(二) 智能制造中的物联网解决方案

随着科技的不断进步，物联网技术在制造业中的应用日益广泛，这为传统制造业带来了革命性的变革。通过物联网技术将各类设备相互连接，可实现数据的实时传输和处理，为制造业提供智能化的解决方案。

❖**案例 1：智能工厂的设备互联与预测性维护**

智能工厂通过物联网技术可实现生产设备的全面互联，实时监测设备运行状态，进行预测性维护，提高生产效率和设备可靠性。

1) 技术实现

(1) 设备互联：利用工业以太网、Wi-Fi、ZigBee 等无线通信技术，将生产线上的各类设备(如数控机床、机器人、传感器等)与物联网平台相连，实现设备数据的实时采集与传输。

(2) 数据采集与分析：通过安装在设备上的各类传感器(如温度传感器、振动传感器、电流传感器等)，实时采集设备的运行数据；利用大数据分析和机器学习算法，对采集到的数据进行处理和分析，可识别设备的异常状态，预测潜在的故障。

(3) 预测性维护：基于数据分析结果，智能系统自动生成维护计划，提前安排维修人员进行预测性维护，减少设备故障导致的停机时间。

2) 优势

(1) 提高生产效率：通过减少设备故障和停机时间，确保生产线的连续稳定运行，提高生产效率。

(2) 降低维护成本：通过预测性维护，减少不必要的维修和更换，降低维护成本。

(3) 提升设备可靠性：通过实时监测和预测性维护，及时发现并处理设备问题，提升设备的可靠性和使用寿命。

❖**案例 2：智能供应链的物料追踪与库存管理**

智能供应链利用物联网技术可实现物料的实时追踪与库存管理，提高物料流动效率和库存准确性。

1) 技术实现

(1) 物料标识：采用 RFID 标签、二维码等物联网识别技术，对物料进行唯一标识。

(2) 实时追踪：通过物联网传感器和定位系统，实时追踪物料在供应链中的位置、状态和流转情况。

(3) 智能库存管理：基于实时追踪数据，智能系统自动调整库存计划，减少库存积压和浪费。

2) 优势

(1) 提高物料流动效率：通过实时追踪和智能调度，减少物料等待时间和运输成本，提高物料流动效率。

(2) 提升库存准确性：通过物联网技术确保库存数据的实时性和准确性，降低库存误差。

(3) 优化供应链管理：通过数据分析，智能系统为供应链管理提供决策支持，优化供应链流程。

❖**案例 3：智能质量控制与追溯系统**

物联网技术也可用于产品质量控制和追溯，以确保产品质量符合标准，提高客户满意度。

1) 技术实现

(1) 数据采集：在生产过程中，通过各类传感器和检测设备实时采集产品质量相关的数据(如尺寸、重量、外观缺陷等)。

(2) 质量分析：利用大数据分析和机器学习算法，对采集到的质量数据进行处理和分析，识别产品质量问题及其原因。

(3) 追溯系统：建立产品追溯系统，将产品信息与生产过程中的各项数据(如原材料批次、生产时间、操作人员等)关联起来，实现产品的全程追溯。

2) 优势

(1) 提高产品质量：通过实时监控和分析，及时发现并处理质量问题，确保产品质量符合标准。

(2) 提升客户满意度：产品质量的提高可进一步提升客户满意度和忠诚度，增强企业市场竞争力。

(3) 优化生产流程：根据质量分析结果，优化生产流程和工艺参数，提高生产效率和产品一致性；同时，追溯系统有助于快速定位问题源头，减少召回成本和损失。

三、农业物联网与环境监测

在现代农业生产中，尤其是在农业环境和资源的监测领域，物联网技术的应用日益广泛。利用传感器、通信网络和数据处理等技术，可显著提升农业生产的智能化管理水平。

(一) 农业物联网的应用实例

❖案例 1：智能温室管理

智能温室管理中利用物联网技术，可为温室内的作物提供精确、可控的生长环境。智能温室如图 4-13 所示，它通过集成多种传感器和自动化控制系统，可实现对温室内部环境的全面监控与智能调节，以满足不同作物在不同生长阶段对环境条件的特定需求。

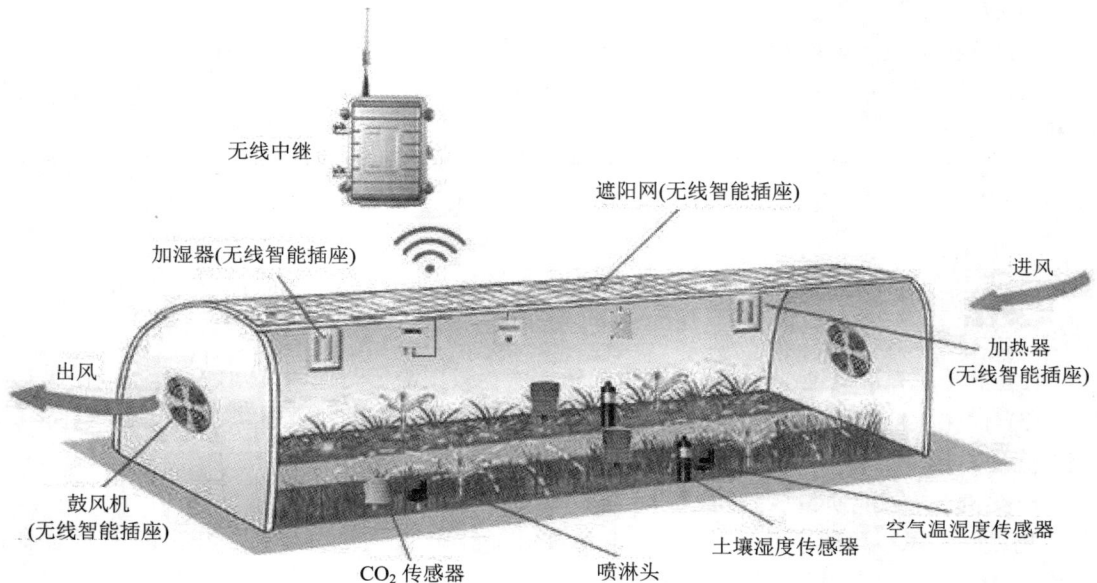

图 4-13　智能温室

1) 技术实现

(1) 传感器部署：在温室内安装温湿度传感器、CO_2 传感器、光照传感器等，以实时采集温室内的环境数据。

(2) 数据采集与传输：将传感器采集的数据通过无线通信技术(如 ZigBee、LoRa、NB-IoT 等)传输至物联网平台或控制中心。

(3) 智能控制：基于采集到的环境数据，智能控制系统自动分析并判断当前环境是否适宜作物生长，进而调节温室内的加热、通风、加湿、补光设备等，以实现环境的最优化控制。

(4) 远程监控与管理：用户可通过手机 APP 或电脑端远程查看温室环境数据，调整控制策略，甚至进行远程操控。

2) 优势

(1) 提高作物产量与品质：通过精确控制环境参数，为作物提供最佳生长条件，从而提高作物产量和品质。

(2) 降低能耗与成本：通过智能调节，减少不必要的能源消耗，降低运营成本。

(3) 提升管理效率：通过自动化控制，减少人工干预，提高管理效率，同时降低出现人为错误的可能性。

(4) 增强抗风险能力：实时监测环境变化，及时应对极端天气或灾害，保障作物安全。

❖ **案例 2：土壤监测系统**

土壤监测系统通过物联网技术，可实现对农田土壤水分和养分的实时监测，为精准农业提供数据支持。通过了解土壤的实际状况，农民可以更加科学地制订灌溉和施肥计划。

1) 技术实现

(1) 传感器部署：在农田中布置土壤水分传感器和养分传感器，以深入土壤内部，实时采集土壤的水分含量、pH 值、电导率，以及氮、磷、钾等关键养分数据。

(2) 数据传输与分析：将传感器采集的数据通过物联网网络传输至数据中心，利用大数据分析技术对数据进行处理和分析，形成土壤状况报告。

(3) 决策支持：基于土壤状况报告，为农民提供灌溉和施肥的决策建议，指导农民进行精准的农业操作。

2) 优势

(1) 提高资源利用效率：通过精准灌溉和施肥，可减少水资源和肥料的浪费，提高利用效率。

(2) 增加作物产量：通过合理的水肥管理，促进作物生长，提高作物产量。

(3) 减少环境污染：减少过量施肥导致的土壤和水体污染。

(4) 降低生产成本：通过精准的农业操作，降低生产成本，提高经济效益。

❖ **案例 3：动植物健康监测系统**

动植物健康监测系统利用物联网技术，实现对农场动物和植物健康状态的实时监控。这可帮助农场管理人员及时发现并处理健康问题，从而保障动植物的健康生长，提高生产效益。

1) 技术实现

(1) 穿戴设备与视频监控：为农场动物佩戴智能穿戴设备(如耳标、项圈等)，实时监测动物的体温、活动量等生理指标；同时，在农场安装视频监控摄像头，对动物行为进行持续观察。对于植物，则利用高清摄像头和图像处理技术进行生长状态监测。

(2) 数据分析与预警：将采集到的数据上传至物联网平台，利用机器学习算法进行数据分析，识别出异常行为或生长状态，并发出预警信号。

(3) 快速响应与处理：接到预警后，农场管理人员可迅速响应，对动植物进行必要的检查和治疗，防止病情恶化。

2) 优势

(1) 提高健康管理水平：实时监控动植物健康状态，及时发现并处理问题，提高健康管理水平。

(2) 减少疾病损失：通过快速响应与处理，减少疾病传播和恶化，降低因疾病导致的经济损失。

(3) 提升生产效益：保障动植物健康生长，提高生产效益和市场竞争力。

(4) 促进可持续发展：通过科学管理，减少药物和化肥的使用，促进农业可持续发展。

(二) 环境监测中物联网技术的应用

在环境监测中，物联网技术发挥着至关重要的作用，它通过信息传感设备，按照约定的协议，对任何物体进行信息交换和通信，以实现智能化识别、定位、跟踪、监控和管理。以下是物联网技术在环境监测中的具体应用。

❖ **案例 1：气象数据采集**

在农田环境中部署智能气象站，利用物联网技术可实时采集风速、风向、温度、湿度及降雨量等关键气象数据。这些数据对于精准农业管理至关重要，能够帮助农民更好地了解农田微气候，制定科学合理的灌溉策略和病虫害防治计划。

1) 技术实现

(1) 传感器部署：在农田不同区域安装气象站，每个气象站配备有风速传感器、风向标、温湿度传感器及雨量计等，确保数据的全面性和代表性。

(2) 数据采集与传输：将传感器采集到的数据通过低功耗无线通信技术(如 LoRa、NB-IoT 等)传输至云端服务器或本地数据中心。

(3) 数据分析与应用：云端平台对接收到的数据进行处理、分析和可视化展示，农民可通过手机 APP 或网页端查看实时气象数据，并据此调整农业生产管理策略。

2) 优势

(1) 提高农业生产效率：精准的气象数据有利于制定更科学的灌溉和病虫害防治决策，从而提高农业生产效率和作物产量。

(2) 降低灾害风险：及时的气象预警有助于农民提前采取措施应对极端天气，进而减少因自然灾害造成的损失。

(3) 促进资源节约：基于气象数据的精准灌溉可减少水资源浪费，同时降低化肥和农药的过度使用，有利于环境保护。

❖ **案例 2：水质监测**

农业灌溉系统利用物联网技术可监测水质，确保灌溉用水符合农业生产标准。这对于减少因水质问题导致的作物病害和减产具有重要意义。

1) 技术实现

(1) 水质传感器部署：在灌溉水源或灌溉管道中安装水质传感器(见图4-14)，监测水质的pH值、溶解氧、电导率、重金属含量等关键指标。

图4-14　水质传感器

(2) 实时监测与报警：传感器实时采集水质数据，并通过物联网网络传输至监测中心。当水质指标超出预设阈值时，系统自动触发报警，提醒管理人员采取措施。

(3) 数据追溯与分析：建立水质数据库，记录历史水质数据，为水质分析和改善提供依据。

2) 优势

(1) 保障作物健康生长：确保灌溉用水质量，减少因水质问题导致的作物病害和减产。

(2) 提高水资源利用效率：通过监测水质，合理调配水资源，提高灌溉效率和水资源利用效率。

(3) 降低环境风险：及时发现并处理水质问题，防止灌溉用水污染土壤和地下水。

❖案例3：灾害预警系统

结合气象数据和土壤状态监测结果，利用物联网技术可构建灾害预警系统，对可能发生的自然灾害(如干旱、洪水、病虫害暴发等)进行提前预警。这有助于农民及时采取措施，减少灾害造成的损失。

1) 技术实现

(1) 多源数据融合：整合气象站、土壤传感器、卫星遥感等多种数据源，形成全面的环境监测网络。

(2) 智能分析与预测：利用大数据分析和机器学习算法，对收集到的数据进行智能分析和预测，识别出潜在的灾害风险。

(3) 预警信息发布：当系统检测到灾害风险时，通过短信、APP推送、广播等多种方式向农民发布预警信息。

2) 优势

(1) 提前预警：通过智能分析与预测，提前向农民发出灾害预警，为应对措施的制定和实施争取时间。

(2) 减少损失：预警信息的发布有助于农民采取有效的防灾减灾措施，减少因灾害造成的损失。

(3) 提升防灾意识和能力：长期运行的灾害预警系统有助于提升农民的防灾意识和能力，促进农业可持续发展。

物联网技术在农业和环境监测领域的应用，不仅提高了农业生产的精确性和效率，而且增强了农业生态系统的可持续性。通过实时数据监测和智能决策支持，农业物联网正在帮助农民实现高效和环境友好的农业生产目标。

四、物联网的未来趋势与挑战

物联网技术作为现代科技发展的重要成果，已经深刻地改变了我们的工作和生活方式。随着技术的不断进步和应用的深入，物联网正迎来更多创新的机遇，同时也面临着一系列的挑战。

(一) 物联网技术的创新方向

随着设备数量的增加和数据量的爆炸式增长，传统的云计算模型已经难以满足实时数据处理的需求。边缘计算通过在数据源附近的本地设备上进行数据处理，可以显著减少延迟，提高处理速度，并减轻中心服务器的负担。

AI 和机器学习技术的应用使物联网设备能够自主学习和适应环境变化，实现自动化决策和操作。例如，智能温控器可以学习用户的温度偏好，并自动调节，而无须人工干预。

5G 技术提供了更高的数据传输速率和更低的延迟，使得物联网设备之间的通信更加高效。展望未来，6G 技术将进一步提升这一能力，为物联网提供更广阔的应用场景。

物联网的安全性是一个重要问题，区块链提供了一种可靠的解决方案。通过去中心化的数据存储和加密技术，区块链能够确保数据的安全和不可篡改性。

随着物联网设备数量的增加，设备间的互操作性成为关键。未来，物联网的标准化将是重要的发展方向，以确保各种设备能够无缝协作，提高整个系统的效能。

(二) 物联网发展面临的挑战与应对策略

随着技术的不断进步和应用场景的持续拓展，物联网的发展潜力巨大，但同时也面临着诸多挑战。

1. 物联网发展面临的挑战

(1) 安全隐患。物联网设备的大规模部署和互联性，使其成为网络攻击的重要目标。不安全的物联网设备可能泄露用户隐私、机密业务数据，甚至被用于发起分布式拒绝服务(DDoS)攻击或入侵企业网络。此外，物联网设备在控制关键基础设施(如交通信号、医疗设备)时，未经授权的访问可能引发严重的安全风险。

(2) 数据管理和隐私保护。物联网设备生成的海量数据，需要采用有效的管理和保护机制。在数据的采集、存储、处理和共享过程中，若缺乏合理的隐私保护措施，将导致用户隐私泄露。同时，数据管理和分析的复杂性也增加了数据处理的难度和成本。

(3) 标准和互操作性。物联网设备的多样性和制造商的繁多，导致了安全标准和协议的不一致性。这增加了设备之间互操作的复杂性，阻碍了统一、互联的物联网生态系统的创建。大众普遍接受的物联网标准的缺乏，也导致了行业的碎片化。

(4) 资源和可扩展性。物联网网络需要处理大量的设备和数据，这对网络的可扩展性和资源管理能力提出了高要求。随着连接设备数量的增长，有效管理和维护这些设备变得较为困难。此外，物联网设备的低功耗设计也是一大挑战，需要优化功耗以延长设备使用寿命。

(5) 道德和法律问题。物联网技术的广泛应用也引发了道德和法律问题。例如，数据所有权以及自动化等对工作造成的负面影响等，需要得到妥善解决。同时，物联网设备的潜在滥用风险，如用于监控和跟踪个人，也引发了广泛的关注。

2. 应对策略

1) 加强安全保护

(1) 加密通信是物联网安全保护的第一道防线。采用强加密算法，如高级加密标准(AES)、RSA密码体制等，对物联网设备之间的通信数据进行加密处理，可以有效防止数据在传输过程中被非法截获、篡改或泄露。这不仅保护了用户的隐私信息，还确保了数据传输的完整性和真实性。此外，还应考虑实现端到端加密，即从源头到目的地的整个传输过程中数据都处于加密状态，进一步提升通信安全性。

(2) 为了防止未经授权的访问和操作，物联网系统必须引入严格的身份验证和授权机制。通过用户名和密码的输入、生物识别、数字证书等多种方式，对访问物联网设备的用户进行身份验证，确保只有合法用户才能接入系统。同时，基于角色的访问控制(RBAC)和基于属性的访问控制(ABAC)等策略，能够细粒度地控制用户对设备和数据的访问权限，防止权限滥用和误操作。

(3) 物联网设备往往存在生命周期长、更新迭代慢等特点，这增加了设备被已知漏洞攻击的风险。因此，设计设备时就必须考虑其固件更新的便利性和安全性。通过建立安全的固件更新机制，如使用数字签名验证固件来源的可靠性，确保只有官方发布的固件才能被安装到设备上。同时，应定期发布固件更新通知，及时修复已知的安全漏洞和弱点，提升物联网系统的整体安全水平和韧性。

(4) 网络监控是物联网安全保护中不可或缺的一环。通过部署网络监控工具，对物联网网络中的流量、行为等进行实时监测和分析，及时发现异常行为和潜在的攻击威胁。一旦发现异常，系统应立即触发警报并采取相应的应对措施，如阻断攻击源、隔离受感染设备等，防止攻击扩散和造成更大的损失。此外，网络监控还能为安全事件的调查和分析提供重要依据。

(5) 除上述技术层面的安全保护措施外，物联网设备的物理安全同样不容忽视。为物联网设备提供物理安全保护措施，如安装防盗锁、设置监控摄像头、部署入侵检测系统等，可以有效防止物理入侵和恶意操作。此外，还应加强设备所在环境的物理安全管理，如限制非授权人员进入机房、加强设备存储和运输过程中的安全防护等，构建多层次的防护体系，确保物联网设备的安全稳定运行。

2) 建立合理的数据管理和隐私保护机制

(1) 数据匿名化处理是物联网隐私保护的第一道防线。在数据采集阶段，通过技术手段(如加密、哈希处理或差分隐私等)，对涉及个人身份信息的敏感数据进行匿名化处理，可以确保在数据收集过程中不会直接暴露用户的真实身份。这一过程不仅保护了用户的隐私权，还遵循了数据最小化原则，即仅收集和处理实现服务所必需的最少数据。在数据存储环节，继续实施严格的匿名化标准，确保即使数据被非法获取，也无法直接追溯到具体用户，从而有效降低了隐私泄露的风险。

(2) 用户授权机制是确保物联网数据合法使用的基础。系统应设计清晰透明的用户协议，明确告知用户其数据将被如何使用、存储和共享，并获得用户的明确同意。同时，建立灵活的授权管理体系，允许用户根据自己的意愿，对不同类型的数据设置不同的访问权限和使用范围。这种细粒度的权限控制，既保障了用户的知情权和控制权，也促进了数据的合规利用。此外，系统应提供便捷的授权变更和撤销功能，让用户能够随时调整自己的数据使用策略，增强用户体验和信任感。

(3) 针对物联网中海量且复杂的数据资源，实施科学的分类和分级管理是提高数据处理效率和安全性的关键。首先，根据数据的敏感性和重要性进行细致分类，如个人隐私数据、业务运营数据、安全监控数据等，以便采取针对性的保护措施。其次，对不同类别的数据实施不同的安全级别管理，如高敏感数据采用加密存储、访问控制等高级别的安全措施，而一般业务数据则可以采用较为宽松的管理策略。这种分级管理不仅有助于合理分配安全资源，还能在发生安全事件时快速定位问题所在，减少损失。同时，通过定期的数据审计和风险评估，不断优化分类分级标准和管理策略，还可以确保数据管理和隐私保护机制的有效性和适应性。

3) 推动制定统一的标准和规范

(1) 标准化协议的制定是基石。通过国际及行业内的广泛合作，应共同确立一套全面、开放、可互操作的物联网通信标准与协议体系，如统一的数据交换格式、设备识别机制、安全通信协议等。这些标准的出台，将有效打破技术壁垒，促进不同厂商生产的物联网设备之间的无缝对接与数据共享，加速物联网应用的普及与深化。

(2) 跨平台兼容性的强化是核心任务。鼓励并加强设备制造商、软件开发者、服务提供商及终端用户之间的紧密合作，共同推动跨平台、跨系统的兼容性测试与认证机制的建立。这不仅能确保物联网设备在不同操作系统、云平台及应用场景下的稳定运行与高效协同，还能降低系统集成的复杂性与成本，为用户带来更加流畅、一致的使用体验。同时，随着技术的不断演进，还需持续关注并更新兼容性标准，以适应物联网技术快速发展的需求。

4) 优化资源管理和可扩展性

(1) 低功耗设计是物联网设备持续运行的基础。通过集成低功耗处理器、优化软件算法以及采用能量收集技术(如太阳能、振动能量收集等)，能够显著降低物联网设备的能耗，延长其使用寿命，减少更换与维护成本。这不仅提升了系统的经济效益，也符合绿色可持续发展的要求。

(2) 高效通信协议的设计对于物联网系统的性能至关重要。面对海量设备连接和数据传输的需求，需设计出能够减少能耗、降低延迟并保障数据可靠性的通信协议。这包括优化数据压缩算法、采用低功耗广域网(LPWAN)技术等，以确保数据在传输过程中的高效性与安全性。

(3) 云计算与边缘计算的结合运用为物联网系统提供了强大的数据处理与存储能力。云计算能够集中处理大规模数据，利用强大的计算资源进行深度分析与挖掘；而边缘计算则能在靠近数据源的地方进行初步处理，减少数据传输量并降低延迟。两者相辅相成，既提高了数据处理效率，又增强了系统的可扩展性与灵活性，使物联网系统能够更好地应对复杂多变的应用场景。

5) 加强道德和法律监管

(1) 制定法律法规是基石。随着物联网技术的飞速发展，政策制定者必须紧跟技术步伐，及时审视现有法律框架的适用性，并据此制定或修订相关法律法规，以明确物联网技术应用中的权利与义务边界，规范数据采集、处理、存储及共享等行为，保护个人隐私与信息安全，防范数据滥用与泄露风险。

(2) 行业自律是重要补充。建立行业协会，制定行业标准与准则，鼓励物联网行业的利益相关者加强自我约束，共同维护良好的市场秩序与技术伦理。行业自律不仅能够促进技术创新与发展，还能增强公众对物联网技术的信任与支持。

(3) 用户教育和意识提升是不可或缺的一环。政府、企业及社会各界应共同努力，加强对物联网用户的教育与培训，普及物联网安全知识，提升用户的隐私保护意识与风险防范能力。通过举办讲座、研讨会、在线课程等形式多样的活动，让用户了解物联网技术的基本原理、潜在风险及应对措施，从而在使用物联网产品时能够做出明智的选择与决策。

总之，物联网的发展为我们的生活和工作带来了前所未有的便利和机遇，但同时也面临着诸多挑战。为了充分利用物联网的潜力，我们必须认真对待这些挑战，并从设计、制造、使用等各个环节加强安全保护、优化数据管理、推动标准化进程、优化资源管理和加强道德法律监管。只有这样，我们才能确保物联网技术的健康发展，为人类社会带来更多的福祉。

思考与练习

1. 物联网的基本定义是(　　　)。
A. 通过互联网连接和控制物理设备的技术
B. 仅仅是指智能手机与互联网的连接
C. 一种新型的社交媒体平台
D. 专门用于加密网络数据的系统
2. 在物联网的体系架构中，(　　　)负责处理数据和做出决策。
A. 感知层　　　　　　　　　　B. 网络层
C. 平台层　　　　　　　　　　D. 应用层

3. 传感器在物联网中扮演的主要角色是(　　)。

A. 提供网络连接　　　　　　　　B. 转换物理量为可测量信号

C. 存储大量数据　　　　　　　　D. 执行用户命令

4. 下列选项中(　　)属于自动识别技术。

A. 条形码技术　　　　　　　　　B. 5G 网络

C. 人工智能算法　　　　　　　　D. 云计算平台

5. 在物联网中，RFID 技术主要依赖于(　　)进行数据传输。

A. 红外线　　　　　　　　　　　B. 蓝牙

C. 电磁波　　　　　　　　　　　D. 光纤

6. 物联网平台通常提供的核心功能包括(　　)。(多选)

A. 设备连接与管理　　　　　　　B. 数据分析与可视化

C. 安全与隐私保护　　　　　　　D. 社交媒体集成

7. 下列选项中(　　)最典型地体现了物联网技术在智慧城市中的应用。

A. 在线购物平台　　　　　　　　B. 智能交通信号控制系统

C. 视频会议软件　　　　　　　　D. 网络游戏

8. 物联网技术在农业中的一项重要应用是(　　)。

A. 远程医疗诊断　　　　　　　　B. 智能灌溉系统

C. 自动驾驶汽车　　　　　　　　D. 虚拟现实旅游

项目五

智慧血液——大数据技术

学习目标

一、理解大数据的基本概念与特征

◎ 能够清晰阐述大数据的定义，理解其作为信息时代重要资源的意义。

◎ 掌握大数据的特征，以及这些特征对数据处理和分析的影响。

二、掌握大数据主流技术

◎ 了解大数据存储技术，如分布式文件系统(HDFS)、NoSQL 数据库等，理解它们如何支持海量数据的存储和管理。

◎ 学习大数据处理技术，包括批处理技术(如 Hadoop、Spark)和流处理技术(如 Storm、Kafka)，理解这些技术在处理大规模数据集时的优势和适用场景。

◎ 掌握大数据分析技术，了解其在提取数据价值、发现规律和辅助决策方面的作用。

三、探索大数据应用场景

◎ 识别并阐述大数据技术在多个领域的应用场景，如金融、电商、医疗、教育、智慧城市等。

四、分析大数据安全与隐私保护

◎ 理解大数据面临的安全威胁和隐私挑战，包括数据泄露、非法访问、数据篡改等。

◎ 掌握大数据安全的基本策略和技术手段，如数据加密、访问控制、隐私保护算法等，以及它们在保护数据安全和个人隐私方面的作用。

五、关注大数据技术发展趋势

◎ 分析大数据技术的当前发展状态和未来趋势，包括新兴技术(如边缘计算、量子计算)、市场应用拓展、政策法规等方面。

◎ 鼓励学生关注大数据领域的最新动态，培养对新技术和新应用的敏感度和洞察力。

任务 1　大数据简介

在当今这个信息化高速发展的时代，大数据作为核心驱动力，正以前所未有的规模和速度渗透到社会的每一个角落，深刻地改变着我们的生活、工作乃至思维方式。大数据不仅仅是一个简单的数据量激增的现象，它更代表了一种全新的数据处理范式、一种革命性的信息利用模式，以及由此引发的对经济、社会、科技乃至文化等多方面的深远影响。本任务将从定义、特点、开发过程等几个方面，对大数据进行全面而深入的介绍。

一、大数据概述

维克托·迈尔-舍恩伯格与肯尼思·库克耶在他们编写的《大数据时代：生活、工作与思维的大变革》一书中指出，大数据带来的信息风暴正在变革人们的生活、工作和思维，大数据开启了一次重大的时代转型。他们认为，大数据将为人类的生活创造前所未有的可量化的维度，大数据已经成为新发明和新服务的源泉，而更多的改变正蓄势待发。

关于大数据的定义，不同的机构给出了不同的描述，以下是几个主流机构对大数据的定义。

百度百科对大数据的定义：大数据(Big Data)指无法在可承受的时间范围内用常规软件工具进行捕捉、管理和处理的数据集合，是需要新处理模式才能具有更强的决策力、洞察发现力和流程优化能力的海量、高增长率和多样化的信息资产。

维基百科对大数据的定义：又称为巨量资料，指的是传统数据处理应用软件不足以处理的大或复杂的数据集。

麦肯锡全球研究所对大数据的定义：一种规模大到在获取、存储、管理、分析方面大大超出了传统数据库软件工具能力范围的数据集合，具有海量的数据规模、快速的数据流转、多样的数据类型和价值密度低四大特征。

研究机构 Gartner 对大数据的定义：大数据是需要新处理模式才能具有更强的决策力、洞察发现力和流程优化能力来适应海量、高增长率和多样化的信息资产。

具体而言，大数据的"大"不仅体现在其数据量的巨大上，更在于数据的多样性和复杂性。这些数据可能来源于互联网、物联网、社交媒体、企业运营、政府管理等多个领域，涵盖了结构化、半结构化和非结构化等多种类型，形成了庞大的数据海洋。同时，大数据的生成和处理速度极快，要求系统具备实时或近实时的响应能力，以满足用户对于即时性信息的需求。然而，尽管大数据的总量庞大，但其中真正有价值的信息往往只占很小的比例，这就要求我们采用高效的数据挖掘和分析技术，从海量数据中提炼出有用的信息，为决策提供有力支持。

二、大数据的特点

大数据具有数据体量大(Volume)、数据类型多样(Variety)、处理速度快(Velocity)、价值密度低(Value)、准确性(Veracity)等特点。

(一) 数据体量大(Volume)

大数据的首要特点就是数据体量大。随着信息技术的飞速发展和互联网应用的普及，数据产生的速度呈指数级增长。据国际数据公司(IDC)预测，全球数据总量将在未来几年内持续以惊人的速度增长，数据量级将从 PB(拍字节)跃升至 EB(艾字节)甚至 ZB(泽字节)。这种规模的数据量，远远超出了传统数据处理系统的处理能力，使得大数据成为一个全新的研究领域和挑战对象。

大数据的体量大不仅体现在总量上，还体现在单个数据集的大小上。例如，在社交媒体平台上，每天可产生数以亿计的用户生成内容(UGC)；在物联网领域，数以亿计的传感器和设备每时每刻都在产生海量的实时数据。这些数据量的激增，为大数据处理带来了前所未有的挑战和机遇。

(二) 数据类型多样(Variety)

大数据的第二个显著特点是数据类型多样。在传统数据处理中，我们主要关注的是结构化数据，如数据库中的表格数据等。然而，在大数据时代，除结构化数据外，还有大量的半结构化数据和非结构化数据。半结构化数据具有一定的结构但又不完全遵循传统的数据库模型，如网页中的 HTML、XML 文档等；非结构化数据则包括文本、图片、音频、视频等多种形式的数据。这些多样化的数据类型不仅增加了数据处理的难度，也丰富了数据应用的场景和潜力。

数据类型的多样性要求我们在处理大数据时采用更加灵活和多样化的技术和方法。例如，对于文本数据，我们可以采用自然语言处理技术进行情感分析、主题提取等；对于图片和视频数据，我们可以利用计算机视觉技术进行图像识别、视频分析等。这些技术的应用不仅提高了数据处理的效率和质量，也为我们提供了更加全面和深入的数据洞察方法。

(三) 处理速度快(Velocity)

大数据的第三个重要特点是处理速度快。在信息时代，数据的生成和处理速度都非常快，尤其是随着物联网、实时分析等技术的兴起，对于数据处理的实时性要求越来越高。这就要求我们在处理大数据时必须具备高效、快速的数据处理能力，以实现对数据的实时或近实时分析。

处理速度快不仅体现在数据处理的速度上，还体现在数据响应的速度上。在实时分析场景中，我们需要对数据流进行实时监控和分析，以便在第一时间发现数据中的异常或趋势，并做出相应的决策和响应。这就要求我们在系统设计和算法选择上充分考虑实时性需求，采用分布式计算、流处理技术等手段提高数据处理和响应的速度。

(四) 价值密度低(Value)

大数据的另外一个特点是价值密度低。在海量数据中，真正有价值的信息往往只占很小的比例。这意味着我们在处理大数据时需要采用高效的数据挖掘和分析技术来提取有用的信息。然而，数据的复杂性和多样性以及噪声和冗余的存在，使得数据挖掘和分析变得更加困难。

为了提高数据挖掘和分析的效率和质量，我们需要采用一系列先进的技术和方法。例如，我们可以利用聚类分析、关联规则挖掘等技术对数据进行预处理和降维处理；利用分类、回归等机器学习算法对数据进行建模和预测；利用可视化技术将数据以直观的方式呈现出来以便更好地理解和分析。这些技术的应用提高了数据挖掘和分析的效率和质量。

(五) 准确性(Veracity)

大数据的最后一个特点是准确性，或者可称为真实性。大数据来自现实生活，因此能够保证一定的真实准确性。大数据的准确性主要表现为数据的精确度、一致性、完整性和可信度。精确度指的是数据值与真实值的接近程度。在大数据中，由于数据量巨大，即使是较小的误差也可能在总体上造成显著的影响。数据的一致性指的是数据在不同的时间点或不同数据源之间的一致性，包括数据格式、度量单位和数据结构的一致性。完整性是指数据是否包含了所有必要的信息，没有遗漏或缺失。可信度指的是数据的来源是否可靠以及数据是否经过了适当的验证和审计。

大数据的准确性对于数据分析和决策至关重要，它可直接影响到分析结果的可靠性和有效性。在大数据时代，随着数据来源的多样化和数据量的增加，确保数据准确性的挑战也随之增大。

三、大数据的开发过程

在当今这个信息爆炸的时代，大数据的处理与应用已成为推动社会进步与产业升级的关键力量。大数据的开发过程包括大数据的采集、数据的预处理、数据存储与管理、数据处理与分析、实时性需求分析、数据安全与隐私保护等几个阶段。

(一) 大数据的采集

大数据的采集是指从各种不同的数据源中获取数据，这些数据经过存储和管理之后，可以用于后续的数据分析和建模。数据的来源一般包括 Web 端、App 端、传感器、数据库和第三方数据。在大数据的采集过程中，可采用相关技术，将数据从来源端加载至目的端，如图 5-1 所示。

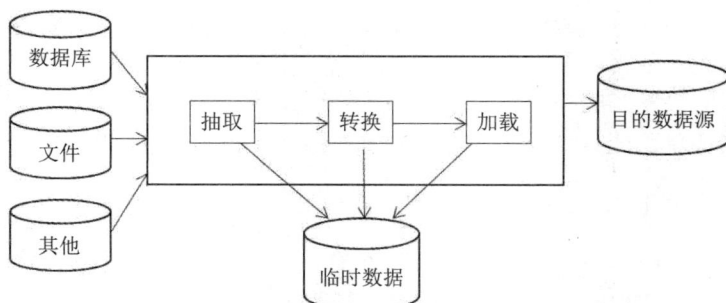

图 5-1　大数据的采集

（二）数据的预处理

数据的预处理一般包括 4 个步骤：数据清洗、数据集成、数据规约和数据变换。

1. 数据清洗

数据清洗是指为提高数据质量，将数据清洗干净，使原数据具有完整性、唯一性、权威性、合法性等特点。数据清洗的过程中主要针对数据的缺失值和噪声进行处理。这些问题的出现通常都是数据的重复录入等不规范操作导致的。

2. 数据集成

数据集成是指将相互关联的分布式的异构数据源集成到一起，使用户能够以透明的方式访问数据源。数据集成的方法有很多种，有 ETL(提取、转换、加载)、数据虚拟化、数据联合、中间件集成、数据传播、变更数据捕获等。

3. 数据规约

由于数据集非常庞大，且数据量也比较大，因此在整个数据集上进行复杂的数据分析和挖掘需要花费很长的时间。数据规约的目的就是从原有的庞大数据集中获得一个精简的数据集，并使这个精简的数据集保持原有数据集的完整性，这样在精简数据集上进行数据挖掘显然效率更高，并且挖掘出来的结果与使用原有数据集所获得的结果基本相同。数据规约包括维归约、数量归约和数据压缩。

4. 数据变换

数据变换是指对数据进行变换处理，使数据更适合当前任务或者算法的需求，其主要目的是将数据转换或统一成易于进行数据挖掘的数据存储形式，使得挖掘过程更有效。常用的数据变换方式有数据规范化、连续值离散化以及对数据进行汇总与聚集等。

（三）数据存储与管理

在大数据时代，数据库并发负载非常高，往往要达到每秒上万次读写请求。关系型数据库可勉强应付上万次 SQL 查询，但是若要应付上万次 SQL 写数据请求，硬盘 I/O 就无法承受了。在大型的 SNS 网站中，用户每天可产生海量的用户动态，对于关系型数据库来说，在庞大的表里面进行 SQL 查询，效率是极其低下的。以上提到的这些问题和挑战都在催生一种新型数据库技术的诞生，这就是 NoSQL。NoSQL 数据库抛弃了关系模型并能够在集群中运行，不用事先修改结构定义也可以自由添加字段，这些特征决定了 NoSQL 非常适用于大数据环境，从而得到了迅猛的发展和推进。

对于 NoSQL，当前比较流行的解释是 Not Only SQL(不仅仅是 SQL)。它所采用的数据模型并非传统关系型数据库的关系模型，而是类似键值、列族、文档等非关系模型。因此与传统关系型数据库相比，NoSQL 具有易扩展性、高性能、高可用性、灵活的数据模型等特点。

1. 易扩展性

NoSQL 数据库种类繁多，但有一个共同的特点，即去掉关系型数据库的关系型特性。数据之间无关系，这样就非常容易扩展，无形之中也在架构的层面上带来了可扩展的能力。

2. 高性能

NoSQL 数据库具有非常高的读写性能，尤其在大数据量下同样表现优秀，这得益于它的无关系性和简单的结构。一般 MySQL 使用 Query Cache，每次表的更新就会导致 Cache 失效，因此针对 Web2.0 的交互频繁的应用，Cache 性能不高。而 NoSQL 的 Cache 是记录级的，是一种细粒度的 Cache，所以在这个层面上 NoSQL 具有较高的性能。

3. 高可用性

NoSOL 在不太影响性能的情况下，可以方便地实现高可用的架构，如 Cassandra、HBase 模型，通过复制模型也能实现高可用。

4. 灵活的数据模型

NoSQL 无须事先为要存储的数据建立字段，可以随时存储自定义的数据格式。而在关系型数据库里，增删字段是一件非常麻烦的事情。如果是数据量非常大的表，增加字段简直就是一个噩梦，这点在大数据量的 Web 2.0 时代尤其明显。但 NoSQL 数据库也存在很难实现数据的完整性、应用还不是很广泛、成熟度不高、风险较大、难以体现业务的实际情况、增加了对于数据库设计与维护的难度等问题。

(四) 数据处理与分析

大数据的价值在于其蕴含的信息与知识，如何从海量数据中快速、准确地提取出有价值的信息，是另一技术挑战。这要求开发高效的数据处理算法和框架，如 Hadoop、Spark 等，以应对复杂的数据处理需求。同时，随着数据类型的多样化(如结构化、半结构化、非结构化数据)，如何统一处理这些数据，实现跨领域的数据融合与分析，也是当前研究的热点。

(五) 实时性需求处理

在许多应用场景中，大数据的实时处理能力至关重要。例如，金融交易、网络监控等领域需要即时响应数据变化，传统的批处理模式已难以满足需求。因此，如何构建低延迟、高并发的实时数据处理系统，成为大数据领域的重要研究方向。

(六) 数据安全与隐私保护

随着大数据的广泛应用，数据安全与隐私保护问题日益凸显。如何在利用大数据创造价值的同时，保障用户数据不被非法获取、滥用或泄露，是大数据技术发展必须面对的重要挑战。这要求在数据采集、传输、存储、处理等各个环节加强安全防护，采用加密技术、访问控制、匿名化处理等手段，确保数据安全。

任务 2　大数据的主流技术

在大数据时代，数据已成为企业和社会发展的核心资源。然而，传统的文件系统和关系型数据库已无法满足海量数据存储和处理的需求。因此，一系列分布式存储系统、计算框架以及数据处理与分析工具应运而生，它们共同构成了大数据技术的基石。

一、分布式存储系统

在大数据时代，数据的规模和复杂度都呈爆炸式增长，这对存储系统提出了更高的要求。传统的文件系统和关系型数据库在扩展性、性能和可靠性方面都存在明显的瓶颈，无法满足大数据应用的需求。因此，分布式存储系统应运而生，其中 HDFS(Hadoop Distributed File System)和 NoSQL 数据库是两种主流技术。

HDFS 作为 Hadoop 的核心子项目，以高吞吐量、高可靠性和容错性而著称。它通过数据冗余和副本机制，确保了在硬件故障或网络问题发生时，数据仍然可用且不会丢失。这种设计使得 HDFS 特别适合处理超大数据集，如日志文件、社交媒体数据等。HDFS 的架构和算法都经过了精心优化，可以支持高效的数据读写和访问操作。

与 HDFS 不同，NoSQL 数据库则是一类非关系型数据库，它摒弃了传统关系型数据库的数据模型和一致性要求，提供了更多的灵活性和选择。NoSQL 数据库包括键值存储数据库(如 Redis)、列存储数据库(如 HBase)、文档存储数据库(如 MongoDB)和图存储数据库(如 Neo4j)等多种类型。这些数据库在数据模型、数据一致性和扩展性方面都具有独特的优势，特别适合于处理非结构化或半结构化数据，以及需要高并发读写和水平扩展的应用场景。

二、分布式计算框架

在大数据领域，Hadoop 和 Spark 这两个关键技术框架协同工作，以应对大规模数据的复杂分析需求。其中，Hadoop 作为大数据存储和批处理的基础，提供了强大的数据吞吐能力和可扩展性；而 Spark 则以快速的数据处理速度和灵活的数据处理能力，为实时分析和复杂查询提供了高效解决方案。两者结合，形成了一套完整的大数据分析体系，能够支持数据采集、存储、处理及分析，满足企业对大数据深度洞察和智能决策的需求。以下将对这两个技术框架展开介绍。

(一) Hadoop

随着互联网的快速发展，数据的存量和增量快速增加，数据的存储和分析变得越来越困难，存储容量、读写速度、计算效率等已无法满足用户需求。为了解决这些问题，提出了3 种处理方案，即 MapReduce(开源分布式计算框架)、BigTable(大型的分布式数据库)和 GFS(分布式文件系统)。基于这 3 种方案，Apache 软件基金会使用 Java 语言开发了 Hadoop。

Hadoop 是一个对大量数据进行分布式处理的软件架构，可以将海量数据分布式地存储在集群中，并使用分布式并行程序来处理这些数据。它的设计目的是从单一的服务器扩展到成千上万台计算机，每台计算机上部署集群并提供本地计算和存储。Hadoop 生态系统目前已成为处理海量数据的首选框架。

Hadoop 框架包含用于解决大数据存储的分布式文件系统 HDFS、用于解决分布式计算的分布式计算框架 MapReduce 和分布式资源管理系统 YARN 三个部分。

　　HDFS 的设计思想是将数据文件以指定的大小切分成数据块,将数据块以多副本的方式存储在多个节点上。这样的设计使 HDFS 可以更方便地做数据负载均衡以及容错,而且这些功能对用户都是透明的。用户在使用时,可以把 HDFS 当作普通的本地文件系统使用。MapReduce 是 Hadoop 的核心计算框架,是用于大规模数据集并行计算的编程模型。MapReduce 主要包括映射(Map)和规约(Reduce)两项核心操作。当启动一个 MapReduce 任务时,Map 端会读取 HDFS 上的数据,将数据映射成所需要的键值对类型并传到 Reduce 端;Reduce 端接收 Map 端传来的键值对类型的数据,根据不同键进行分组,对每一组键相同的数据进行处理,得到新的键值对并输出到 HDFS,这就是 MapReduce 的核心思想。YARN 是一种 Hadoop 资源管理器。随着 Hadoop 的不断发展,在 Hadoop2 的版本中引入了 YARN。YARN 允许运行不同类型的作业,如 MapReduce、Spark 等同时可以为上层应用提供统一的资源管理和调度。YARN 的使用为 Hadoop 集群在利用率、资源统一管理和数据共享方面带来了极大的提升。

　　随着 Hadoop 的快速发展,很多组件被相继开发出来。这些组件各有特点,共同服务于 Hadoop 工程,并且与 Hadoop 一起构成了 Hadoop 生态系统。下面介绍几种主要的组件。

　　(1) HBase(Hadoop Database)是一个高可靠性、高性能、面向列、可伸缩的分布式存储系统,可以对大规模数据进行随机、实时读写访问,弥补了 HDFS 虽然擅长大数据存储但不适合小条目存取的不足。HBase 中保存的数据可以使用 MapReduce 来处理,它将数据存储和并行计算完美地结合在一起。

　　(2) Hive 是基于 Hadoop 的一个分布式数据仓库工具,其设计目的是使 Hadoop 上的数据操作与传统的 SQL 思想结合,让熟悉 SQL 编程的开发人员能够轻松地对 Hadoop 平台上的数据进行查询、汇总和分析。它可以将结构化的数据文件映射成一张数据表,将 SQL 语句转换为 MapReduce 任务进行运行。其优点是操作简单,降低了学习成本,可以通过类 SQL 语句快速实现简单的 MapReduce 统计,常见的业务都不必开发专门的 MapReduce 应用,十分适合数据仓库的统计分析。

　　(3) Pig 是一个基于 Hadoop 的大规模数据分析平台,它提供的 SQL-LIKE 语言叫作 PigLatin。该语言的编译器会把类 SQL 的数据分析请求转换为一系列经过优化处理的 MapReduce 运算。

　　(4) Sqoop 是一款开源的工具,主要用于在 Hadoop(Hive)与传统的数据库(MySQL、postgresql 等)之间传递数据。它可以把数据从一个关系型数据库导入 Hadoop 的 HDFS 中,也可以将 HDFS 的数据导入关系型数据库中。

　　(5) Flume 是 Cloudera 提供的一个高可用、高可靠、分布式的海量日志采集、聚合和传输的系统,支持在日志系统中定制各类数据发送方,用于收集数据。同时,Flume 提供对数据进行简单处理并写到各种数据接收方(可定制)的能力。

　　(6) Oozie 是基于 Hadoop 的调度器,以 XML 的形式写调度流程,可以调度 MapReduce、Pig、Hive、jar、Shell 任务等。

(7) ZooKeeper 是一个开放源码的分布式应用程序协调服务，是 Chubby 的一个开源的实现，也是 Hadoop 和 Hbase 的重要组件。它是一个为分布式应用提供一致性服务的软件，提供的功能包括配置维护、域名服务、分布式同步、组服务等。

(二) Spark

当前大数据技术蓬勃发展，基于开源技术的 Hadoop 在行业中应用广泛，但 Hadoop 本身还存在一些缺陷，最主要的缺陷是 MapReduce 计算模型延迟过高，无法满足实时、快速的计算需求。Spark 继承了 MapReduce 分布式计算的优点，同时弥补了 MapReduce 的缺陷。目前，Spark 生态系统已经发展成为一个可应用于大规模数据处理的统一分析引擎，它是基于内存计算的大数据并行计算框架，适用于各种各样的分布式平台系统。下面介绍几种 Spark 生态系统的主要组件。

(1) Spark Core(Spark 核心)提供底层框架及核心支持。它包含 Spark 的基本功能，包括任务调度、内存管理、容错机制等。Spark Core 内部定义了弹性分布式数据集(RDD)，并提供了很多 API 来创建和操作 RDD。

(2) BlinkDB 是用于在海量数据上运行交互式 SQL 查询的大规模并行查询引擎，它允许用户通过权衡数据精度来提升查询响应时间，其数据的精度被控制在允许的误差范围内。

(3) Spark SQL 是操作结构化数据的核心组件，通过它可以直接查询 Hive、HBase 等多种外部数据源中的数据。

(4) Spark Streaming 是流式计算框架，支持高吞吐量、可容错的实时流式数据处理。

(5) MLBase 专注于机器学习，让机器学习的门槛更低，让一些可能并不了解机器学习的用户也能方便地使用 MLBase。MLBase 分为 MLlib、MLI、ML Optimizer 和 MLRuntime 4 部分。

(6) MLlib 是 MLBase 的一部分，也是 Spark 的数据挖掘算法库，可实现一些常见的机器学习算法和实用程序，包括分类、回归、聚类、协同过滤、降维以及底层优化。

(7) GraphX 是分布式图处理框架，拥有图计算和图挖掘算法的 API 接口以及丰富的功能和运算符，方便了用户对分布式图的处理需求，能在海量数据上运行复杂的图算法。

(8) SparkR 是 AMPLab 发布的一个 R 语言开发包，它可以作为 Spark 的 Job 运行在集群上，使得 R 摆脱单机运行的命运，极大地扩展了 R 的数据处理能力。

与 MapReduce 相比，Spark 可以通过基于内存的运算来高效处理数据流，其运算要快 100 倍以上，而基于磁盘的运算也要快 10 倍以上。Spark 编程支持多种高级语言，如 Java、Python、Scala 及 R 语言等，这使得用户可以快速构建不同的应用。Spark 可以用于批处理、交互式查询(Spark SQL)、实时流处理(Spark Strcaming)、机器学习(Spark MLlib)和图处理(Spark GraphX)。这些不同类型的处理可以在同一个应用程序中无缝地结合使用，从而减少开发和维护成本。在信息化、数字化日益普及的今天，大数据分析已成为企业和社会发展的重要驱动力。它不仅能够帮助我们挖掘出隐藏在海量数据中有价值的信息，还能够为企业决策提供科学依据，推动业务创新与发展。

三、流处理和消息队列

在大数据应用中，流处理和消息队列技术也扮演着重要的角色。Apache Kafka 和 Apache Pulsar 是两种主流的流处理和消息队列系统。

Apache Kafka 是一个分布式流处理平台和消息队列系统，它具有高吞吐量、可持久化和可扩展性等特点。Kafka 基于发布-订阅模式，支持大规模实时数据流处理和数据集成。Kafka 的设计思想是将数据流分割成多个分区，并分布在多个节点上进行并行处理。这种设计使得 Kafka 能够高效地处理大规模数据流，并实现高可用性和容错性。通过 Kafka，企业可以实现对实时数据的快速处理和分析，从而做出更加准确的决策。Kafka 的应用场景包括日志收集、实时数据分析、消息传递等。

Apache Pulsar 则是一个开源的分布式消息和流处理平台，它提供了持久化的消息队列和流式处理功能，并支持多种消息传递模式和高级功能(如事务、批处理和消息路由)。Pulsar 的设计目标是提供一种高性能、可扩展且易于使用的消息和流处理解决方案，以满足企业对于实时数据处理和集成的需求。Pulsar 的核心特性包括低延迟、高吞吐量、可扩展性和可靠性等。这使得 Pulsar 特别适合于需要实时处理数据和传递消息的应用场景，如金融交易、物联网等。

四、数据处理与分析工具

除了上述的分布式存储系统和计算框架，还有一系列数据处理与分析工具在大数据应用中发挥着重要作用。其中，Apache Flume、Logstash 和 Apache DataX 是三种常用的工具。

Apache Flume 是一个分布式、可靠且可扩展的日志收集和聚合系统，它可以将大量数据从多个源采集到目标系统中。Flume 提供了丰富的数据源和目标存储插件，使得企业可以轻松地实现日志数据的采集、处理和存储。Flume 的核心组件包括 Source、Channel 和 Sink 等，它们分别负责数据的采集、传输和存储。通过配置不同的组件和插件，企业可以灵活地构建适合自己的日志采集和处理系统。

Logstash 则是一个开源的数据收集引擎，它支持从各种来源收集数据，并将数据转换后发送到目标存储系统中。Logstash 通过插件化的架构和灵活的配置选项，提供了强大的数据处理能力，使得企业可以轻松地实现数据的清洗、转换和加载(ETL)过程。Logstash 的核心特性包括实时数据处理、丰富的插件库和可扩展性等。这使得 Logstash 特别适合于需要实时处理数据和转换复杂数据的应用场景，如日志分析、网络监控等。

Apache DataX 是阿里巴巴开源的数据同步工具，它支持多种数据源，可用于大规模数据迁移和同步任务。DataX 提供了丰富的数据读写插件和高效的数据传输能力，使得企业可以轻松地实现不同数据源之间的数据同步和迁移。DataX 的核心特性包括高性能、可扩展性和易用性等。这使得 DataX 特别适合于大规模数据迁移和同步的应用场景，如数据仓库建设、数据备份等。

综上所述，大数据主流技术涵盖了分布式存储系统、分布式计算框架、流处理与消息队列以及数据处理与分析工具等多个方面。这些技术共同构成了大数据技术的基石，为企业和社会提供了强大的数据处理和分析能力。通过深入学习和掌握这些技术，我们可以更好地应对大数据时代的挑战和机遇。

任务 3　大数据分析概述

大数据分析是现代企业竞争的关键，其赋予了企业洞察市场、精准决策的能力，助力企业优化运营、创新产品。然而，数据质量、隐私保护、技术挑战等问题也不容忽视，需企业持续投入，确保大数据分析的有效性与安全性。本任务将围绕大数据分析的重要性、大数据分析的技术与方法、大数据分析的挑战进行阐述。

一、大数据分析的重要性

大数据分析是对存储在大型数据库中的庞大、多样且不断更新的数据集进行复杂处理的过程。这一过程的核心目标在于发现隐藏的模式、未知的相关性、市场趋势和用户偏好等有价值的信息。通过大数据分析，企业可以深入解析大量数据，揭示出数据背后的规律和趋势，从而为企业决策提供有力的数据支持。

大数据分析的重要性体现在多个方面。首先，大数据分析能够帮助企业实现精准营销。通过对用户行为和偏好的深入分析，企业可以更加准确地定位目标市场，制定个性化的营销策略，提高市场营销的效果和回报率。其次，大数据分析还可以帮助企业提高运营效率。通过对生产、销售等各个环节的数据进行实时监控和分析，企业可以及时发现运营中的问题，优化业务流程，降低运营成本，提高整体运营效率。最后，大数据分析还可以推动企业创新服务和产品。通过对市场需求和用户反馈的深入分析，企业可以发现新的市场机会，开发出更加符合用户需求的服务和产品，提升企业的市场竞争力。

二、大数据分析的技术与方法

大数据分析作为信息技术领域的一个重要分支，已经逐渐成为各行各业决策和运营的核心支撑。它不仅仅是一种数据处理技术，更是一种全新的思维方式，帮助我们从海量、复杂的数据中提取出有价值的信息，进而指导实践。大数据分析涉及多种先进的技术和方法，其中数据挖掘、预测分析和用户行为分析是三种最为常用的技术。接下来将深入探讨这三种技术以及其他相关技术与方法，展现它们在大数据分析中的重要性和应用价值。

(一) 数据挖掘

数据挖掘是大数据分析的核心技术之一。它结合了机器学习、统计学和数据库技术，旨在从海量数据集中发掘出隐含的、先前未知且有潜在价值的信息。数据挖掘的过程并非一蹴而就，而是需要遵循一定的步骤和方法。

数据清洗是数据挖掘的第一步，也是较为关键的一步。原始数据往往充满了噪声且有重复和缺失，这些数据如果不经过处理，会严重影响后续分析的质量和准确性。数据清洗包括去除重复记录、填补缺失值、平滑噪声数据等操作，主要用于确保数据的准确性和一致性。

数据变换是指将数据转换成适合分析的形式，通常包括数据规范化、数据聚合、特征选择等操作。例如，在特征选择中，我们会选择对分析任务有用的特征，去除无关或冗余的特征，以降低分析的复杂度和提高分析的效率。

数据挖掘就是应用各种数据挖掘算法和技术，从数据中发现模式或规律的过程。常用的数据挖掘算法包括决策树、神经网络、聚类分析等。这些算法可以帮助我们发现数据中的关联规则、分类模式、聚类结构等有价值的信息。

模式评估是对数据挖掘结果进行评估和验证的过程，以确保发现的模式或规律是有效的和可靠的。知识表示则是指将挖掘出的知识以人类可理解的方式(如规则、图表、模型等)表示出来。

通过数据挖掘，企业可以从数据中提取出有价值的信息，如用户购买模式、产品关联规则等。例如，电子商务网站可通过数据挖掘发现用户的购买模式，进而推荐相关商品，提高销售额和用户满意度。这不仅优化了用户体验，还为企业带来了更多的商业机会。

(二) 预测分析

预测分析是另一种重要的大数据分析技术。该技术通过历史数据来预测未来趋势，帮助企业做出更加科学的决策。预测分析的方法多种多样，包括时间序列分析、回归分析、分类与聚类等。

时间序列分析是指对按时间顺序排列的数据进行分析，以揭示数据随时间变化的规律和趋势。这种方法在预测金融时间序列、销售数据等具有时间相关性的数据时特别有效。

回归分析是指通过建立变量之间的数学模型，来预测一个或多个变量的值。它可以帮助我们理解变量之间的关系，并在给定自变量的情况下预测因变量的值。

分类与聚类都是将数据分成不同的组或类别的方法。分类是指在已知类别标签的情况下，将数据分到相应的类别中；而聚类则是指在不知道类别标签的情况下，将数据分成相似的组。这些方法在预测用户行为、市场细分等方面有着广泛的应用。

通过这些预测分析方法，企业可以预测未来的市场趋势、用户行为等，从而制定更加有效的市场策略和运营计划。例如，零售商可以利用预测分析来预测未来的销量，从而做出更加合理的存货决策，避免库存积压或缺货的情况发生。这不仅提高了企业的运营效率，还降低了运营成本。

(三) 用户行为分析

用户行为分析是大数据分析在市场营销领域的重要技术。该技术通过跟踪和评估用户在网站或应用上的行为，帮助企业理解用户需求，优化产品设计，提高用户体验。用户行为分析的方法包括点击流分析、用户路径分析、用户画像等。

点击流分析是指通过跟踪用户在网站或应用上的点击行为，来了解用户的浏览习惯和兴趣偏好。这种方法可以帮助我们发现用户经常访问的页面、点击的链接等，从而为用户提供更加个性化的内容和服务。

用户路径分析是指通过分析用户在网站或应用上的行为路径，来了解用户的使用流程和体验。这种方法可以帮助我们发现用户在使用过程中的瓶颈和痛点，从而优化产品设计，提高用户体验。

用户画像是指通过整合用户的各种信息和行为数据，来构建用户的全面画像。用户画像包括用户的基本信息、兴趣爱好、消费习惯等多个维度，可以帮助企业更加全面地了解用户，为用户提供更加个性化的产品和服务。

除上述三种技术外，大数据分析还涉及许多其他的技术和方法，如文本分析、社交网络分析、情感分析等。这些技术和方法在不同的领域和场景中都有广泛的应用，为企业和社会带来了巨大的价值。文本分析是指通过对文本数据进行处理和分析，来提取文本中的有用信息。它包括文本分类、文本聚类、情感分析等多个子任务。例如，在社交媒体上，我们可以通过文本分析来了解用户的观点和情感倾向，从而为企业制定更加精准的营销策略提供依据。社交网络分析是指通过对社交网络上的用户和行为进行分析，来了解用户之间的关系和社交行为模式。它可以帮助我们发现社交网络中的关键节点、社区结构等，从而为企业制定更加有效的社交营销策略提供依据。情感分析是指通过对文本或语音数据进行处理和分析，来判断其中所表达的情感倾向。它可以帮助我们了解用户对产品或服务的满意度、对品牌或事件的态度等。例如，在电商平台上，我们可以通过情感分析来了解用户对商品的评价和情感倾向，从而为企业提供更加精准的商品推荐和服务。

三、大数据分析的挑战

尽管大数据分析带来了巨大的价值和潜力，但在实际应用过程中也面临着诸多挑战。其中，数据隐私和安全、数据质量和整合是两个最为突出的问题。

（一）数据隐私和安全

在大数据分析过程中，需要处理大量个人敏感信息，如用户身份、交易记录等。如何保护这些数据的隐私和安全是一大挑战。一方面，企业需要确保数据的合法性和合规性，遵守相关法律法规和隐私政策；另一方面，企业还需要采取有效的技术手段来保障数据的安全，如加密技术、访问控制等。然而，在实际应用中，由于技术和管理上的漏洞，数据泄露和安全问题时有发生，给企业和社会带来了巨大的损失和风险。

为了应对这一挑战，企业需要在数据隐私和安全方面加强管理和技术上的投入。首先，企业需要建立完善的数据隐私和安全政策，明确数据的收集、使用、存储和共享等方面的规定和要求。其次，企业需要采用先进的数据加密技术和访问控制技术，确保数据的机密性和完整性。同时，企业还需要加强对员工的培训和管理，提高员工对数据隐私和安全的认识和重视程度。

(二) 数据质量和整合

大数据分析的另一个挑战是数据质量和整合问题。由于数据的来源五花八门，且常常需要在多个系统间迁移和处理，因此如何确保数据的质量和整合是一大难题。数据质量问题包括数据不完整、数据错误、数据重复等，这些问题会影响数据分析的准确性和可靠性。而数据整合问题则涉及如何将不同来源、不同格式的数据进行整合和处理，以便进行统一的分析和挖掘。

为了应对这一挑战，企业需要在数据质量和整合方面加强管理和技术上的投入。首先，企业需要建立完善的数据质量管理体系，对数据进行全面的清洗、校验和整合，确保数据的准确性和完整性。其次，企业需要采用先进的数据整合技术，如数据仓库、数据湖等，将不同来源、不同格式的数据进行整合和存储，以便进行统一的分析和挖掘。同时，企业还需要加强对数据分析师的培训和管理，提高他们对数据质量和整合的认识和重视程度。

除上述两个挑战外，大数据分析还面临着其他诸多挑战，如数据规模和复杂性、计算资源和性能等。企业需要在实际应用中不断探索和创新，采用更加先进的技术和方法来应对这些挑战。

总之，大数据分析作为信息化、数字化时代的重要技术手段，为企业和社会带来了巨大的价值和潜力。然而，在实际应用过程中也面临着诸多挑战和问题。为了充分发挥大数据分析的作用和价值，企业需要不断加强技术和管理上的投入，建立完善的数据隐私和安全政策、数据质量管理体系和数据整合机制，提高员工对数据分析和管理的认识和重视程度。同时，政府和社会各界也需要加强对大数据分析的关注和支持，推动大数据分析技术的不断创新和发展。

任务 4　大数据的应用

大数据的应用，标志着信息技术的发展进入了一个全新的高级阶段。大数据正以前所未有的深度和广度渗透到各行各业，成为推动社会进步和经济发展的重要力量。从商业决策到公共服务，从医疗健康到智慧城市，大数据的应用无处不在，不断重塑着我们的生活方式和工作模式。

一、商业智能

在商业智能领域，大数据的应用已经取得了显著的成效，尤其体现在市场分析与消费者行为、产品推荐系统以及客户关系管理(CRM)等方面。

(一) 市场分析与消费者行为

在市场分析与消费者行为方面，大数据的应用为企业提供了前所未有的洞察力。企业通过分析大规模的消费者数据(包括购买历史、社交媒体活动和网页浏览记录等)，能够更准确地预测市场趋势，理解消费者需求。这种深入的数据分析不仅帮助企业洞察消费者的偏好和行为模式，还能揭示出潜在的市场机会和威胁。例如，通过分析消费者的购物历史和浏览行为，企业可以了解消费者的购买偏好和购物习惯，进而调整产品设计和营销策略，以满足消费者的需求。此外，大数据分析还能帮助企业识别不同消费者群体的特征，从而制定更加细致和精准的市场策略，提高市场竞争力。

(二) 产品推荐系统

在产品推荐系统方面，大数据技术的应用极大地提升了电子商务平台的用户体验和企业的销售效率。电子商务平台利用大数据分析技术(如协同过滤和深度学习)，分析用户的历史购物数据和相似用户的选择，进而向用户推荐产品。这种产品推荐系统不仅提高了推荐的准确性，还显著增加了销售额。例如，通过分析用户的购买历史和浏览行为，产品推荐系统可以向用户推荐相关的产品或服务，提高用户的购买意愿和满意度。此外，产品推荐系统还能够实时调整推荐策略，根据用户的即时行为和反馈进行优化，进一步提升推荐的个性化和有效性。

(三) 客户关系管理(CRM)

在客户关系管理(CRM)方面，大数据工具的应用为企业提供了全新的客户管理手段。企业可以利用大数据工具管理海量的客户数据，提供个性化服务，从而增强客户满意度和忠诚度。例如，通过分析客户的交互历史，企业可以定制个性化的营销信息，提高转化率。CRM系统使企业能够更好地了解客户的需求和偏好，从而提供更加个性化的服务。这种个性化的服务不仅提高了客户的满意度和忠诚度，还为企业带来了更多的商业机会和收益。此外，CRM系统还能够帮助企业进行客户细分，识别高价值客户，制定差异化的服务策略，进一步提升客户价值和企业的市场竞争力。

综上所述，大数据在商业智能领域的应用为企业带来了前所未有的机遇和挑战。通过深入分析和利用大数据，企业可以更好地理解市场需求，优化产品设计，提升用户体验，增强客户关系，从而在激烈的市场竞争中脱颖而出。因此，对于商业智能领域的专业人士而言，培养大数据分析和应用能力具有极其重要的教育意义和职业发展价值。

二、医疗保健

在医疗保健领域，大数据的应用无疑展现出了革命性的意义。从疾病诊断与预测到疫情监控与管理，再到药物研发，大数据都扮演着至关重要的角色，推动着医疗保健事业的进步与发展。

(一) 疾病诊断与预测

大数据分析在疾病诊断与预测方面的应用，为医疗领域带来了前所未有的变革。传统的医疗诊断主要依赖于医生的经验和患者的临床表现，而大数据分析则通过深入挖掘病人的临床数据、遗传信息以及生活方式等多维度的数据，为医生提供了更为全面、准确的疾病诊断依据。这种基于数据的诊断方式不仅显著提高了疾病的诊断准确率，还使得医疗过程更加个性化，为患者提供了更加精准的治疗方案。

例如，在癌症治疗中，医生可以通过分析患者的基因数据和临床表现，识别出特定的基因突变，从而制定出针对这些突变的个性化治疗方案。这种个性化的治疗方式不仅提高了治疗效果，还大大提升了患者的生存率。再比如，对于心血管疾病患者，医生可以通过分析患者的生活习惯、家族病史以及生理指标等数据，预测患者未来可能出现的健康问题，并提前采取干预措施，从而有效避免患者病情的恶化。

(二) 疫情监控与管理

大数据技术在疫情监控与管理方面也发挥着至关重要的作用。在疫情暴发时，通过实时分析医院报告、社交媒体、卫星图像等多种来源的数据，相关部门能够迅速识别疫情的发展趋势，及时做出响应，并有效分配医疗资源。这种实时的疫情监控不仅极大地提高了疫情的应对效率，还有效地减少了疫情的传播风险。

以新冠疫情为例，政府和卫生部门利用大数据分析实时追踪疫情的传播情况，准确预测疫情的发展趋势，从而制定出有效的防控措施。例如，通过分析社交媒体上的用户行为数据，可以及时发现疫情热点区域和潜在的传播路径；通过分析卫星图像数据，可以监测到人群聚集情况和交通流动情况，为疫情防控提供科学依据。这些大数据技术的应用无疑为公众的健康和安全提供了有力保障。

(三) 药物研发

在药物研发领域，大数据分析同样展现出了巨大的应用潜力。传统的药物研发过程耗时长、成本高，而采用大数据分析技术处理大量的化合物数据、临床试验数据和病人反应数据，可帮助制药公司加快新药的上市速度并降低成本。这种基于大数据的药物研发方式不仅提高了药物的研发效率，还为患者提供了更多、更好的治疗选择。

例如，在研发新的抗癌药物时，制药公司可以利用大数据分析技术，从海量的化合物数据中筛选出具有潜在疗效的化合物，进行进一步的研究和开发。通过分析临床试验数据和病人反应数据，制药公司可以更加准确地评估药物的疗效和安全性，从而制定出更为科学合理的药物研发策略。最终，这些基于大数据分析的药物研发成果将转化为新的治疗药物，为广大患者带来福音。

总之，大数据在医疗保健领域的应用已经展现出了巨大的价值和潜力。它不仅提高了疾病的诊断准确率，还为患者提供了更加个性化的治疗方案；它帮助相关部门更有效地监控和管理疫情，保障了公众的健康和安全；它还加速了药物的研发过程，为患者提供了更多、更好的治疗选择。随着大数据技术的不断发展和应用的不断深入，大数据将在医疗保健领域发挥更加重要的作用，为人类的健康事业带来更大的福祉。

三、智慧城市

在智慧城市的建设与发展中，大数据的应用无疑发挥着举足轻重的作用。从交通管理、公共安全到能源管理，大数据正以独特的方式，为城市的可持续发展和居民生活质量的提升提供着前所未有的支持。

(一) 交通管理：大数据优化城市脉动

大数据技术正在深刻改变着城市的交通管理方式。传统的交通管理往往依赖于经验和有限的实时数据，而利用大数据全面、深入地分析交通流量、天气情况和各种事件信息，可为交通管理部门提供了更为精准、全面的决策支持。这种智能化的交通管理方式不仅显著提高了城市的交通效率，还有效地减少了交通拥堵和交通事故的发生。

在国内，杭州作为一个典型的智慧城市，其交通管理就是大数据应用的一个生动案例。杭州市交通管理部门利用大数据技术，实时分析城市交通流量和天气情况。当检测到某一路段即将出现严重拥堵时，系统会立即调整该路段的交通信号灯控制策略，延长绿灯时间或增加临时车道，从而有效缓解拥堵状况。同时，通过分析历史交通数据和天气预报信息，交通管理部门还可以提前制定交通疏导方案，确保在恶劣天气或特殊事件发生时，城市交通能够保持顺畅。这种智能化的交通管理方式不仅提高了杭州市的交通效率，还显著提升了市民的出行体验。

(二) 公共安全：大数据守护城市安宁

在公共安全领域，大数据同样展现出了巨大的应用潜力。警方和紧急服务部门利用大数据技术分析犯罪模式和报警信息，以更快速地响应突发事件，并且更有效地处理各种安全问题。这种基于大数据的公共安全管理方式不仅提高了警方和紧急服务部门的响应速度和处理能力，还显著增强了公众的安全感和满意度。

深圳作为国内公共安全领域的先行者，其警方充分利用大数据技术来分析犯罪模式和报警信息。通过深入挖掘和分析这些数据，警方能够实时掌握犯罪动态和趋势，从而制定更为精准的打击和预防策略。例如，在预测到某些区域可能出现高发犯罪事件时，警方会提前部署警力，加强巡逻和监控，从而有效遏制犯罪的发生。同时，当紧急事件发生时，大数据分析系统还能够迅速提供周边的警力分布和交通状况等信息，帮助警方更快速地到达现场并处理事件。这种基于大数据的公共安全管理方式不仅提高了深圳警方的响应速度和处理能力，还为市民创造了更加安全、和谐的生活环境。

(三) 能源管理：大数据助力可持续发展

在能源管理领域，大数据的应用同样展现出了独特的价值。能源管理部门通过大数据技术分析建筑能耗、天气数据和人口密度等信息，以优化能源使用、降低碳排放量，并实现城市的可持续发展目标。这种智能化的能源管理方式不仅提高了能源的利用效率，还有效地减少了碳排放和环境污染。

上海作为国内的经济中心之一，其在能源管理方面也积极探索大数据的应用。上海市能源管理部门利用大数据技术分析全市的建筑能耗数据和天气数据。通过挖掘这些数据之间的关系，他们发现了一些建筑的能耗异常高的情况，并及时进行了调查和调整。同时，他们还根据天气预报信息制定了更为合理的能源使用计划和管理策略。例如，在寒冷的冬季，可提前调整供暖系统的运行参数，确保在气温骤降时能够迅速提供足够的供暖服务，同时避免能源的浪费。这些措施不仅提高了能源的利用效率，还有效地减少了碳排放和环境污染，为上海的可持续发展做出了积极贡献。

总之，大数据在智慧城市建设中的应用已经取得了显著的成效。从交通管理、公共安全到能源管理，大数据都在为城市的可持续发展和居民生活质量的提升提供着有力的支持。未来，随着大数据技术的不断发展和应用的深入，大数据将在更多领域发挥重要作用，为智慧城市的建设和发展注入新的活力。

四、金融科技

在金融科技领域，大数据的应用无疑展现出了广泛的前景和巨大的潜力。从风险管理、算法交易到个性化金融服务，大数据正以独特的方式，为金融行业的发展和创新提供着强有力的支持。

(一) 风险管理：大数据筑起金融安全防线

金融机构在日常运营中面临着诸多风险，如信用风险、市场风险、欺诈风险等。为了有效地评估和管理这些风险，金融机构开始越来越多地借助大数据分析。通过分析交易数据和消费者行为，金融机构能够提高决策的精确度，降低风险损失，从而确保业务的稳健发展。

如国内某银行通过引入大数据分析技术，对消费者的信用历史和交易行为进行了深入的分析。通过分析，银行能够更加准确地评估消费者的信用风险和欺诈风险，进而制定出更加有效的风险管理策略。例如，针对信用风险较高的消费者，银行会采取更加严格的贷款审批流程；而对于欺诈风险较高的交易，银行则会实时进行监控和预警，确保资金的安全。

(二) 算法交易：大数据引领金融交易新风尚

在金融科技领域，算法交易已经成为一种新的交易方式。投资银行通过大数据分析，开发出复杂的算法交易策略，以自动执行交易，提高交易效率和收益。这种基于大数据的算法交易方式不仅提高了交易的效率和准确性，还为投资银行带来了更多的商业机会和收益。

如国内某知名投资银行就是算法交易的先行者。该银行通过引入大数据分析技术，对市场数据、价格模式和宏观经济指标进行了深入的分析。基于这些分析，银行开发出了一套高效的算法交易策略，并成功地应用在了实际的交易中。通过算法交易，银行不仅提高了交易的效率和准确性，还成功地抓住了一些市场机会，获得了丰厚的收益。

(三) 个性化金融服务：大数据满足消费者多元化需求

随着消费者对金融服务的需求日益多元化，金融科技公司开始利用大数据技术分析个人消费者的财务状况和消费习惯，提供定制化的金融产品和服务。这种个性化的金融服务方式不仅提高了消费者的满意度和忠诚度，还为金融科技公司带来了更多的商业机会和收益。

在国内，某金融科技公司通过引入大数据分析技术，对消费者的财务状况和消费习惯进行了深入的分析。基于这些分析，公司为消费者提供了个性化的投资组合建议和定制化保险方案。例如，对于风险偏好较高的消费者，公司会推荐一些高收益的投资产品；而对于风险偏好较低的消费者，公司则会推荐一些稳健的投资产品。同时，公司还会根据消费者的消费习惯，为其推荐适合的保险产品，如旅游保险、购物保险等。通过这种个性化的金融服务方式，公司不仅提高了消费者的满意度和忠诚度，还成功地开拓了新的市场，获得了更多的商业机会和收益。

总之，大数据的应用已经深入社会生活的各个领域，不仅改善了消费者体验、提高了公共服务效率，还促进了科学研究的进步。随着大数据技术的进一步发展，大数据将在更多领域展现其力量。然而，与此同时，我们也需要关注并解决随之而来的挑战，如数据隐私、数据安全和伦理问题。在未来，大数据将继续为社会发展带来革命性的变化，我们需要积极应对挑战，充分发挥大数据的潜力和价值。

思考与练习

一、选择题

1. 以下机构中，(　　)关于大数据的定义强调了大数据需要新处理模式以增强决策力、洞察发现力和流程优化能力。

　　A. 百度百科　　　　　　　　　B. 维基百科

　　C. 麦肯锡全球研究所　　　　　D. 以上都未强调

2. 大数据的"大"主要体现在(　　)。(多选)

　　A. 数据量巨大　　　　　　　　B. 数据类型的多样性

　　C. 数据处理的快速性　　　　　D. 数据价值普遍高

3. 大数据通常指的是(　　)的数据集合。(多选)

　　A. 少量、低增长率、结构化　　B. 大量、高增长率、多样化

　　C. 低价值密度、高处理难度　　D. 实时性要求低

4. 以下选项中，(　　)不是大数据分析的常用技术或方法。

　　A. 数据挖掘　　　　　　　　　B. 预测分析

　　C. 用户行为分析　　　　　　　D. 量子计算

5. 大数据在金融行业的主要应用不包括(　　)。

A. 市场趋势分析　　　　　　　　B. 风险管理

C. 客户个性化服务　　　　　　　D. 农产品种植预测

6. 下列选项中，(　　)不是大数据处理框架的特点。

A. 高扩展性　　　　　　　　　　B. 低延迟

C. 高容错性　　　　　　　　　　D. 高可靠性

二、填空题

1. 大数据的特点可以用"5V"来描述，即数据体量大(Volume)、处理速度快(Velocity)、数据类型多样(Variety)、准确性(　　)和价值密度低(　　)。

2. Spark 是一款大数据处理框架，旨在优化 Hadoop MapReduce 的(　　)部分，并在计算层面提供更细致的服务。

项目六

智慧大脑——云计算

学习目标

一、理解云计算的基本概念

◎ 能够清晰阐述云计算的定义，理解其作为新一代信息技术的重要组成部分的意义。

二、掌握云计算的关键技术

◎ 学习云计算的关键技术，包括虚拟化技术、资源管理技术、数据管理技术、安全与隐私保护技术等。

◎ 理解这些技术如何支撑云计算的高可用性、可扩展性、安全性和灵活性。

三、熟悉云计算的应用场景

◎ 能够识别并阐述云计算在多个领域的应用场景，如企业信息化、大数据处理、人工智能、物联网等。

◎ 通过案例分析，理解在不同行业如何用云计算技术解决实际问题，提升业务效率和创新能力。

四、了解云计算的产业发展

◎ 掌握云计算产业的发展现状、政策环境、战略规划以及发展前景。

◎ 了解国内外知名的云计算服务提供商及其产品特点。

五、培养实践与创新能力

◎ 通过实验、项目实践等方式，让学生亲身体验云计算技术的开发和应用过程，提高其动手能力和实践能力。

◎ 鼓励学生参与云计算相关的创新项目或研究，培养其创新思维和解决问题的能力。

六、关注云计算的未来趋势

◎ 分析云计算技术的当前发展状态和未来趋势，包括新兴技术(如边缘计算、容器化技术)、市场应用拓展等方面。

◎ 引导学生关注云计算领域的最新动态,培养其对新技术和新应用的敏感度和洞察力。

任务 1　无处不在的云计算

　　云计算是近年来 IT 行业较为热门的技术之一,它出现后得到了快速的推动和大规模的普及,给人们的生产和生活带来了巨大影响。本任务主要介绍云计算的概念、云计算的产生背景及发展历程、云计算的特点、云计算的主要应用行业和应用场景,以及云计算的三种服务模式。

一、云计算概述

　　为了对云计算有更加深入的认识,我们需要对云计算的概念、产生背景与发展历程以及特点等多个方面进行介绍。

(一) 云计算的概念

　　云计算的概念自提出之日起就一直处于不断的发展变化中。目前对云计算的定义有多种说法,比较典型的是美国国家标准与技术研究院(NIST)的定义:云计算是一种按使用量付费的模式,这种模式提供可用的、便捷的、按需的网络访问,进入可配置的计算资源共享池(资源包括网络、服务器、存储、应用软件、服务),这些资源能够被快速提供,只需投入很少的管理工作,或与服务供应商进行很少的交互。

　　云计算的"云"是一种比喻的说法,其实就是指互联网上的服务器集群上的资源,它包括硬件资源(如存储器、CPU、网络等)和软件资源(如应用软件、集成开发环境等)。用户只需要通过网络发送一个需求信息,远端就会有成千上万的计算机为用户提供需要的资源,并将结果返回给本地设备。这样,本地客户端需要的存储和运算极少,所有的处理都由云计算服务来完成。简单地说,云计算是一种商业计算模式,它将任务分布在大量计算机构成的资源池上,用户可以按需获取存储空间、计算能力和信息等服务。

(二) 云计算的产生背景及发展历程

　　云计算是生产需求推动的结果,是多种传统计算机和网络技术发展融合的产物。早在二十世纪五六十年代就提出了云计算的相关概念,七十年代出现其雏形。经过几十年的理论完善和发展准备,2006 年 3 月,亚马逊(Amazon)公司推出弹性计算云(Elastic Compute Cloud, EC2)服务,这是现在公认的最早的云计算产品。2006 年 8 月 9 日,云计算的概念在搜索引擎大会(SES San Jose 2006)上被首次正式提出。随后,云计算进入稳步成长阶段。2010年以后,经过深度竞争,逐渐形成主流平台产品和标准,云计算正式进入高速发展阶段。2012年,随着腾讯、淘宝、360 等开放平台的兴起,以及阿里云、百度云、新浪云等公共云平台的迅速发展,国内云计算真正进入实践阶段,因此称 2012 年为"中国云计算实践元年"。

(三) 云计算的特点

　　云计算以其独特的魅力,展现出一系列引人注目的特点。首先,其规模之庞大令人叹为观止,无论是公共云服务商动辄数十万、上百万台服务器的宏大布局,还是企业私有云中数百上千台服务器的坚实支撑，都为用户带来了前所未有的存储与运算能力。这一特性通过虚拟化技术得以实现，让用户能够跨越时空限制，随时随地通过各类终端接入云端，获取所需的应用服务。

云计算还以其高度的可扩展性著称，它能够根据应用需求的波动进行动态调整，确保服务的无缝扩展，满足用户和业务规模迅速增长的需求。同时，其通用性良好，能够同时支撑多种不同的服务和应用运行，展现出强大的兼容性和灵活性。

在可靠性方面，云计算同样表现出色。云计算通过数据多副本容错、计算节点同构可互换等软硬件层面的措施，以及设施层面的冗余设计，构筑起高可靠性的服务保障体系。而按需服务的模式，则让用户能够像使用水电煤气一样，根据实际需求灵活购买云计算资源与服务，既降低了成本投入，又提升了服务体验。

此外，云计算还通过自动化集中式管理，极大地降低了企业的数据中心管理成本，使得众多企业能够以更低的成本享受到超额的云计算资源与服务。这种高效的管理模式，使得原本需要高额资金、长时间才能完成的任务，如今只需少量人员即可在数日之内轻松搞定。

然而，云计算也并非毫无瑕疵。其潜在的危险性，尤其是用户私人数据在服务商面前的透明度，成为用户选择云计算服务时不得不谨慎考量的重要因素。特别是当云计算服务主要由私人机构垄断时，商业信用成为用户信任的基础，而数据隐私的安全则成为一道必须跨越的门槛。因此，在享受云计算带来的便利与高效的同时，我们也应时刻保持警惕，关注并妥善应对其潜在的风险与挑战。

二、云计算的普及与影响

随着信息技术的飞速发展，云计算作为一种新兴的技术和服务模式，正逐渐普及并深刻影响着我们的经济、社会和生活方式。云计算的普及不仅降低了 IT 基础设施的投资门槛，提高了资源利用率，还促进了数据共享和业务协同，加速了数字化转型的步伐。

云计算的普及得益于其独特的优势和广泛的应用场景。云计算通过网络提供可动态扩展的虚拟化资源，包括计算资源、存储资源和网络资源等。用户可以根据自身需求随时获取所需的计算资源和服务，而无须等待服务提供商的响应或批准。这种按需自助服务的方式大大提高了资源的使用效率和灵活性。同时，云计算还具有广泛的网络接入能力，用户可以通过各种标准的客户端设备访问云计算服务，实现了真正的随时随地访问和使用。

云计算的普及对经济社会产生了深远的影响。首先，云计算降低了企业构建和维护 IT 基础设施的成本和复杂度，使得更多的企业能够将精力集中在核心业务上，提高了企业的竞争力和创新能力。其次，云计算促进了数据共享和业务协同，使得不同部门、不同企业之间的信息流通更加顺畅，加速了业务流程的优化和创新。最后，云计算还为政府机构提供了更加高效、透明的公共服务方式，提高了政务服务的便捷性和满意度。

在教育领域，云计算也发挥了重要作用。通过云计算平台，教育机构可以提供更加丰富、个性化的教学资源和服务，以满足学生多样化的学习需求。同时，云计算还支持远程教育和在线教育的发展，打破了地域和时间的限制，让更多的人能够享受到优质的教育资源。

此外，云计算还在医疗、交通、能源等多个领域发挥着重要作用。在医疗领域，云计算可以实现医疗数据的共享和分析，提高医疗服务的效率和质量。在交通领域，云计算可以支持智能交通系统的发展，提高交通管理的智能化水平。在能源领域，云计算可以优化能源的生产、传输和使用过程，提高能源利用效率。

总之，云计算的普及对经济社会产生了深远的影响。未来，随着云计算技术的不断发展和应用的深入，云计算将在更多领域发挥重要作用，为人类社会带来更加智能、高效和便捷的服务和体验。

三、云计算的三种服务模式

云计算的核心在于其提供的三种主要服务模式：硬件即服务(Infrastructure as a Service，IaaS)、数据库即服务(Database as a Service，DBaaS)以及软件即服务(Software as a Service，SaaS)。这三种服务模式共同构建了一个灵活、高效、可扩展的 IT 服务生态系统。

(一) 硬件即服务(IaaS)

硬件即服务(IaaS)是云计算服务的最底层，它允许用户通过互联网从服务提供商那里获取计算资源、存储资源和网络资源，仿佛这些资源是专为企业内部构建的。用户无须购买和维护物理服务器、存储设备或网络设备，而是可以根据需求动态地租用这些资源。IaaS 提供了高度的灵活性和可扩展性，企业可以根据业务量的变化快速调整资源分配，有效降低成本并提高资源利用率。

在 IaaS 环境中，用户通常可以自定义虚拟服务器(如虚拟机实例)、存储卷、网络配置等，并通过远程管理工具进行管理和操作。这种服务模式特别适合需要快速部署大量计算资源但又不想在硬件基础设施上投入过多资金和维护精力的企业。例如，初创公司可以利用 IaaS 快速搭建起业务所需的 IT 环境，而无须担心初期投资过大或技术门槛过高的问题。

(二) 数据库即服务(DBaaS)

数据库即服务(DBaaS)是云计算在数据库管理领域的应用，它允许用户通过云服务提供商获取数据库管理系统的访问权限，而无须自行部署和维护数据库服务器。DBaaS 通常包括数据库实例的创建、配置、备份、恢复、监控以及高可用性和容灾能力的配置等功能。用户可以根据业务需求选择合适的数据库类型(如关系型数据库、NoSQL 数据库等)和配置，专注于应用开发和业务运营，而将复杂的数据库管理工作交给云服务提供商处理。

DBaaS 的优势在于其简化了数据库管理的复杂性，降低了运维成本，提高了数据库服务的可用性和灵活性。同时，云服务提供商通常会提供丰富的数据库管理工具和服务，帮助用户更好地管理和优化数据库性能。对于需要快速响应市场变化、频繁迭代产品功能的企业而言，DBaaS 无疑是一个理想的选择。

(三) 软件即服务(SaaS)

软件即服务(SaaS)是云计算服务中最上层的一种模式，它通过互联网向用户提供软件应用服务。用户无须在本地安装和部署软件，只需通过浏览器或移动应用即可访问和使用软件功能。SaaS 通常包括软件的许可、安装、配置、升级以及技术支持等全方位服务，用户只需按需付费即可享受软件带来的便利和价值。

SaaS 的优势在于其便捷性、低成本和快速部署能力。用户无须担心软件的安装和维护问题，也无须为软件升级和更新投入额外资源。同时，SaaS 通常支持多租户架构，即多个用户共享同一套软件实例但彼此隔离，从而实现了资源的最大化利用和成本的分摊。对于中小企业而言，SaaS 提供了一种经济高效的软件应用方式，可帮助中小企业以较低的成本获得与大型企业相当的信息化能力。

综上所述，云计算的三种服务模式(IaaS、DBaaS 和 SaaS)各自具有独特的优势和适用场景，它们共同构成了云计算服务的完整体系。随着云计算技术的不断发展和成熟，这些服务模式将为企业带来更加灵活、高效、安全的 IT 服务体验，推动数字化转型的深入发展。

任务 2　云计算的关键技术

一、云计算的技术架构

云计算的技术架构包括云服务和云管理两大部分，如图 6-1 所示。云服务部分又划分为 3 个层次，即软件服务层、平台层和基础设施层，分别对应 SaaS、平台即服务(PaaS)、IaaS 这 3 种交付模式。这 3 个层次提供的服务对于用户而言是完全不同的，但使用的技术并不是完全独立的，有一定的依赖关系。软件服务层位于最上层，其产品和服务一般用于显示用户所需的内容和服务体验，主要用到超文本标记语言(HTML)、串联样式表(CSS)和 JavaScript 等 Web 技术，并且会用到平台层提供的多种服务。平台层位于中间，起承上启下的作用，该层在基础设施层提供资源的基础上，使用描述性状态迁移(REST)、多租户、并行处理、分布式缓存等技术提供多种服务。基础设施层位于最底层，通过系统虚拟化、分布式存储等技术，将互联网上的服务器、存储设备、网络设备等资源提供给中间层或用户。

图 6-1　云计算的技术架构

云管理部分为 3 层服务提供管理和维护方面的技术(如故障的迁移、运维错误的监控和上报、网络攻击的防御等)，保证整个云计算中心能被有效管理并且安全、稳定运行。

二、云计算的关键技术

云计算的出现是信息技术领域的一次重大变革，其发展离不开一系列关键技术的支撑。这些技术共同构成了云计算的基石，使其能够实现资源的灵活调度、高效利用以及安全可靠的服务。以下将对云计算中的几项关键技术进行详细阐述。

(一) 虚拟化技术

虚拟化技术是云计算的核心技术之一，它通过模拟或抽象计算机资源(如 CPU、内存、磁盘等)，实现资源的隔离和共享。这一技术的出现，打破了传统物理设备对资源的限制，使得多个操作系统和应用程序可以在同一台物理机上独立运行，互不干扰。这不仅极大地提高了资源的利用率，还增强了系统的灵活性和可扩展性。

虚拟化技术通过创建一个或多个虚拟环境，将物理资源抽象成逻辑资源，从而实现资源的动态分配和管理。每个虚拟环境都拥有自己独立的操作系统、应用程序和配置文件，可以像物理机一样进行管理和维护。同时，虚拟化技术还支持资源的快照、克隆和迁移等操作，使得资源的备份、恢复和迁移变得更加方便快捷。

(二) 资源管理技术

云计算平台需要高效地管理和调度大量计算资源、存储资源和网络资源。为了实现这一目标，资源管理技术应运而生。该技术通过自动化、智能化的手段，对资源进行监控、分配、调度和优化，确保资源的有效利用和服务的可靠性。

资源管理技术包括资源调度算法、负载均衡策略、容错机制等。其中，资源调度算法负责根据任务的需求和资源的状态，合理分配资源，确保任务的顺利执行。负载均衡策略则通过动态调整资源的分配，避免资源的过载和闲置，提高系统的整体性能。容错机制则能够在资源出现故障时，自动进行故障切换和恢复，保证服务的连续性和可靠性。

(三) 数据管理技术

云计算中的数据管理技术涉及数据的存储、处理、分析和保护等。随着云计算的广泛应用以及数据量的不断增长，对数据管理技术提出了更高的要求。分布式存储系统、NoSQL 数据库、大数据处理框架等技术的应用，使得云计算平台能够处理海量数据，支持复杂的查询和分析操作，同时保障数据的安全性和隐私性。

分布式存储系统通过将数据分散存储在多个节点上，实现了数据的并行处理和容错能力。这使得云计算平台能够处理大规模的数据集，并提供高吞吐量和低延迟的数据访问服务。NoSQL 数据库是一种非关系型的数据库，它支持灵活的数据模型和高效的数据读写操作，适用于处理非结构化和半结构化的数据。大数据处理框架整合了一系列工具和技术，为数据处理和分析提供了强大的支持，可用于数据挖掘、机器学习和人工智能应用等。

（四）安全与隐私保护技术

云计算的安全与隐私保护是用户最关心的问题之一。由于云计算平台承载着大量的用户数据和应用服务，因此其安全性和隐私性至关重要。为了保障用户数据的安全，云计算平台采用了一系列的安全与隐私保护技术，包括加密技术、身份认证技术、访问控制技术和审计与监控技术。

其中，加密技术是保障数据安全的重要手段。对数据进行加密处理，可以防止数据在传输和存储过程中被窃取或篡改。身份认证技术用于验证用户的身份和权限，防止非法用户访问敏感数据。访问控制技术进一步细化了用户对数据的访问权限，确保只有授权的用户才能访问特定的数据。审计与监控技术用于记录和分析用户在云计算平台上的操作行为，以便及时发现并处理潜在的安全威胁。

总之，云计算的关键技术包括虚拟化技术、资源管理技术、数据管理技术以及安全与隐私保护技术。随着这些技术的不断发展和创新，云计算将在未来继续发挥重要作用，推动数字化转型的进程，并为用户带来更加便捷、高效和安全的服务体验。同时，我们也需要关注云计算技术的安全性和隐私性问题，不断加强技术研发和应用创新，以确保云计算技术的可持续发展和广泛应用。

任务 3 云计算的部署方式

云计算作为一种革命性的信息技术，其部署方式对于实现资源的有效利用、业务的灵活扩展以及数据的安全保护具有至关重要的作用。根据不同的业务需求和技术环境，云计算可以采用不同的部署方式，主要包括公有云、私有云和混合云。以下将对这三种云计算部署方式进行详细阐述。

一、公有云

公有云是指允许企业或个人用户通过互联网访问并共享由第三方提供商管理的计算资源和服务。随着信息技术的不断发展和企业对灵活、高效 IT 解决方案的需求的增加，公有云以独特的优势在云计算市场中占据了重要地位。

（一）优势

公有云有以下几点优势：

1. 成本效益

公有云使得用户能够减少对传统物理硬件的依赖，从而显著降低了维护成本和运营成本。在传统的 IT 架构中，企业需要投入大量资金购置和维护服务器、存储设备等硬件资源，而这些资源往往在非高峰时段处于闲置状态，从而造成资源浪费。相比之下，公有云采用按需付费的模式，用户只需支付所使用资源的费用，无须承担高昂的硬件购置和升级费用。这种成本效益使得公有云成为许多企业的首选。

2. 灵活性与可扩展性

公有云提供了极高的资源灵活性和可扩展性。用户可以根据业务需求迅速扩展或缩减资源，而无须担心硬件的限制。在传统的 IT 环境中，企业若需要增加计算或存储资源，通常需要经历烦琐的硬件采购、安装和配置过程，耗时且费力。而在公有云环境中，用户只需通过云服务提供商的管理控制台即可轻松实现资源的弹性扩展。这种特性使得公有云成为应对业务波动和突发需求的理想选择。

3. 管理简便

公有云服务提供商负责维护基础设施(包括硬件、网络、存储设备等)，这使得用户可以减少管理负担，专注于核心业务的发展。在传统的 IT 架构中，企业需要投入大量的人力和物力进行硬件和软件的维护，这不仅增加了企业的运营成本，还分散了企业对核心业务的关注。而公有云服务提供商则提供了全方位的管理服务，包括系统维护、安全更新、数据备份等，使得用户能够专注于创新和业务发展。

(二) 适用场景

公有云适用于多种场景，尤其适合初创企业和小型企业。这些企业通常资金有限，需要快速构建业务并降低 IT 成本。公有云的按需付费模式和资源弹性扩展特性使得这些企业能够在不牺牲性能的前提下，以较低的成本满足业务需求。

此外，对于需要临时增加处理能力的情况，如季节性业务增长或突发事件应对，公有云也提供了便捷的解决方案。例如，在电商行业中，许多企业会经历明显的季节性销售高峰，如"双十一""黑色星期五"等。在这些时期，企业需要临时增加大量的计算和存储资源以应对访问量的激增。公有云使得企业能够快速扩展资源，确保业务的平稳运行，并在销售高峰过后迅速缩减资源，避免资源浪费。

同样，在突发事件应对方面，公有云也发挥了重要作用。例如，在自然灾害或疫情等突发事件中，许多企业需要迅速调整业务模式，如开展线上办公、在线教育等。公有云提供了灵活的资源扩展和远程访问能力，使得这些企业能够快速适应环境变化，保障业务的连续性。

综上所述，公有云以其独特的优势在云计算市场中占据了重要地位。它不仅为企业提供了成本效益高、灵活可扩展、管理简便的 IT 解决方案，还适用于多种场景，尤其适合初创企业和小型企业以及需要临时增加处理能力的业务场景。随着技术的不断进步和应用场景的拓展，公有云将在未来继续发挥重要作用，推动企业的数字化转型和创新发展。

二、私有云

私有云是指允许企业或组织拥有并管理自己的计算资源和服务。与公有云不同，私有云通常采用虚拟化技术将计算资源、存储资源和网络资源封装成一个独立的虚拟环境，专为企业内部用户提供服务。私有云的建设和运维由企业或组织自行负责，这意味着数据、应用和基础设施都部署在组织内部，从而提供了更高的控制水平和数据安全性。

（一）优势

私有云有以下几点优势：

1. 安全性与控制能力

私有云提供了更高的数据安全性和控制能力。由于资源完全由企业内部管理，因此可以更好地保护敏感信息和关键业务数据。与公有云相比，私有云减少了数据泄露的风险，这是因为所有数据都存储在组织的防火墙内，且访问权限严格受限。此外，私有云允许企业根据自身安全策略实施定制的安全措施，包括加密、访问控制和安全审计，从而满足特定的合规性要求。

2. 定制化

私有云可以根据特定业务需求实现高度定制化。企业可以根据自身需求定制硬件、软件和网络配置，以满足独特的业务需求。这种灵活性使得私有云成为需要特定配置和优化以实现业务目标的企业的理想选择。例如，金融企业可能需要特定的数据加密和存储解决方案，医疗机构可能需要符合 HIPAA 标准的系统，而私有云能够提供这种级别的定制，确保业务流程的顺畅和数据的安全性。

3. 稳定可靠

由于资源由单一组织控制，因此私有云避免了外部用户导致的性能波动和安全问题。这使得私有云在提供稳定可靠的服务方面具有显著优势。在私有云环境中，企业可以更好地管理资源分配，确保关键应用在需要时能够获得足够的计算能力和存储空间。此外，私有云通常部署在高性能的硬件上，并采用冗余设计，以提高系统的可靠性和可用性。

（二）适用场景

私有云适用于大型企业或机构，特别是那些对数据安全和合规性要求较高的企业。这些组织通常有大量的敏感数据和复杂的业务需求，需要高度控制其 IT 环境以确保数据的完整性和安全性。

在金融行业，金融机构需要处理大量的敏感客户数据，包括交易记录、个人身份信息和财务信息。私有云提供了必要的安全性和控制水平，以满足严格的监管要求，如支付卡行业数据安全标准(PCI DSS)和通用数据保护条例(GDPR)。

在医疗保健领域，医疗机构需要保护患者的个人健康信息(PHI)，并确保符合 HIPAA 等法规。私有云允许医疗机构实施严格的安全措施，包括数据加密、访问控制和审计跟踪，以保护患者数据。

在政府机构中，政府有关部门需要处理大量敏感的国家安全信息和公民信息。私有云提供了高度的数据隔离和控制，确保只有授权人员才能够访问敏感数据，并符合特定的政府合规性要求。

大型企业通常有复杂的业务需求和定制化的 IT 系统。私有云允许这些企业根据其独特的业务需求定制硬件、软件和网络配置，以实现更高的业务效率和灵活性。

总之，私有云为企业和组织提供了高度定制、安全可控且稳定可靠的 IT 解决方案。它适用于对数据安全和合规性要求较高的企业，以及需要高度定制化 IT 解决方案的组织。随着企业对数据安全和业务连续性的关注不断增加，私有云将在未来继续发挥重要作用，帮助企业实现其业务目标并保持竞争优势。

三、混合云

混合云是指将公有云和私有云进行有机结合，根据业务需求灵活选择和使用不同的云资源和服务。这种部署方式旨在充分利用公有云的灵活性和成本效益，同时保留私有云的安全性和可控性。混合云的出现，为企业提供了一个更加灵活、高效且安全的云计算解决方案。

(一) 优势

混合云有以下几点优势：

1. 灵活性

混合云结合了公有云的可扩展性和私有云的安全性，提供了极高的灵活性。企业可以根据业务需求在公有云和私有云之间灵活切换，以满足不同的业务需求。例如，在业务高峰期，企业可以临时使用公有云的额外资源来处理突发流量，而在业务低谷期，则可以将这些资源释放，以降低运营成本。这种灵活性使得混合云成为应对业务波动和突发需求的理想选择。

2. 成本优化

混合云允许企业根据实际需求将不同类型的数据和应用程序放在最合适的云环境中。例如，非敏感数据可以放在公有云中以降低成本，这是因为公有云提供了按需付费的灵活计费模式；而敏感数据则可以放在私有云中以确保安全，这是因为私有云提供了更高的数据保护和控制水平。通过混合云策略，企业可以实现资源的优化配置，降低整体运营成本。

3. 灾难恢复

混合云提高了业务连续性和数据备份的可靠性。企业可以在公有云中建立灾难恢复站点，以确保在私有云出现故障时能够快速恢复业务。这种灾难恢复策略不仅降低了数据丢失的风险，还提高了业务的可用性和稳定性。

(二) 适用场景

混合云适用于需要同时利用公有云和私有云优势的企业。以下是一些典型的适用场景：

1. 敏感数据处理

一些企业可能需要在处理敏感数据的同时利用公有云提供的灵活资源。例如，金融机构需要处理大量的客户交易数据，这些数据既需要高度的安全性，又需要灵活的资源来应对交易高峰。混合云可以为这类企业提供一个理想的解决方案。

2. 复杂业务需求

对于需要应对复杂业务需求和多样化工作负载的企业来说，混合云也提供了理想的解决方案。例如，一个电子商务平台可能需要在处理用户交易的同时进行大数据分析、机器学习等复杂任务。混合云可以允许这类企业在私有云中处理敏感的用户交易数据，同时在公有云中运行大数据分析和机器学习等任务。

3. 多云策略

一些企业可能需要采用多云策略，即同时使用多个公有云和私有云提供商的服务。混合云可以帮助这些企业实现多云之间的资源共享、数据迁移和灾难恢复，从而提高业务的灵活性和可靠性。

总之，云计算的部署方式包括公有云、私有云和混合云。每种部署方式都有其独特的优势和适用场景。企业在选择云计算部署方式时需要考虑业务需求、数据安全、成本效益等多个因素。通过合理地选择和配置云计算部署方式，企业可以实现资源的有效利用、业务的灵活扩展以及数据的安全保护。混合云作为一种结合了公有云和私有云优势的部署方式，将为企业带来更高的灵活性、成本效益和安全性，成为未来云计算发展的重要趋势。

任务4　云计算的典型应用

云计算，作为信息技术领域的璀璨明珠，正以前所未有的速度改变着我们的工作、学习和生活方式。它不仅为企业提供了灵活高效的信息技术解决方案，还催生出了众多创新应用，推动了各行各业的数字化转型。本任务将深入探讨云计算的几个典型应用领域，展示其如何重塑行业格局，激发创新活力。

一、人工智能与大数据

在人工智能与大数据领域，云计算发挥着至关重要的作用，成为推动这两个领域快速发展的关键力量。

(一) 云计算在人工智能领域的应用

云计算为人工智能的发展提供了强大的计算支持。借助云计算平台，企业可以获得弹性可扩展的计算资源，从而快速部署和训练复杂的机器学习模型。这种灵活性不仅加速了算法的迭代和优化，还使得企业能够更高效地应对不断变化的数据和业务需求。

同时，云计算平台上的大数据分析工具能够高效处理海量数据，为人工智能应用提供丰富的数据源。这一组合优势使得人工智能在多个领域取得了显著进展，如医疗影像分析、智能推荐系统、自动驾驶等。在医疗影像分析领域，云计算平台能够处理大量的医学影像数据，帮助医生更准确地诊断疾病。在智能推荐系统方面，云计算平台能够分析用户的行为和偏好，为用户推荐更加个性化的服务。在自动驾驶领域，云计算平台则能够处理车辆传感器收集的大量数据，实现更加精准的导航和避障功能。

(二) 云计算在大数据领域的应用

云计算使得大数据处理变得更加高效和便捷。传统的数据处理方式往往受限于硬件设备的计算能力和存储空间，而云计算平台则提供了几乎无限的计算资源和存储空间，使得企业能够轻松处理和分析大规模数据集。

企业可以利用云上的数据仓库、数据湖等存储解决方案，集中管理分散的数据资源。这些数据资源可能来自不同的业务部门、不同的地理位置或具有不同的数据格式。借助云计算平台，企业可以轻松地整合这些数据资源，形成一个统一的数据视图，为后续的数据分析和业务决策提供支持。

借助云计算平台上的大数据分析工具，企业可以快速挖掘数据价值，发现市场趋势，优化运营策略。例如，在零售行业，企业可以利用云计算平台分析销售数据、顾客行为和库存情况，从而制定更加精准的营销策略和库存管理计划。在金融行业，企业可以利用云计算平台分析交易数据、风险数据和客户行为数据，以识别潜在的欺诈行为、优化投资组合并提升客户服务质量。

二、物联网与智慧城市

物联网与智慧城市是云计算应用的另外两个重要领域。在这两个领域中，云计算发挥着智能中枢和生态系统构建者的角色。

(一) 云计算在物联网领域的应用

物联网设备产生的海量数据需要强大的计算能力和存储空间来支撑。云计算作为物联网的智能中枢，能够接收、处理和分析来自物联网设备的数据，实现设备的远程监控、故障预警和智能调度。这种能力使得物联网设备能够更加智能、高效地运行，并为企业带来更多的商业价值。

在智慧城市建设中，云计算平台通过整合城市各领域的物联网数据，为城市管理提供全面、实时的信息支持。例如，在交通管理领域，云计算平台可以整合来自交通信号灯、摄像头、车辆传感器等设备的数据，实现交通流量的实时监测和调度。在环境监测领域，云计算平台可以整合来自空气质量监测站、水质监测站等设备的数据，为城市环保部门提供实时的环境数据支持。

(二) 云计算在智慧城市领域的应用

云计算为智慧城市构建了完整的生态系统。在这个生态系统中，政府、企业和科研机构可以基于云计算平台进行协同合作，共同推动智慧城市的可持续发展。

政府可以整合各类公共服务资源，如医疗、教育、交通资源等，通过云计算平台为市民提供便捷的在线服务。例如，市民可以通过手机应用预约医生、查询交通状况或办理政务手续等。

企业可以基于云计算平台开发创新应用，如智能家居、智能安防等，推动产业升级和智能化转型。同时，企业还可以利用云计算平台上的大数据分析工具，分析用户行为和市场趋势，为产品创新和营销策略提供支持。

科研机构可以利用云计算资源进行科研计算和数据分析，加速科研成果的转化和应用。例如，科研机构可以利用云计算平台上的高性能计算资源进行复杂的科学计算或模拟实验，还可以利用大数据分析工具对科研成果进行数据挖掘和可视化展示等。

三、远程办公与在线教育

随着云计算技术的不断发展和普及，远程办公和在线教育也成为两个重要的应用领域。

（一）云计算在远程办公领域的应用

云计算的普及推动了远程办公的兴起。传统的办公方式往往受限于地理位置和硬件设备，而云计算平台则提供了随时随地访问工作文件和数据的能力。

企业可以通过云计算平台搭建虚拟办公环境，实现员工之间的远程协作和沟通。这种虚拟办公环境不仅提供了与传统办公环境相似的工作体验和工具，还支持多人实时协作和在线会议等功能。同时，云存储和云协作工具的应用也使得员工可以随时随地访问工作文件和数据，提高工作效率和灵活性。

在疫情期间，远程办公成为许多企业的首选工作模式。云计算为此提供了坚实的技术保障和支持，使得企业能够继续保持业务运转和员工之间的有效协作。

（二）云计算在在线教育领域的应用

云计算为在线教育提供了全新的教学平台。传统的教育方式往往受限于教室容量、地理位置和时间安排等因素，而在线教育平台则打破了这些限制，使得优质教育资源得以更广泛地传播和共享。

通过云计算平台，教育机构可以搭建在线课堂、录播课程、互动问答等教学功能。这些功能不仅提供了与传统教室相似的教学体验和互动方式，还支持大规模在线学习和个性化教学等功能。同时，在线教育平台还可以利用云计算平台上的大数据分析工具分析学生的学习行为和成绩数据，为个性化教学提供数据支持。

在线教育平台的兴起也推动了教育行业的创新和变革。例如，一些在线教育平台开始尝试利用人工智能技术进行智能辅导和个性化推荐；还有一些在线教育平台开始探索虚拟现实和增强现实等新技术在教学中的应用。

四、金融科技与区块链

在金融科技与区块链领域,云计算同样发挥着重要的作用。它不仅为金融科技的发展提供了强大的技术支持,还与区块链技术相结合,为构建信任网络提供了新的思路。

(一) 云计算在金融科技领域的应用

云计算作为信息技术的集大成者,为金融科技的发展提供了前所未有的技术支持和创新动力。它不仅极大地提升了金融机构的业务部署和升级效率,还显著增强了服务的安全性和稳定性,成为推动金融科技行业变革的重要引擎。

云计算平台以其高度灵活和可扩展的特性,使得金融机构能够快速响应市场变化,及时部署和升级业务系统。相比传统的 IT 架构,云计算大大降低了金融机构在硬件和软件方面的投入成本,同时提高了系统的运维效率。金融机构可以更加专注于业务创新和服务提升,而不必过多纠结于底层技术的复杂性和高昂的维护费用。

在安全性方面,云计算平台提供了多层次的安全防护机制,包括数据加密、访问控制、安全审计等,确保金融机构的业务数据和客户信息得到保护。这种高水平的安全保障,对于金融行业来说至关重要,也是云计算在金融科技领域得到广泛应用的重要原因之一。

除了基础的技术支持,云计算平台上的大数据分析工具更是为金融机构带来了前所未有的数据洞察能力。通过对海量客户数据的深度挖掘和分析,金融机构可以更加准确地理解客户需求,优化产品设计和服务体验。例如,基于大数据的风险评估模型可以帮助金融机构更精准地识别潜在风险,提前采取防范措施;而客户行为分析则可以揭示出客户的消费偏好和潜在需求,为金融机构提供个性化的服务建议。

云计算还促进了金融科技的跨界融合,推动了诸多创新应用的出现。例如,云计算与人工智能技术的结合,实现了智能风控、智能投顾等前沿应用。智能风控系统可以利用机器学习算法对交易数据进行实时分析,自动识别并预警潜在的风险事件;而智能投顾则可以根据客户的财务状况和投资目标,提供个性化的投资建议和资产配置方案。

总之,云计算作为金融科技创新的重要引擎,不仅提升了金融机构的业务效率和安全性,还推动了金融科技的跨界融合和创新应用。随着云计算技术的不断发展和完善,云计算将在金融科技领域发挥更加重要的作用,为金融行业的持续创新和发展提供强有力的支持。

(二) 云计算在区块链领域的应用

区块链技术作为一种去中心化的分布式账本技术,其核心特性包括去中心化、不可篡改以及透明度高等,这些特性使其在多个领域具有广泛的应用潜力。然而,区块链网络的运行和维护并非易事,它需要大量的计算资源和存储空间来支持节点的稳定运行和数据的实时同步。传统的硬件设备往往难以满足这一需求,尤其是在处理大规模交易数据时,性能瓶颈和存储限制成为制约区块链发展的主要因素。

云计算平台的出现为区块链网络提供了新的解决方案。云计算以其高性能的计算能力和可扩展的存储资源，为区块链节点提供了稳定的运行环境。通过云计算平台，区块链网络可以获得几乎无限的计算资源和存储资源，从而确保节点的稳定运行和数据的实时同步。此外，云计算平台上的安全机制，如数据加密、访问控制和安全审计等，可以进一步增强区块链网络的安全性和可靠性，保护区块链免受恶意攻击和数据篡改的风险。

区块链与云计算的结合在金融、供应链、版权保护等领域展现出了巨大的应用潜力。在金融领域，区块链技术结合云计算可以实现去中心化的金融交易和清算，降低交易成本，提高交易效率。在供应链领域，区块链技术可以确保供应链的透明化和可追溯性，通过云计算平台实现供应链数据的实时共享和监控。在版权保护领域，区块链技术结合云计算可以实现版权的数字化管理和维权，确保创作者的权益得到有效保护。

总之，云计算作为信息技术领域的核心驱动力，正在不断催生新的应用场景和创新模式。通过探索人工智能、大数据、物联网、远程办公、在线教育、金融科技和区块链等领域的典型应用，我们可以看到云计算在推动数字化转型、促进创新发展方面的重要作用。特别是在区块链信任网络中，云计算的应用不仅提升了区块链的性能和安全性，还为其在更广泛的场景中的应用和推广提供了有力支持。

未来，随着云计算技术的不断进步和市场的不断变化，云计算的应用领域将更加广泛和深入。它将与更多的新兴技术(如边缘计算、量子计算等)相结合，共同推动数字化转型的进程。同时，我们也需要关注云计算技术带来的挑战和风险，如数据安全、隐私保护等问题，并采取相应的措施来保障其可持续发展和社会利益的最大化。通过不断探索和创新，云计算将继续在信息技术领域发挥核心驱动作用，为我们带来更加便捷、高效、智能的生活体验。

思考与练习

1. 云计算的核心思想是(　　)。

A. 资源共享，按需服务　　　　　　B. 集中管理，统一分配

C. 本地化存储，高速访问　　　　　D. 高成本投入，高收益回报

2. 在云计算中，SaaS 代表的服务模式是(　　)。

A. 软件即服务　　　　　　　　　　B. 平台即服务

C. 基础设施即服务　　　　　　　　D. 数据即服务

3. 云计算关键技术中，负责实现资源动态管理和调度的技术是(　　)。

A. 虚拟化技术　　　　　　　　　　B. 分布式存储技术

C. 资源管理技术　　　　　　　　　D. 并行计算技术

4. 下列选项中，(　　)允许企业或组织拥有并管理自己的计算资源和服务。

A. 公有云   B. 私有云

C. 混合云   D. 社区云

5. 在混合云部署中，企业通常会将( )部署在公有云上。

A. 敏感数据处理   B. 关键业务应用

C. 临时性、非核心业务   D. 所有业务应用

6. 以下不属于云计算在医疗行业的典型应用的是( )。

A. 电子病历管理   B. 远程医疗服务

C. 自动化药物分发系统   D. 医学影像存储与分析

项目七

智慧大脑——人工智能

学习目标

一、理解理论基础与概念

◎ 准确理解人工智能(AI)的定义，了解其发展历程以及其在现代社会中的重要地位。

◎ 了解人工智能的主要应用领域，如智能家居、智能安防、自动驾驶等。

二、了解人工智能的应用场景

◎ 了解人工智能在现实生活中的应用场景。

◎ 了解人工智能的技术潜力以及为现实生活带来的影响和贡献。

三、了解计算机视觉技术

◎ 了解计算机视觉的基本概念和关键技术，如图像识别、目标检测、图像分割等。

◎ 了解计算机视觉在自动驾驶领域的应用。

四、了解人工智能的伦理问题

◎ 引导学生思考人工智能技术发展带来的伦理挑战，如隐私保护、算法偏见等。

◎ 培养学生的道德判断和责任意识。

五、分析人工智能的社会影响

◎ 讨论人工智能技术对就业、经济、文化等方面的影响，引导学生关注科技发展对社会结构的变革。

六、了解人工智能的未来趋势

◎ 引导学生关注人工智能技术的最新发展动态，了解其未来可能的发展方向和趋势。

任务 1　初识人工智能

人工智能(Artificial Intelligence，AI)这一概念自诞生以来，便引起了全球范围内的广泛关注与热烈讨论。随着人工智能技术的不断进步，人工智能已经从科幻小说中的构想逐渐变为现实，深刻改变着我们的生活、工作和社会结构。

什么是人工智能

一、人工智能概述

人工智能是研究、开发用于模拟、延伸和扩展人的智能的理论、方法、技术及应用系统的一门新的技术科学。1956 年约翰·麦卡锡首次提出"人工智能"一词，当时的定义为"制造智能机器的科学与工程"。人工智能的目的就是让机器能够像人一样思考，让机器拥有智能。时至今日，人工智能的内涵已经得到了极大扩展，它是一门交叉学科，涉及计算机科学、脑科学、哲学、逻辑学、语言学、认知科学、心理学等多门学科。

(一) 人工智能的特征

人工智能具有智能性、学习性、适应性、自主性、创新性以及跨学科性等诸多特征。

1. 智能性

智能性是人工智能最本质的特征。它指的是 AI 系统能够模拟人类的思维过程和智能行为，执行需要人类智能才能完成的任务。这种智能性不仅体现在对知识的获取、存储和推理上，还体现在对环境的感知、理解以及做出决策和行动的能力上。AI 系统能够学习新知识、适应新环境，并在面对复杂问题时展现出高度的灵活性和创造性。

2. 学习性

学习性是人工智能的重要特征之一。通过机器学习算法，AI 系统能够从大量数据中自动提取特征、发现规律，并不断优化自身的性能。这种学习过程是自主的、连续的，使得 AI 系统能够随着时间的推移不断进步。机器学习算法包括监督学习、无监督学习、强化学习等多种类型，它们为 AI 系统提供了强大的学习能力。

3. 适应性

适应性是人工智能在复杂多变的环境中保持高效运行的关键。AI 系统能够根据环境的变化和任务的需求自动调整自身的参数和策略，以适应新的情况。这种适应性不仅体现在对外部环境的感知和响应上，还体现在对内部结构和算法的优化上。通过不断学习和适应，AI 系统能够保持高效性和准确性，在复杂多变的环境中持续发挥作用。

4. 自主性

自主性是人工智能高级阶段的重要特征。它指的是 AI 系统能够在没有人类直接干预的情况下自主地进行决策和行动。这种自主性不仅体现在对简单任务的自动处理上，还体现在对复杂问题的独立分析和解决上。高级的人工智能系统能够基于自身的知识和经验进行推理和判断,并做出合理的决策。它们能够自主地选择行动方案、优化资源配置,并在面对不确定性时展现出高度的灵活性和鲁棒性。

5. 创新性

创新性是人工智能未来发展的关键驱动力。虽然当前的 AI 系统大多依赖于预设的规则和算法进行工作,但随着技术的不断进步和应用的深入拓展,AI 系统的创新性将逐渐增强。未来的 AI 系统将能够在更广泛的领域内进行创新和探索,发现新的规律和知识,并推动科学技术的进步和社会的发展。这种创新性将使得 AI 系统不仅能够模仿人类的智能行为,还能够超越人类的限制,创造出更加智能、更加高效的解决方案。

6. 跨学科性

人工智能涉及计算机科学、数学、控制论、语言学、心理学、哲学等多个学科的知识和技术。这种跨学科性使得人工智能在研究和应用过程中需要综合运用多种方法和工具,同时也为不同学科之间的交叉融合提供了广阔的空间。通过跨学科的研究和合作,人工智能将不断推动相关学科的发展和创新,为人类社会的进步做出更大的贡献。

人工智能的这些特点展现了人工智能的独特魅力和广泛应用潜力,使得 AI 技术能够在各个领域内发挥重要作用,推动人类社会的进步和发展。

(二) 人工智能的分类

人工智能的一项重要指标是在没有任何先验知识的前提下,通过完全的自我学习,在极具挑战的领域里达到超过人类的境界。目前,人工智能大体分为两类:弱人工智能和强人工智能。

当前我们正处于弱人工智能阶段。例如,手机自动拦截骚扰电话、邮箱自动过滤,以及机器人下围棋等,都属于弱人工智能。弱人工智能的产生减轻了人类智力劳动,类似于高级仿生学。无论是"阿尔法狗",还是能够撰写新闻稿和小说的机器人,目前仍然属于弱人工智能范围,它们的能力仅在某些方面超过了人类。

强人工智能是指能推理和解决问题的智能机器,这样的机器有知觉、有意识,在各方面都能和人类比肩。因此强人工智能并非仅限于某一领域,而是让机器人全方位实现类人的能力。强人工智能能够进行思考、计划、解决问题、抽象思维、理解复杂理念、快速学习和从经验中学习。

数据和算力的重要性在弱人工智能时代不言而喻,其推动了人工智能的商业化发展。在强人工智能时代,数据和算力仍然是最重要的因素。与此同时,以谷歌和 IBM 为代表的科技巨头在量子计算上的研究也为人类进入强人工智能时代提供了强大助力。

二、人工智能的发展简史

人工智能的历史可以追溯到 20 世纪中叶。从最初的图灵测试的提出,到专家系统的兴起,再到深度学习的突破,AI 经历了多次技术革命和理论创新。要想详细了解人工智能的发展历史,不得不说一说人工智能发展的三次浪潮。

(一) 人工智能的第一次浪潮(1956—1974)

人工智能的概念最早可以追溯到古希腊哲学家和中国古代哲学家的思考，他们探讨过关于人造机器和智能的可能性。然而，真正意义上的人工智能起源于 20 世纪中期，此时随着计算机科学和信息技术的发展，人们开始尝试使用机器来模拟人类智能。

1950 年，英国数学家艾伦·图灵(Alan Turing)提出了著名的"图灵测试"，这一测试成为人工智能领域的重要里程碑。图灵测试的核心思想是：如果一台机器能够与人类展开对话，而不被人类辨别出其机器身份，那么称这台机器具有智能。这一测试不仅是一个思想实验，更是人工智能领域的第一块基石，为人工智能研究提供了明确的方向和目标。

1956 年，美国达特茅斯学院举办了一场为期两个月的夏季研讨会，参会者包括约翰·麦卡锡(John McCarthy)、马文·明斯基(Marvin Minsky)、克劳德·香农(Claude Shannon)等人工智能领域的先驱。会议中约翰·麦卡锡首次提出了"人工智能"这一术语，并将其定义为"制造智能机器的科学与工程"。这次会议标志着人工智能学科的正式诞生。

1963 年美国高等研究计划局投入两百万美元给麻省理工学院，培养了早期的计算机科学和人工智能人才。1964—1966 年期间，约瑟夫·维森鲍姆(Joseph Weizenbaum)教授建立了世界上第一个自然语言对话程序 ELIZA，该程序可以通过简单的模式匹配和对话规则与人聊天。

在人工智能的早期发展阶段，研究人员主要关注符号逻辑和推理规则的应用，尝试使用这些方法来模拟人类思维。例如，艾伦·纽维尔(Alan Newell)和赫伯特·西蒙(Herbert Simon)开发了"逻辑理论家"程序，该程序能够证明数学定理；阿瑟·塞缪尔(Arthur Samuel)开发了第一个计算机下棋程序，被认为是机器学习领域的先驱。

进入 20 世纪 70 年代，人工智能研究遇到了前所未有的挑战。由于计算机硬件性能的限制、数据不足以及算法的局限性，人工智能在很多领域的研究进展缓慢，许多研究项目无法取得预期的成果，导致资金和人才的流失。

这一时期，神经网络研究也陷入了低谷。尽管弗兰克·罗森布拉特(Frank Rosenblatt)提出了感知机模型，但由于感知机在处理非线性问题时存在局限，无法应对更复杂的任务，因此神经网络的研究工作陷入停滞状态。

(二) 人工智能的第二次浪潮(1980—1987)

20 世纪 80 年代，随着计算机技术的进步和数据的积累，人工智能迎来了第二次发展浪潮。这一时期，专家系统成为人工智能领域的研究热点。专家系统是一种模拟人类专家解决问题的能力的计算机程序，它通过集成特定领域的知识库和推理引擎，来模拟专家的决策过程。例如，爱德华·费根鲍姆(Edward Feigenbaum)领导的团队开发的 DENDRAL 系统，是第一个成功投入使用的专家系统，它能够模拟化学专家进行分子结构分析。1980 年，卡内基梅隆大学为迪吉多公司开发了一套名为 XCON 的专家系统，这套系统当时每年可为迪吉多公司节省 4000 万美元。XCON 的巨大价值激发了工业界对人工智能尤其专家系统的热情。

机器学习技术的发展也推动了人工智能的复兴。机器学习使计算机系统能够通过经验自我改进，而无须进行明确的编程。这一时期，反向传播算法的提出，使得多层神经网络得以训练，为深度学习的发展奠定了基础。1982 年约翰·霍普菲尔德提出了一种新型的网络形式，即霍普菲尔德神经网络，其中引入了存储 ASSOCIATIVE MEMORY 的机制。1986 年《通过误差反向传播学习表示》论文的发表，使反向传播算法被广泛用于人工神经网络的训练。

1997 年，IBM 的超级计算机"深蓝"在国际象棋比赛中战胜了世界冠军加里·卡斯帕罗夫，这一事件标志着人工智能在复杂策略游戏中的重大胜利，也进一步激发了公众对人工智能的兴趣和关注。

人工智能的第二次浪潮归功于其商业价值获得企业的认可和追捧，然而这种热度并没有持续太久。"专家系统"从原始数据中获取知识时效率低且知识不足，很多专家自己无法清晰、准确地描述出对问题的思考和解决过程，知识推理很难实现逻辑化，系统经常出现各种奇奇怪怪的问题，没法达到人们对 AI 的预期。

(三) 人工智能的第三次浪潮(2011 年至今)

人工智能的第三次浪潮(2011 年至今)标志着人工智能技术进入了一个全新的发展阶段，这一时期的显著特征包括大数据与互联网的影响、深度学习技术的突破、数据资源与云计算的支持，以及生成式人工智能的兴起。以下将从这四个方面进行详细阐述。

1. 大数据与互联网的影响

20 世纪 90 年代，互联网的普及为人工智能研究提供了丰富的数据资源。大数据技术的发展，使得计算机可以处理和分析海量数据，为人工智能研究提供了新的机遇。这一时期，人工智能技术开始逐步走向实用化，并在医疗、金融、地质勘探等领域取得了广泛应用。

2. 深度学习技术的突破

进入 21 世纪，深度学习技术的出现使得神经网络研究取得了突破性进展。深度学习通过构建多层神经网络，实现了对复杂数据的抽象表示，从而在图像识别、语音识别等领域取得了显著成果。例如，在 2012 年的 ImageNet 挑战赛中，多伦多大学开发的多层神经网络 AlexNet 取得了冠军，深度学习技术由此开始被广泛应用。2016 年，AlphaGo 在围棋比赛中战胜围棋世界冠军李世石，展示了深度学习技术在复杂决策任务中的强大能力。

3. 数据资源与云计算的支持

随着互联网的普及和物联网技术的发展，全球数据量呈爆炸式增长。大数据为人工智能提供了丰富的训练素材和验证资源，使得机器学习模型能够不断优化和提升性能。

云计算技术的发展为人工智能提供了强大的计算支持。通过云计算平台，用户可以灵活获取所需的计算资源和服务，从而加速人工智能应用的开发和部署。

4. 生成式人工智能的兴起

2022 年 OpenAI 推出 ChatGPT 以来，生成式人工智能(特别是大型语言模型)迅速崛起。这些模型具有强大的自然语言生成和理解能力，能够与人类进行流畅的对话和交互。

生成式人工智能在文本生成、图像生成、音频生成等领域取得了显著成果，为内容创作、智能客服、个性化推荐等领域带来了革命性的变化。

三、国内人工智能发展历程

与国际上人工智能的发展情况相比，国内人工智能的研究起步较晚，发展道路曲折坎坷。

(一) 发展起步期

1978 年 3 月，全国科学大会在北京召开。大会提出"向科学技术现代化进军"的战略决策，打开了解放思想的先河，促进了中国科学事业的发展，使中国科技事业迎来了科学的春天。这是中国改革开放的先声，广大科技人员出现了思想大解放，人工智能也在酝酿中发展。吴文俊提出的利用机器证明与发现几何定理的新方法——几何定理机器证明获得了 1978 年全国科学大会重大科技成果奖，就是一个好的征兆。

1981 年 9 月，中国人工智能学会(CAAI)在长沙成立，秦元勋当选第一任理事长。于光远在大会期间主持了一次大型座谈会，讨论有关人工智能的一些认识问题。他指出："人工智能是一门新兴的科学，我们应该积极支持"。1982 年，中国人工智能学会刊物《人工智能学报》在长沙创刊，成为国内首份人工智能学术刊物。

与此同时，我国开始派遣大批留学生赴发达国家学习研究现代科技，其中就包括了人工智能和模式识别等学科领域。

(二) 稳步发展期

20 世纪 80 年代中期，我国的人工智能发展逐步稳定。

1984 年召开了全国智能计算机及其系统学术讨论会，1985 年又召开了全国首届第五代计算机学术研讨会。1986 年起把智能计算机系统、智能机器人和智能信息处理等重大项目列入国家高技术研究发展计划(863 计划)。1986 年，清华大学校务委员会经过三次讨论后，决定同意在清华大学出版社出版《人工智能及其应用》。1989 年首次召开了中国人工智能联合会议(CJCAI)。

1993 年起，把智能控制和智能自动化等项目列入国家科技攀登计划。1993 年 7 月，宋健应邀为中国人工智能学会智能机器人分会题词"人智能则国智，科技强则国强"。该题词很好地阐明了人工智能与提高民族素质、增强科技实力与建设现代化强国的辩证关系。

(三) 蓬勃发展期

到了 21 世纪，国内人工智能进入蓬勃发展期，代表性的研究有视觉与听觉的认知计算、中文智能搜索引擎关键技术、智能化农业专家系统、虹膜识别、语音识别、人工心理与人工情感、基于仿人机器人的人机交互与合作等。

2006 年 8 月，中国人工智能学会联合其他学会和有关部门，在北京举办了"庆祝人工智能学科诞生 50 周年"大型庆祝活动。除人工智能国际会议外，纪念活动还包括由中国人工智能学会主办的首届中国象棋计算机博弈锦标赛暨首届中国象棋人机大战。东北大学的"棋天大圣"象棋软件获得机器博弈冠军；"浪潮天梭"超级计算机以 11：9 的成绩战胜了中国象棋大师。这些赛事的成功举办，彰显了中国人工智能科技的长足进步，也向广大公众进行了一次深刻的人工智能基本知识普及教育。

《中国制造 2025》《机器人产业发展规划(2016—2020 年)》和《"互联网+"人工智能三年行动实施方案》的发布与施行，体现了中国已把人工智能技术提升到国家发展战略的高度，为人工智能的发展创造了前所未有的优良环境，也赋予了人工智能艰巨而光荣的历史使命。

(四) 全面推进期

21 世纪 20 年代，国内全面推进人工智能发展。2021 年 12 月，工业和信息化部、国家发展和改革委员会、科学技术部等十五部门联合印发了《"十四五"机器人产业发展规划》，对"十四五"时期机器人产业发展做出了全面部署和系统谋划，对推动我国机器人产业高质量发展具有重要的指导意义。

2023 年被视为中国大模型的发展元年。在这一年里，中国本土厂商、科技巨头、科研院所及初创公司纷纷下场，部署自己的大模型。从优化算法全面追赶头部大模型水平，到创新应用落地全面开花，国产 AI 大模型在短短一年时间内取得了显著进展。

任务 2　人工智能应用领域

人工智能作为引领未来变革的核心力量，正以前所未有的速度渗透到我们生活的方方面面，重塑着人类社会的每一个角落。从温馨舒适的居家环境到安全高效的公共空间，从便捷出行的交通网络到智慧治理的城市脉络，人工智能正逐步展现其巨大的应用潜力和价值。

人工智能应用领域

一、智能家居

智能家居以住宅为平台，通过物联网技术将家中的各种设备连接到一起，实现智能化的居住环境，为用户提供个性化生活服务，使家庭生活更便捷、舒适和安全。人工智能如同一位细心的管家，悄无声息地渗透进智能家居的每一个角落。它不仅让家居设备拥有了"思考"的能力，更赋予了它们感知与适应的智慧。家中的灯光、温度、安全，乃至娱乐与健康管理，都因人工智能的介入而变得前所未有的贴心与高效。

首先，通过高度精准的语音处理技术，用户能够以前所未有的便捷方式实现对智能家居产品的全面控制。例如，调节空调至最舒适的温度，远程控制窗帘的开合以迎接晨光或夜幕，通过声控指令灵活调节照明系统的亮度与色彩，从而实现家居控制的极致简化与智能化。

其次，计算机视觉技术的引入，为家居安防领域树立了新的标杆。面部识别与指纹识别技术的融合，确保了家庭入口的安全性与私密性，只有经过严格身份验证的成员方能进入。同时，实时智能摄像头监控与先进的住宅非法入侵检测技术相结合，构建了一道坚不可摧的安全防线，全天候、全方位地守护着家的安宁与和谐。任何潜在的安全威胁，都将被迅速识别并妥善处理，从而确保家庭成员的人身与财产安全。

最后，人工智能还通过机器学习与深度学习技术，深入挖掘智能音箱、智能电视等设备的历史使用数据，构建出详尽而精准的用户画像。这一画像不仅反映了用户的兴趣偏好与生活习惯，更为智能家居系统提供了个性化的内容推荐与服务定制能力。无论是根据用户的音乐喜好推送专属歌单，还是根据观看历史推荐符合用户兴趣的影视作品，人工智能都能做到精准无误，让每一次的娱乐体验都充满惊喜与满足。

总之，人工智能在智能家居领域的应用，不仅实现了家居控制的智能化与便捷化，更在安防保障与个性化服务方面取得了突破性进展。这一技术的不断成熟与发展，必将引领我们迈向一个更加安全、舒适、个性化的智能家居新时代。

随着人工智能技术的不断进步和应用场景的拓展，智能家居将进一步向更高层次发展。未来，智能家居将更加注重个性化定制、集成化与系统化，以及绿色与可持续、智能化与自动化、跨领域融合，为用户提供更加全面和深入的智能生活体验。

二、智能安防

人工智能在智能安防领域的应用日益广泛且深入，不仅在警用方向上发挥着举足轻重的作用，也极大地便利了日常生活。

人工智能技术通过视频监控的智能分析，实现了对犯罪行为的实时监控与预警，有效提升了案件侦破效率。人工智能系统能够自动进行车辆分析，快速追踪并识别嫌疑车辆，同时通过复杂的算法进行海量数据检索，精准对比犯罪嫌疑人信息，为警方提供有力线索。此外，针对重点场所，人工智能门禁系统不仅加强了出入管理，还通过人脸识别等技术确保了场所的安全。

在停车场管理中，人工智能安防系统能够自动识别车辆信息，优化停车流程，减少等待时间。同时，对于家庭及社区的安全防护，人工智能提供了入侵报警、潜在危险预警等全方位服务，通过智能分析环境变化，及时发出警报，保障居民安全。家庭布防系统更是实现了远程监控与即时通信，让用户在任何时间、任何地点都能对家中情况了如指掌，享受科技带来的安心与便利。

随着物联网、大数据、云计算、人工智能等技术的不断发展和应用，智能安防系统的功能日益强大，能够更好地满足市场对安全、便捷、高效的需求。在政策支持和技术创新的双重驱动下，智能安防市场规模将会进一步扩大，产业链将不断完善。

三、自动驾驶

自动驾驶概念的萌芽可以追溯至 20 世纪初，但当时人们对汽车的控制方式还停留在机械和电气操作上。

自动驾驶是一种先进的交通技术，它允许汽车在没有人类直接操控的情况下自主完成驾驶任务。这种技术通过集成先进的传感器、计算机视觉和人工智能等技术，使车辆能够感知周围环境、做出决策并自主控制车辆的行驶，包括加速、转向和刹车等操作。自动驾驶技术的最终目标是实现完全自动化，使车辆能够在各种道路和天气条件下安全地行驶。

依据美国汽车工程师协会(Society of Automotive Engineers，SAE)制定的自动驾驶分级标准，自动驾驶可以分为 6 级，如表 7-1 所示。

表 7-1 自动驾驶分级标准

等级	叫 法	转向、加减速控制	对环境的观察	激烈驾驶应对	应对工况范围
L0	人工驾驶	驾驶员	驾驶员	驾驶员	—
L1	辅助驾驶	驾驶员+系统	驾驶员	驾驶员	部分
L2	半自动驾驶	系统	驾驶员	驾驶员	部分
L3	高度自动驾驶	系统	系统	驾驶员	部分
L4	超高度自动驾驶	系统	系统	系统	部分
L5	全自动驾驶	系统	系统	系统	部分

人工智能在自动驾驶中的应用已经深入多个领域，包括公共交通、物流和运输、农业和林业等，显著提升了这些领域的效率、安全性和可持续性。

自动驾驶技术可以应用于公交车等公共交通工具，提高运行效率和安全性。公交车具有车速慢、距离短、线路固定、专用道行驶等特点，具备无人驾驶的基础条件，能及时对突发状况做出反应，实现行人车辆检测、减速避让、紧急停车、障碍物绕行变道、自动按站停靠等功能。

自动驾驶技术在物流和运输领域的应用包括货车、无人机等，可提高运输效率和安全性。无人驾驶的重卡物流车企已启动测试，同时阿里菜鸟、百度、美团、京东等企业也开始布局物流领域的无人驾驶应用。

自动驾驶技术可以应用于农业和林业领域，如自动驾驶拖拉机、无人机等，提高农业和林业的生产效率和质量。

目前乘用车自动驾驶正在由 L2 向 L3+ 过渡，商用车自动驾驶已进入商业化运营阶段。自动驾驶技术的发展仍面临许多挑战。首先，技术上的问题需要解决，包括精准定位、高精度地图和高精度传感器等方面的挑战。其次，安全性问题是自动驾驶技术发展的关键，自动驾驶汽车需要保证在各种复杂环境下的安全性和可靠性。最后，法律和伦理问题是自动驾驶技术面临的重要考量因素，我们需要制定相关法规和标准来确保自动驾驶技术的应用更加安全和可靠。

四、智慧城市

城市是推进数字中国建设的综合载体。推进城市数字化转型、智慧化发展，是面向未来构筑城市竞争新优势的关键之举，也是推动城市治理体系和治理能力现代化的必然要求。

智慧城市是指通过物联网、云计算、大数据、人工智能等先进技术，实现城市各项功能的数字化、网络化、智能化，从而提升城市治理水平、促进城市经济发展、提高居民生活质量的新型城市发展模式。

2024 年 5 月，国家发展改革委、国家数据局、财政部、自然资源部联合颁布了《关于深化智慧城市发展 推进城市全域数字化转型的指导意见》。该指导意见中指出：以数据融通、开发利用贯穿城市全域数字化转型建设始终，更好服务城市高质量发展、高效能治理、高品质生活，支撑发展新质生产力，推进中国式现代化城市建设。

人工智能在智慧城市中的应用广泛且深入，涵盖了多个关键领域，极大地提升了城市管理的效率和服务水平。以下是对人工智能在智慧城市中的几个重要应用领域的具体介绍。

(一) 智能电网和智能交通信号灯控制

人工智能技术被应用于智能电网和智能交通信号灯控制系统中。智能电网能够实时监测和分析电力网络的运行状态，实现电力资源的优化配置和高效利用。智能交通信号灯控制系统则通过收集和分析实时交通数据，自动调节信号灯的时间和配时，优化交通流，减少交通拥堵和事故。

(二) 公共安全治理

人工智能技术也被应用于优化公共安全治理。例如通过丰富人工智能应用场景，如犯罪侦查、反恐行动、安防设备升级等，来提高城市的安全性。

(三) 城市治理和服务

在城市治理方面，人工智能技术可以提高治理效率和精准度。例如通过数据分析和决策支持系统，提高城市的安全性和稳定性。此外，人工智能还能帮助城市设计师和规划者设计响应式城市环境，通过实时数据支持可持续战略的深度整合。

智慧城市是现代城市发展的重要方向，通过集成应用信息通信技术实现城市智能化。发展趋势包括技术创新引领、跨界融合推动和以人为本提升服务质量。同时，智慧城市面临数据安全与隐私保护、技术标准与互操作性及投资与运营模式等挑战。未来需加强技术创新、完善法规政策、推动跨界融合与协同发展，并注重人文关怀与社会责任，共同推动智慧城市的健康快速发展。

五、其他领域

除上述应用领域外，人工智能的应用领域还有很多，如智能医疗、智能零售、智能物流、智能农业、智能制造以及智能教育等。

(一) 智能医疗

智能医疗是指利用物联网、大数据、云计算等技术，构建一个覆盖医疗、健康、养老等多领域的智慧医疗服务体系。该服务体系的应用主要包括辅助诊断、医疗影像及疾病检测、药物开发、健康管理等。智能医疗不仅提高了医疗服务的效率和质量，还促进了医疗资源的优化配置和共享。

(二) 智能零售

智能零售是指运用互联网、物联网技术，感知消费习惯，预测消费趋势，引导生产制造，为消费者提供多样化、个性化的产品和服务。智能零售的应用包括智能数据收集、智能匹配渠道、智能预测销量、无人便利店、智慧供应链、客流统计、无人车和无人仓等。

(三) 智能物流

智能物流是指通过智能软硬件、物联网、大数据等智慧化技术手段，实现物流各环节的精细化、动态化、可视化管理，提高物流系统智能化分析决策和自动化操作执行能力，提升物流运作效率的现代化物流模式。智能物流的应用主要包括智能调度管理、智能标识定位、智能输送等。

(四) 智能农业

智能农业是指将物联网技术运用到传统农业中，运用传感器和软件并通过移动平台或者电脑平台对农业生产进行控制，使传统农业更具有"智慧"。智能农业领域的应用包括自动灌溉、自动施肥、异地监控、智能农业大棚、食品溯源等。

(五) 智能制造

随着信息技术的快速发展，制造业正经历着从自动化向智能化发展的深刻变革。智能制造作为工业 4.0 的核心内容，通过集成物联网、大数据、云计算、人工智能等先进技术，实现了生产过程的智能化、网络化、服务化。智能制造不仅提高了生产效率和质量，还促进了制造业的绿色、可持续发展。

智能装备主要包括自动识别设备、人机交互系统、工业机器人和数控机床等。智能工厂包括智能设计、智能生产、智能管理及集成优化等，其中的机器人如图 7-1 所示。智能服务包括个性化定制、远程运维及预测性维护等。

图 7-1　智能工厂中的机器人

(六) 智能教育

智能教育主要是指利用人工智能在教育领域实现信息化、数字化、网络化、智能化和多媒体化等，具有开放、交互、共享、协作、泛在等特征。智能教育的应用主要包括提供个性化教育、智能学习、智能考试等。

任务 3　人工智能应用场景

目前，比较成熟的人工智能应用有计算机视觉、语音处理、自然
语言处理、机器人、专家系统、生物特征识别等。

人工智能应用场景

一、计算机视觉应用场景

计算机视觉是 AI 应用技术中最成熟的技术。计算机视觉研究的主题主要包括图像分类、目标检测、图像分割、目标跟踪、文字识别和人脸识别等。计算机视觉有望进入自主理解、分析决策的高级阶段，真正赋予机器"看"的能力，在无人车、智能家居等场景发挥更大的价值。

(一) 人脸识别

人脸识别是基于人的脸部特征信息进行身份识别的一种生物识别技术。该技术利用摄像机或摄像头采集含有人脸的图像或视频流，并自动在图像中检测和跟踪人脸，进而对检测到的人脸进行脸部识别。

2017 年 12 月 5 日，上海申通地铁集团与阿里巴巴、蚂蚁金服联合宣布，三方达成战略合作。签约仪式上，阿里巴巴最新研发的刷脸进站等多项技术首度惊艳亮相。人脸识别进站闸机，采用的就是人脸识别技术。在地铁进站闸机上有一块屏幕，乘客经过屏幕时，几乎无须停留，屏幕就可依托人脸识别技术，完成人脸识别，开启闸机，以供乘客进站。目前，国内大部分城市的地铁都已实现"刷脸进出站"。

(二) 自动驾驶

自动驾驶是指使用深度学习、计算机视觉等技术实现计算机程序，进而控制车辆行驶。

美团与上海市金山区政府共同推动了全国首个城市低空物流运营示范中心的建设。该项目通过自主飞行智能无人机、自动化机场及智能无人机调度系统的研发，实现了社区、商场、写字楼等多种场景下的快速配送。截至 2021 年 6 月，美团智能无人机已完成超 20 万架次飞行测试，配送真实订单超 2500 单，展现了 AI 技术在智慧物流领域的巨大应用潜力。

(三) 视频动作分析

利用 AI 可以对一段视频中的内容进行分析，判断视频中的人物做了哪种动作。

在体育比赛中，视频动作分析被广泛应用于运动员的动作评估和技能分析。通过分析运动员在比赛中的动作，教练和训练师可以评估其技术表现，发现潜在的问题，并制订相应的训练计划。例如，在跳水比赛中，利用视频动作分析可以识别运动员的走板、翻腾和入水等动作，并评估动作的准确性和美感。在足球比赛中，则可以分析球员的跑动轨迹、传球和射门等动作，为战术制定提供数据支持。

(四) 身份验证

身份验证是确保系统安全的关键环节。采用先进的计算机视觉等人工智能技术，可以有效地对用户身份进行核实与验证。这些技术能够识别并分析用户的生物特征或行为模式，从而准确判断用户的身份是否合法，为系统安全提供有力保障。

一些银行已经开始利用面部识别技术进行身份验证。用户在进行转账或支付操作时，只需通过摄像头进行面部扫描，系统便能迅速与数据库中存储的用户面部信息进行比对，从而验证用户的真实身份。这一技术的应用不仅极大地提高了交易的安全性，还有效地提升了用户体验，使得交易过程更加便捷、高效。

(五) 三维重建

三维重建是指通过摄像机获取场景物体的二维数据图像，并对此图像进行分析处理，再结合计算机视觉知识推导出现实环境中物体的三维信息。

2023年，怀化市第二人民医院靖州院区泌尿外科成功利用三维重建技术，为一名肾下垂且CT输尿管显影不清晰的输尿管结石患者实施了手术。医生根据患者的CT结果进行专业的技术处理，生成了高清晰度的三维立体影像。这些影像精确还原了组织相关结构，直观地显示了输尿管的走向、与周边组织和血管的关系，以及结石的具体位置。三维重建技术为医生提供了全面的手术视野和精确的手术路径规划，极大地提高了手术的精准度和成功率。患者术后康复顺利，验证了三维重建技术在医学领域的有效性和价值。

(六) 图像分割

图像分割是指对图像中的每一个像素点都进行分类，一般可应用于人像抠图及其他各种抠图。具体应用场景有基于图像分割的手写文字擦除、基于图像分割的医疗影像分析(例如依据图像分割结果判定肿瘤的大小，从而决定医疗手段)。

在国内，AI辅助的影像诊断系统在多家医院已得到了广泛应用。该系统利用深度学习算法，能够自动分析医疗影像数据，辅助医生进行疾病诊断。例如，在肺癌筛查中，影像诊断系统可以快速识别肺部结节，并根据结节的特征预测恶性概率，提高诊断的准确性和效率。此外，在慢性病管理方面，影像诊断系统通过持续监测患者的健康状况，提供个性化的治疗建议和预防措施，帮助患者更好地管理疾病。

二、语音处理应用场景

语音处理研究的主题主要包括语音识别、语音合成、语音唤醒、声纹识别、音频事件检测等。其中最成熟的技术是语音识别。在安静的室内、近场识别的前提下，语音识别的准确度能达到96%。

(一) 语音导航

语音导航是以语音识别、语音编解码为代表的智能语音技术，主要应用在车载领域。阳光云客服语音导航机器人系统是一个较为成功的智能语音导航案例，它通过深度应用语音识别、语音合成、自然语言处理等人工智能技术，实现了智能语音导航全覆盖。该系统在 95510 呼入端实现了业务的智能语音交互自助办理，利用人机交互，客户可以通过开放式、口语化的表达简单说出自己的业务办理诉求，如"车险报案""查询保单"等，语音机器人系统将自动识别客户所说内容，并精准匹配到对应热线菜单节点上。这种服务模式减少了由于客户不了解保险专业术语所造成的操作失误，降低了客户的操作成本，提高了客户业务查询和办理效率，优化了客户服务体验。阳光云客服语音导航机器人系统的成功应用，不仅提升了服务效率，还显著改善了客户体验，成为行业内首创的人机耦合服务模式，受到业内众多智能开发专家的关注，并被评选为"2022 客服中心应用优秀案例"。

(二) 语音合成

语音合成是指利用 AI 将任意文字信息转化为相应语音。

2018 年，新华社与搜狗公司联合推出全球第一个全仿真智能虚拟主持人——"新小浩"。这个虚拟主播能够与现实中的新闻主播在播报时达到几乎无差别的视听效果，通过多项前沿技术(如人脸关键点检测、人脸特征提取等)的支持，实现了高度仿真的表现。

(三) 语音识别

语音识别是指利用计算机自动对语音信号的音素、音节或词进行识别。

腾讯云提供的语音识别 AI 产品被应用于老年教育服务平台，解决了老年人视力和键盘输入能力较弱的问题。这种产品通过智能语音输入和语音消息转写功能，提高了老年人的输入效率和教师的阅读效率，使得教育服务更加便捷和高效。

(四) 语音情感识别

语音情感识别是一种通过分析语音信号中的声音特征和语言内容，来确定说话者情感状态的技术。这项技术在日常生活和商业领域有着广泛的应用，例如可用于电话客服、市场调研、医疗诊断和智能家居等。语音情感识别技术通过提取语音信号中的特征(如基频、声调、语速、音高和音素等)，并利用机器学习算法对这些特征进行分析，可以了解说话者的情感状态，从而实现情感识别和分类。

在电话客服领域，语音情感识别系统可以自动识别客户的情感状态，例如在识别出客户的不满意情绪后，可以快速将客户转接至高级客服进行处理。

在医疗健康领域，在进行心理诊断和治疗时，语音情感识别系统可以协助医生识别患者的情绪状态，判断患者是否存在抑郁、焦虑等心理状态并给予相应的治疗。护理人员可以通过多模态情绪识别检测老年人的生活状态，及时采取相应的护理措施。

三、自然语言处理应用场景

自然语言处理(NLP)研究的主题主要包括机器翻译、文本挖掘和情感分析等。自然语言处理的技术难度高，技术成熟度较低。这是因为语义的复杂度高，目前仅靠基于大数据、并行计算的深度学习很难达到人类的理解层次。

（一）舆情分析

舆情分析是指利用关键词提取、文本聚类和主题挖掘等算法模型，挖掘突发事件的舆论导向，并进行舆情分析和趋势发现。

随着信息技术的发展，网络发达的同时，网络谣言数量也呈上升态势。多地公安厅利用 AI 舆情分析系统分析海量数据，发现谣言的生成和传播规律，进而快速识别并处置谣言，减少其对社会秩序的负面影响。该系统可提升公众对网络谣言的鉴别能力，从而维护网络空间的清朗和健康。

（二）智能客服

智能客服是基于人工智能的在线客服系统。该系统利用自然语言处理技术实现智能问答、自动回复、机器人客服等服务，提高客户满意度和服务效率。

京东作为中国领先的电商平台，其 AI 客服"小智"利用先进的 NLP 技术，为用户提供高效的自助服务。京东 AI 客服"小智"能够理解和处理用户的查询和订单问题，提供"24×7"的自助服务，大幅提高了客户满意度和处理效率，减少了人工客服的压力，提高了客户服务的响应速度，增强了用户的购物体验，提升了京东的品牌形象。

（三）机器翻译

翻译中心采用机器翻译服务，构建满足特定需求的机器翻译系统，以高效准确地翻译邮件、论文、新闻等内容。

百度翻译是一项免费的在线翻译服务，提供中英、中日、中韩、中泰、中西、中法、中阿、英泰、英日、普通话和粤语等 22 个方向的翻译服务。它支持文本翻译和网页翻译两种翻译方式，用户只需在翻译框输入想要翻译的文本或网页地址，即可获得翻译结果。

（四）个性化推荐

个性化推荐是指利用自然语言处理和大数据技术，并根据用户的历史行为记录，预测用户对商品的偏好，实现个性化的推送服务。

抖音作为短视频领域的佼佼者，通过个性化推荐算法为用户提供了源源不断的优质内容。抖音对视频内容进行深入分析和分类(包括视频的主题、标签、热度等)，并通过收集用户的观看历史、点赞、评论、分享等行为数据，分析用户的兴趣偏好。基于内容分析和用户行为分析的结果，抖音能够实时为用户推荐他们可能感兴趣的视频内容。

（五）文本情感分析

文本情感分析可以帮助用户从大量数据中识别和吸收相关信息，理解更深层次的文本含义，这在客户服务和评论分析中有广泛应用。

如果有用户收到货物后在评论区写负面评价，系统就会通过 AI 情感分析技术，识别出这条评论中的负面情感倾向。基于这个分析结果，电商平台可以迅速采取一系列措施。首先，平台可以将这条负面评论及时反馈给供应商，促使其改进产品质量。其次，平台可以通过智能客服系统主动联系这位用户，了解更详细的情况，并提供相应的解决方案或采取补偿措施，以消除用户的不满情绪。因此，电商平台利用 AI 情感分析技术能够实时监测用户评论中的情感倾向，并快速作出响应，从而提升用户体验和平台的服务质量。

(六) 垃圾邮件过滤

垃圾邮件过滤是指通过分析邮件中的文本内容，相对准确地判断邮件是否为垃圾邮件并对垃圾邮件进行滤除，例如采用贝叶斯垃圾邮件过滤技术。

(七) 内容推荐

内容推荐是指通过关键词提取和短文本相似度技术，提取关键语义信息，并精准匹配出语义相似的内容，从而构建内容推荐场景。

总之，人工智能技术的广泛应用正深刻改变着各行各业的面貌。从金融、医疗到教育、交通再到智能制造和智慧城市建设等领域，AI 技术以独特的优势和创新力不断推动着社会的进步和发展。未来随着 AI 技术的不断成熟和应用场景的不断拓展，人工智能的应用前景将更加广阔和美好。同时我们也需要关注 AI 技术带来的挑战和风险，加强相关法规和标准的制定和执行，确保 AI 技术的健康、可持续发展和社会利益的最大化。

任务 4　计算机视觉——以无人驾驶应用场景为例

随着人工智能技术的飞速发展，无人驾驶技术已成为智能交通系统的重要组成部分。计算机视觉作为人工智能的关键分支，在无人驾驶领域发挥着不可替代的作用。

一、计算机视觉概述

计算机视觉，作为人工智能的核心技术之一，专注于利用计算机系统和算法来模拟、分析和解释来自数字图像或视频的信息。它不是简单的图像处理，而是深入图像内容的理解层面，通过自动提取、分析和解释图像中的关键特征，来实现对现实世界的智能感知与理解。下面围绕计算机视觉的定义与范畴、发展历程、核心技术与方法几个方面展开介绍。

(一) 定义与范畴

计算机视觉是一门研究如何使机器通过图像和视频等视觉信息来感知和理解世界的科学。具体而言，它利用计算机及相关设备模拟人眼的视觉功能，对目标进行识别、跟踪、测量等，并进行图像处理，使处理后的图像更适合人眼观察或传送给仪器进行检测。计算机视觉的研究范围十分广泛，包括图像处理、图像分析、视频理解、三维重建等多个方面，旨在建立能够从图像或多维数据中提取有用信息的人工智能系统。

(二) 发展历程

计算机视觉的发展可以追溯到 20 世纪 60 年代，当时的研究主要集中在二维图像分析和理解上。随着计算机技术的不断进步和图像处理理论的逐步完善，计算机视觉逐渐发展成为一门独立的学科。进入 21 世纪后，随着深度学习技术的兴起，计算机视觉迎来了前所未有的发展机遇。深度学习，特别是卷积神经网络(CNN)的广泛应用，极大地提高了计算机视觉任务的准确性和效率，使得计算机视觉技术在自动驾驶、安防监控、医疗诊断等领域展现出巨大的应用潜力。

(三) 核心技术与方法

计算机视觉作为人工智能的一个重要分支，其核心技术与方法涵盖了多个层面，包括图像处理、特征提取、模式识别、深度学习等。以下将对这四个方面进行详细阐述。

1. 图像处理：奠定视觉分析的基石

在计算机视觉的浩瀚领域中，图像处理是不可或缺的基石。它不仅是连接现实世界与数字世界的桥梁，更是成功完成后续高级视觉任务的先决条件。图像处理技术包括图像去噪、图像增强、几何变换、颜色处理等。这些技术如同精密的机械部件，共同构成了视觉处理系统的基石。

在现实世界中，图像往往受到各种噪声(如传感器噪声、传输噪声等)的干扰。这些噪声不仅降低了图像的质量，还可能对后续的图像分析产生负面影响。图像去噪技术旨在去除这些噪声，恢复图像的原始信息。常见的去噪方法包括均值滤波、中值滤波、高斯滤波等，这些方法用不同的方式平滑图像，减少噪声的影响。此外，随着深度学习技术的发展，基于深度学习的去噪方法也逐渐崭露头角，其强大的自学习能力使得去噪效果更加优异。

为了改善图像的视觉效果或便于后续处理，常常需要对图像进行增强处理。图像增强技术包括对比度增强、锐化、亮度调整等。这些技术通过调整图像的某些属性，使图像更加清晰、鲜明，从而提高图像的可读性和辨识度。例如，对比度增强技术可以强化图像中不同物体之间的亮度差异，使图像中的细节更加突出；锐化技术则可以增强图像的边缘信息，使图像看起来更加清晰。

在图像处理中，几何变换也是一种重要的操作，具体包括图像缩放、旋转、平移等操作。这些操作在图像预处理、图像匹配、图像拼接等任务中发挥着重要作用。例如，在图像拼接过程中，由于拍摄角度、距离等因素的不同，多幅图像之间可能存在几何上的偏差。采用几何变换技术可以将这些图像调整到同一坐标系中，为后续的拼接操作提供便利。

颜色是图像的重要属性之一，它不仅影响着图像的视觉效果，还蕴含着丰富的信息。颜色处理技术包括颜色校正、颜色分割、颜色量化等。颜色校正技术可以调整图像的整体色调和饱和度，使图像的颜色更加自然、逼真；颜色分割技术则可以将图像中不同颜色的区域分割开来，为后续的图像分析提供便利；颜色量化技术通过减少图像中的颜色种类来降低图像的存储空间，提高和传输速率。

2. 特征提取：解锁图像信息的密钥

特征提取是计算机视觉中的关键环节，它决定了后续任务能否从图像中提取出有用的信息。特征提取技术经历了从传统特征提取到深度学习特征提取的演变过程，每一种方法都有其独特的优势和适用范围。

在传统的计算机视觉中，特征提取主要依赖于手工设计的特征描述符。这些特征描述符通常具有旋转不变性、尺度不变性等优良性质，能够在一定程度上抵抗图像中的噪声和变形。其中，尺度不变特征变换(SIFT)和加速鲁棒特征(SURF)是较为著名的两种局部特征描述符。SIFT 通过构建尺度空间、检测极值点、确定关键点方向、生成特征描述子等步骤来提取图像中的局部特征；而 SURF 则在 SIFT 的基础上进行了改进，提高了特征提取的速度和效率。这些传统特征提取方法在计算机视觉的多个领域中都得到了广泛应用，如物体识别、图像匹配、三维重建等。

随着深度学习技术的兴起，特征提取的方式也发生了革命性的变化。深度学习模型通过构建多层人工神经网络，能够自动学习图像中的复杂特征表示。这些特征表示不仅具有更强的鲁棒性和泛化能力，还能够更好地适应不同的任务和数据集。在深度学习特征提取中，CNN 是较为常用的模型之一。CNN 通过卷积层、池化层、全连接层等结构的堆叠，逐步提取图像中的低级特征和高级特征。这些特征不仅具有层次性和抽象性，还能够有效地表示图像中的语义信息。因此，CNN 在图像分类、目标检测、图像分割等任务中都取得了显著的成绩。

3. 模式识别：图像分类与识别的智慧之眼

模式识别技术是计算机视觉中的重要组成部分，它根据从图像中提取的统计特性或结构信息，将图像分成特定的类别。模式识别技术不仅具有广泛的应用前景，如文字识别、指纹识别等，还在计算机视觉的多个领域中发挥着重要作用。

统计模式识别是一种基于概率统计理论的识别方法。它首先根据训练样本集学习各类别的统计特性(如均值、协方差矩阵等)，然后在测试阶段根据这些统计特性对测试样本进行分类。统计模式识别方法具有简单、直观的优点，但在处理复杂图像时可能面临计算量大、泛化能力差等问题。

结构模式识别则侧重于从图像中提取出具有特定结构的特征(如边缘、角点等)，并根据这些特征对图像进行分类。结构模式识别方法能够更好地捕捉图像中的结构信息，但在特征提取和匹配过程中可能受到噪声和变形的影响。

随着深度学习技术的发展，模式识别技术也迎来了新的机遇和挑战。深度学习模型通过自动学习图像中的高层特征表示，能够在分类、识别等任务中表现出色。特别是在大规模数据集和复杂场景下，深度学习模型的优势更加明显。例如，在图像分类任务中，深度学习模型能够识别出成千上万种不同的物体类别；在人脸识别任务中，深度学习模型能够在复杂的光照、角度和表情变化下准确识别出人脸信息。

4. 深度学习：推动计算机视觉的飞跃

深度学习作为近年来人工智能领域的热点技术之一，对计算机视觉的发展产生了深远的影响。通过构建多层人工神经网络，深度学习模型能够自动学习图像中的复杂特征表示，并在多个视觉任务中取得了显著的成绩。

卷积神经网络(CNN)是深度学习在计算机视觉中最具代表性的模型之一。CNN 在图像分类、目标检测、图像分割等任务中都取得了优异的成绩。例如，在 ImageNet 大规模视觉识别挑战赛(ILSVRC)中，基于 CNN 的模型在多个任务中都刷新了历史纪录。

循环神经网络(RNN)在处理序列数据(如文本、语音等)时表现出色，但在计算机视觉领域的应用相对较少。然而，RNN 的变体——长短期记忆网络(LSTM)和门控循环单元(GRU)等模型在视频分析、行为识别等任务中具有一定的应用前景。这些模型能够捕捉视频序列中的时间依赖性信息，为视频理解和分析提供了新的思路和方法。

尽管深度学习在计算机视觉中取得了显著的成绩，但仍面临一些挑战和问题。例如，深度学习模型需要大量的训练数据和计算资源；模型的可解释性和鲁棒性仍有待提高；如何处理图像中的噪声和变形等问题仍需进一步研究。未来，随着深度学习技术的不断发展和完善，计算机视觉将迎来更加广阔的发展前景和更加丰富的应用场景。

综上，计算机视觉的核心技术与方法包括图像处理、特征提取、模式识别和深度学习等多个方面。这些技术相互关联、相互促进，共同推动了计算机视觉的快速发展和广泛应用。在未来的学习和研究中，我们将继续深入探索这些技术的内在规律和潜在价值，为计算机视觉的发展贡献更多的智慧和力量。

二、自动驾驶中计算机视觉的应用

计算机视觉技术的应用场景非常广泛，包括目标检测与识别、环境感知与地图构建、路径规划与决策控制、障碍物避让与紧急制动等。

(一) 目标检测与识别

目标检测与识别是计算机视觉在无人驾驶中较为基础也是较为关键的应用之一。无人驾驶车辆需要实时检测并识别道路上的行人、车辆、交通标志等目标，以便做出正确的驾驶决策。利用 CNN 等深度学习模型，无人驾驶车辆可以准确识别前方的车辆类型(如轿车、卡车)、行人姿态(如行走、奔跑)以及交通标志(如限速标志、禁止停车标志)等。

例如，无人驾驶出租车(见图 7-2)通过集成先进的计算机视觉技术，实现了对周围环境的精准感知。其搭载的摄像头能够实时捕捉道路信息，同时利用深度学习算法对行人、车辆等障碍物进行快速检测和识别，确保无人驾驶出租车在复杂城市环境中安全行驶。

图 7-2　无人驾驶出租车

(二) 环境感知与地图构建

环境感知是无人驾驶车辆理解周围世界的关键步骤。计算机视觉技术结合激光雷达、毫米波雷达等多个传感器的数据，可以构建出高精度的三维环境地图。这张地图不仅包含道路形状、障碍物位置等静态信息，还能实时更新动态信息，如车辆行驶轨迹、行人移动路径等。基于这张地图，无人驾驶车辆可以规划出最优行驶路径，并做出避障、超车等决策。

例如，百度 Apollo 自动驾驶平台利用多传感器融合技术，并结合计算机视觉算法，构建了高精度的动态环境地图。该平台不仅能够在复杂城市环境中实现自主导航，还能在高速公路上实现自动驾驶接管，显著提高了行驶的安全性和效率。

(三) 路径规划与决策控制

路径规划与决策控制是无人驾驶车辆实现自主驾驶的核心环节。计算机视觉技术通过实时分析车辆周围环境，并结合车辆自身状态信息(如速度、加速度、转向角等)，为无人驾驶车辆提供最优行驶路径。同时，根据路径规划结果，计算机视觉技术还能对车辆进行精确的控制，包括加速、减速、转向等操作，确保车辆按照规划路径安全行驶。

例如，文远知行(WeRide)自主研发的无人驾驶出租车在广州等地开展试运营。该车辆搭载了先进的计算机视觉系统，能够实时感知周围环境并做出智能决策。在路径规划方面，文远知行利用深度学习算法对道路网络进行建模，结合实时交通信息，为车辆规划出最优行驶路径。在决策控制方面，计算机视觉技术结合车辆动力学模型，实现了对车辆的精确控制，确保了试运营的安全性和舒适性。

(四) 障碍物避让与紧急制动

障碍物避让与紧急制动是无人驾驶车辆应对突发情况的重要能力。首先，利用计算机视觉算法对摄像头捕捉到的图像进行预处理，包括去噪、增强对比度等操作。然后，利用 CNN 等深度学习模型对图像进行特征提取和分类识别。通过训练好的模型，算法能够准确识别出道路上的行人、车辆、障碍物等目标，并获取其位置、大小、形状等信息。在检测到障碍物后，无人驾驶车辆的决策系统会根据障碍物的类型、距离、速度等信息以及车辆自身的行驶状态(如速度、加速度、转向角等)进行综合判断。如果判断结果显示存在碰撞风险，决策系统会立即触发紧急制动或避让动作。在这一过程中，计算机视觉技术持续提供实时的障碍物信息更新，确保车辆能够准确执行避让或制动操作。计算机视觉技术通过实时监测道路前方的障碍物信息(如行人突然横穿马路、前方车辆急停等)，结合车辆动力学特性和行驶环境，快速做出避让或紧急制动的决策。这不仅可以有效避免交通事故的发生，还能提高无人驾驶车辆的安全性能。

例如，小马智行(Pony.ai)在上海等地开展无人驾驶出租车试运营。该车辆搭载了高性能的计算机视觉系统，能够在复杂城市环境中实现障碍物实时检测和避让。在一次试运营中，小马智行车辆成功避让了一名突然横穿马路的行人，展示了其卓越的障碍物避让能力。

三、未来发展与挑战

在科技日新月异的今天，无人驾驶技术作为人工智能领域的璀璨明珠，正以前所未有的速度改变着我们的出行方式。计算机视觉技术，作为无人驾驶系统的核心感知手段之一，其发展与进步直接关乎无人驾驶技术的成熟度与安全性。以下将深入探讨无人驾驶应用计算机视觉技术的未来发展路径，以及在这一进程中可能面临的挑战。

(一) 技术进步与融合：拓宽无人驾驶的视野

计算机视觉技术的进步与融合在无人驾驶领域起到了至关重要的作用，极大地拓宽了无人驾驶的视野。以下将从三个方面详细阐述。

1. 深度学习的深化应用

随着深度学习算法的不断优化与训练数据的海量积累，计算机视觉技术在无人驾驶中的应用将更加精准高效。深度学习模型，尤其是 CNN 和 RNN 的变种(如 LSTM 和 Transformer)将能够更好地捕捉图像中的复杂特征，提高目标检测、识别与跟踪的准确性。同时，自监督学习和半监督学习等新型训练方法的引入，将进一步降低对标注数据的依赖，加速模型的迭代升级。

2. 多传感器融合技术的强化

无人驾驶系统并非仅仅依赖单一的摄像头或雷达，而是需要多种传感器(如激光雷达、毫米波雷达、超声波传感器等)的协同工作，以实现全方位、多层次的环境感知。计算机视觉技术将与其他传感器数据进行深度融合，通过多模态数据处理算法，提高系统对复杂场景的理解能力和鲁棒性。例如，激光雷达提供的高精度三维点云数据可以与视觉图像进行融合，实现对障碍物的精确定位和避障策略的优化。

3. 自然语言处理与计算机视觉的融合

未来的无人驾驶系统不仅限于视觉感知，还将具备与人类进行自然语言交互的能力。通过结合自然语言处理技术，无人驾驶汽车可以理解乘客的指令、询问路况信息或进行紧急通信。这种跨模态的融合将极大地提升用户体验，使无人驾驶汽车成为更加智能、人性化的出行伙伴。

(二) 数据安全与隐私保护：守护无人驾驶的底线

在计算机视觉技术领域，数据安全与隐私保护是守护无人驾驶等前沿应用的重要底线。针对无人驾驶这一应用场景，接下来将从强化数据加密与访问控制、隐私保护技术的研发与应用，以及法律法规与行业标准的完善三个方面进行详细介绍。

1. 强化数据加密与访问控制

无人驾驶系统收集的海量数据包含用户的行驶轨迹、驾驶习惯以及个人信息，这些数据的安全防护至关重要。采用先进的加密技术(如区块链技术)，可以确保数据的不可篡改性和安全性。同时，建立严格的访问控制机制，限制数据访问权限，可防止未经授权的数据的泄露和滥用。

2. 隐私保护技术的研发与应用

为了保护用户隐私，无人驾驶系统需要采用差分隐私、联邦学习等隐私保护技术。差分隐私技术可以在数据发布或共享过程中添加噪声，以保护个体的隐私信息不被泄露；而联邦学习则允许各参与方在不共享原始数据的情况下共同训练模型，既保证了数据隐私，又实现了模型的优化。

3. 法律法规与行业标准的完善

数据安全与隐私保护不仅涉及技术问题，更涉及法律和社会问题。政府和相关机构应加快制定和完善相关法律法规，明确无人驾驶系统的数据收集、处理、存储和共享的标准与规范。同时，推动建立行业自律机制，鼓励企业加强自我监管，共同维护用户隐私和数据安全。

总之，无人驾驶应用计算机视觉技术的未来发展充满了无限可能，但同时也伴随着诸多挑战。技术进步与融合将不断拓宽无人驾驶的视野和边界；数据安全与隐私保护则是守护无人驾驶底线的关键所在。面对这些挑战，我们需要保持开放的心态和创新的精神，不断探索和实践新的技术和方法，为构建更加安全、智能、绿色的出行贡献力量。

思考与练习

1. 人工智能(AI)的定义是(　　)。

A. 通过计算机科学和数学方法开发出的模拟人类智能的技术

B. 仅仅指机器人技术

C. 专门用于自动化生产的机械系统

D. 一种自然存在的智能形式

2. 人工智能在医疗保健领域的应用不包括(　　)。

A. 疾病预测　　　　　　　　　　　B. 医疗影像分析

C. 手术机器人　　　　　　　　　　D. 药品研发的非科学验证

3. 下列不属于人工智能的广泛应用领域的是(　　)。

A. 自动驾驶　　　　　　　　　　　B. 医疗保健

C. 金融服务　　　　　　　　　　　D. 传统手工艺制作

4. 以下场景中，(　　)不是人工智能的典型应用场景。

A. 智能语音助手处理日常查询

B. 自动驾驶汽车在道路上行驶

C. 机器人完全替代人类在所有岗位工作

D. 个性化推荐系统根据用户兴趣推送内容

5. 计算机视觉在无人驾驶汽车中主要用于(　　)。

A. 实时检测道路上的行人和车辆　　B. 预测股票价格

C. 编写程序代码　　　　　　　　　D. 评估员工绩效

6. 下列选项中，(　　)不是计算机视觉在无人驾驶汽车中的关键技术。

A. 实时物体检测　　　　　　　　　B. 环境感知

C. 语音识别　　　　　　　　　　　D. 路径规划

7. 无人驾驶汽车中的计算机视觉系统如何利用多传感器数据？（　　　）

A. 单独依赖摄像头数据

B. 整合来自摄像头、激光雷达等传感器的数据

C. 不依赖任何外部传感器，仅依靠内置算法

D. 仅使用雷达数据进行环境感知

参考答案

参 考 文 献

[1]   鲁昕. 走近人工智能[M]. 北京：商务印书馆，2020.

[2]   刘赟宇. 物联网应用技术[M]. 北京：北京邮电大学出版社，2013.

[3]   李兆延，罗智，易明升. 云计算导论[M]. 北京：航空工业出版社，2020.

[4]   王忆. 物联网技术与应用导论[M]. 北京：北京邮电大学出版社，2021.

[5]   詹跃明，张孟资. 人工智能基础与应用[M]. 2 版. 北京：航空工业出版社，2021.

[6]   周连兵，纪兆华，李京文. 人工智能应用基础[M]. 青岛：中国石油大学出版，2021.

[7]   何泽奇，韩芳，曾辉. 人工智能[M]. 北京：航空工业出版社，2021.

[8]   居水荣，戈益坚. 集成电路芯片测试技术[M]. 西安：西安电子科技大学出版社，2021.

[9]   陈艳红. 传感器技术及应用[M]. 3 版. 西安：西安电子科技大学出版社，2023.